巴菲特的金融课

投资和生活指南

（John M. Longo）（Tyler J. Longo）
[美] 约翰·M. 隆戈　泰勒·J. 隆戈 著　许大伟 译

中国原子能出版社　中国科学技术出版社
·北京·

Buffett's Tips:A Guide to Financial Literacy and Life by John M.Longo and Tyler J.Longo/
ISBN:9781119763918
Published by John Wiley & Sons, Inc., Hoboken, New Jersey.
Copyright © 2021 by John M.Longo and Tyler J.Longo.
All rights reserved. Authorised translation from the English language edition published by John Wiley & Sons Limited. Responsibility for the accuracy of the translation rests solely with China Science and Technology Press and is not the responsibility of John Wiley & Sons Limited. No part of this book may be reproduced in any form without the written permission of the original copyright holder, John Wiley & Sons Limited.
Copies of this book sold without a Wiley sticker on the cover are unauthorized and illegal.

北京市版权局著作权合同登记　图字：01-2022-6351。

图书在版编目（CIP）数据

巴菲特的金融课：投资和生活指南 /（美）约翰·M. 隆戈，（美）泰勒·J. 隆戈著；许大伟译 . — 北京：中国原子能出版社：中国科学技术出版社，2023.9

书名原文：Buffett's Tips:A Guide to Financial Literacy and Life

ISBN 978-7-5221-2931-0

Ⅰ . ①巴… Ⅱ . ①约… ②泰… ③许… Ⅲ . ①证券投资—经验—美国 Ⅳ . ① F837.125

中国国家版本馆 CIP 数据核字（2023）第 163994 号

策划编辑	申永刚　王雪娇	特约编辑	韩沫言
责任编辑	付　凯	文字编辑	王雪娇
封面设计	创研设	版式设计	蚂蚁设计
责任校对	冯莲凤　邓雪梅	责任印制	赵　明　李晓霖

出　　版	中国原子能出版社　中国科学技术出版社
发　　行	中国原子能出版社　中国科学技术出版社有限公司发行部
地　　址	北京市海淀区中关村南大街 16 号
邮　　编	100081
发行电话	010-62173865
传　　真	010-62173081
网　　址	http://www.cspbooks.com.cn

开　　本	710 mm × 1000 mm　1/16
字　　数	346 千字
印　　张	28
版　　次	2023 年 9 月第 1 版
印　　次	2023 年 9 月第 1 次印刷
印　　刷	北京华联印刷有限公司
书　　号	ISBN 978-7-5221-2931-0
定　　价	108.00 元

（凡购买本社图书，如有缺页、倒页、脱页者，本社发行部负责调换）

感谢我生命中最重要的两个人,妻子金、儿子泰勒(第二作者)。

——约翰·M.隆戈

感谢我祖父给我的启动资金,使我赚到了第一个一百万。

——泰勒·J.隆戈

序　言

多项调查发现，在紧急情况下，大部分家庭拿出400美元都很困难。新冠疫情将这一概念性问题变得非常现实，它甚至可能对人类造成严重后果。拥有理财能力并最终实现财务自由是每个人都应该追求的目标。除获得知识以外，我们相信将本书所述忠告铭记于心的人将拥有做好理财决策的信心，在理财方面体验到一种自信且自由的感觉，能摆脱生活中各种账单带来的压力，最终自由地过上想要的生活，并有能力帮助他们深切关心的人和事业。

有什么比使用可能是有史以来最伟大的金融头脑——沃伦·巴菲特——创造的框架方法更好地运用理财知识的方法呢？这正是本书的期望，读这本书的人可能不会变得像沃伦·巴菲特那样富有，我们的目标是帮助读者拥有理财知识，这本书的主干是100条"忠告"或"策略"，这些"忠告"或"策略"主要来自沃伦·巴菲特的轶事。笔者是他的两个忠实粉丝，也是伯克希尔-哈撒韦公司的股东。

几十年来，巴菲特每年都会有几次利用星期五的时间与一群大学生进行两个多小时的问答活动，然后在奥马哈（Omaha）当地餐厅享用午餐。戈拉特牛排馆（Gorat's Steakhouse）和皮科罗·皮特餐厅（Piccolo Pete's Restaurant）（现已停业）是巴菲特最喜欢带学生去的两个地方。学生们还会接受伯克希尔的几家子公司的管理训练，例如内布拉斯加家具

BUFFETT'S TIPS
巴菲特的金融课

市场（Nebraska Furniture Mart, NFM）、波仙珠宝店（Borsheims）和东方贸易公司（Oriental Trading Company）。身为金融学教授和基金经理的约翰四次带领罗格斯大学的学生前往内布拉斯加州奥马哈的伯克希尔总部与巴菲特会面。如果您好奇的话，可以告诉您，巴菲特确实为学生们的午餐付账，而巴菲特最喜欢的餐后饮品通常是雪顶根啤（root beer float）。他还经常大方地摆姿势拍照、合影以及在书籍上签名。看起来巴菲特在这些问答活动中与在场的学生一样度过了愉快时光。

这些会面让约翰印象最深刻的是巴菲特在非金融相关话题上的智慧，例如沟通技巧的重要性、拥有一群可以激励自己的朋友以及帮助他人的重要性。因此，尽管本书主要关注与金融相关的主题，但本书的"生活"部分同样包含许多有价值的知识。

一系列事件促成了本书的创作。因为教授需要做研究，所以约翰总是在思考不同类型的研究活动，他还教过大约二十年的投资相关课程，重点是价值投资，这是巴菲特的专长。在过去的几年里，约翰持续地教他十几岁的儿子泰勒关于金融方面的知识。例如，他们开设了几个专门针对未成年人的金融账户，如储蓄账户、支票账户、借记卡、信用卡、大学储蓄计划和经纪账户。此外，泰勒已经完成了足够多的与金融相关的课程，他能够为本书做出有意义的贡献。具体来说，他完成了金融理财、大学预修经济学、大学预修统计学，还在哥伦比亚大学完成了为高中生开设的商业、金融和经济学的先导课程。市场上有很多关于巴菲特的书，还有更多关于金融知识的书，但我们相信本书是一本有效结合这两个主题的书。

巴菲特的魅力一定程度上归功于他坦率的语言风格、对流行文化的引用和恰到好处的幽默感，读者也会在本书中看到很多拥有这些特征

序　言

的例子，我们试图将这些元素融入我们的写作中，为了说明这一点，第六章中有一个例子："伯克希尔－哈撒韦公司拥有近 400 000 名员工，但其位于奥马哈的公司总部只有 25 人，您可能会感到惊讶，仅靠比史努比·狗狗[①]（Snoop Dogg）腰围尺寸还小的团队，怎么能管得住这么多人？"我们希望所有读者都能理解这本书，因此任何概念性话题的重点都可以用直觉去领悟，所有难以理解的（重要的）公式都归入章后附录。

金融知识涉及广泛，因此我们考虑用多种方法来呈现本书的内容。财务能力的具备有一些基本的要求，如拥有正确的心态、量入为出、尽早开始、还清信用卡以及股票长线投资。所有这些要求本书都有详细的阐述，同时对照巴菲特的名言，以将这些观点讲解透彻。

第一章首先讨论了沃伦·巴菲特令人难以置信的一生。许多不熟悉巴菲特故事的人会对他在很小的时候就取得的财务成功感到惊讶。然后，我们将在第二章继续讨论投资的一些基础知识，例如"复利奇迹"以及供需如何相互作用来决定价格。第三章进一步对银行和其他公司提供的金融产品做讲解，诸如银行账户、支票账户和信用卡之类的东西，同时还涵盖了较新的应用程序，例如 Venmo[②] 和 Zelle[③]，以及信用评分。

第四章到第六章介绍债券市场和股票市场，这对大多数人来说是两个重要的金融市场。股票显然是巴菲特创造巨额财富的核心，因此我们对其进行了详细阐述。我们讨论了股票是什么、它是如何交易的、它是如何被投资者估值的，以及巴菲特在购买公司部分股权或整个公司时所关注的因素。第七章讨论会计的基础知识，这是商业语言，我们将尝试

[①] 美国说唱歌手，其通常被认为较瘦。——译者注
[②] Venmo 是贝宝（PayPal）旗下的一款应用软件，提供移动支付服务。——译者注
[③] Zelle 是由美国几家大型银行开发的电子支付平台。——译者注

通过查看苹果公司和伯克希尔-哈撒韦公司财务报表的核心部分来讨论，这可以使会计知识变得简单易懂。

很少有人将所有资产都投入到一项投资中，因此，讨论风险以及如何创建投资组合至关重要。我们将在第八章讨论巴菲特支持的两种投资主要方法，第一种是指数基金，一种旨在拥有广泛投资范围的投资产品；第二种，我们称为"专家模式"，将您的资产集中在不到10家您完全了解的公司，或者巴菲特所说的"你的能力圈"内的公司。

具备金融素养的体现之一是了解商业世界中正在发生的事情，因此，第九章和第十章讨论了行业的"名人录"，包括人物和公司。不管您赚了多少钱，如果您不能量入为出，您就不会积累任何财富，我们都读过关于曾经是千万富翁但最终破产的名人或运动员的文章，因此，第十一章的重点是像巴菲特一样节俭，它基本上涵盖了省钱的各种方法。在某些方面，省钱比赚钱更重要，因为后一种方式需要缴税，而前一种不需要。对大多数人来说，最大的两项支出是他们的房屋和汽车，考虑到这些高额支出的重要性，我们决定用第十二章一整章来介绍。

巴菲特说，参加戴尔·卡内基（Dale Carnegie）的沟通课程确实改变了他的生活，因此第十三章讨论了卡内基认可的一些关键概念，以及《情商》作者丹尼尔·戈尔曼（Daniel Goleman）提出的一个概念——情商。对年轻人或他们的父母来说，还有一个重要的支出项目是上大学的学费，这项支出与其说是交学费，不如说是一种投资，因此，我们给这个主题单独的一章，第十四章讨论了大学的细节，尤其是在获得资助方面。巴菲特的商业生涯非常成功，甚至可以与他传奇的投资能力相提并论，第十五章侧重于讨论与职业相关的问题，例如如何最大限度地优化您的退休计划和大多数工作所伴随的不可避免的文书工作，最后我们将

序 言

以巴菲特的慈善秘诀来结束本书。实际上巴菲特会捐献他所有的财富，这证明他做事是出于对事业的热爱，而不是试图积累更多的资产。

我们希望您不止一次地阅读这本书，但即便如此，您可能还是很容易忘记一些术语或概念。因此我们在每章末对每一章进行了总结，还附有巴菲特的忠告列表。如果您觉得这本书对您有帮助，请不要感谢我们，要感谢巴菲特，按此道路走下去并为有需要的人做一些善意的帮扶，我们知道他会感到欣慰的！

致　谢

我们要感谢约瑟夫·加斯帕罗（Joseph Gasparro）、约书亚·珀尔（Joshua Pearl）和约书亚·罗森鲍姆（Joshua Rosenbaum）将我们介绍给威利（Wiley）家族，并让我们得以为这本书制订完整的商业计划。当今出版任何一本书都是一项多媒体工作，加斯帕罗、珀尔和罗森鲍姆让我们看到了完成此工作的曙光。我们也非常感谢威利金融和投资部执行编辑比尔·法伦（Bill Falloon）以及他为本书所做的工作，特别是他对本书的支持。我们十分感谢威利的普尔维·帕特尔（Purvi Patel）和她优秀的员工，感谢他们提出的宝贵意见，并在不牺牲质量的情况下以令人印象深刻的快速方式完成本书从初稿到最终成书的出版。我们还要感谢威利的S.印第拉库马里（S. Indirakumari）和提供解决专业内容方案的协助编辑洛瑞·马丁斯（Lori Martinsek）。

当然，我们深受沃伦·巴菲特的启发，我们认为他是有史以来最伟大的投资者，在做人方面更是值得赞美。虽然他没有直接参与本书的写作，但他的"指印"通过他无数的著作、演讲、媒体露面而传播甚广，巴菲特是所有人的共同榜样。

我们感谢金伯利·莫雷尔（Kimberly Morel）博士，我们家的另一位核心成员，感谢她的爱、鼓励、热情和理解。完成如此规模的工作占用了我们大量的家庭活动时间，而这些活动肯定会更愉快，但金很快就认可了这本书的短期和长期价值。

我们感谢罗格斯大学和EMBA-全球亚洲①的教师和学生社区的鼓励和交流，最终改进了这本书及其辅助材料。我们特别感谢哥伦比亚大学校友卡尔文·舒赫（Calvin Shueh）和乔乔·邹（JoJo Zou）帮助在亚洲推广这本书。我们也感谢信标信托（Beacon Trust）和普卫顿银行（Provident Bank）对金融知识和相关主题的支持，金融事业是我们的心头所爱。

---

① 哥伦比亚商学院、香港大学商学院和伦敦商学院一起创办的EMBA-Global Asia项目。——译者注

目　录

第一章 巴菲特是谁 ——— 001

导言 / 003
少年巴菲特 / 004
本书作者 / 005
理财能力及其重要性 / 007
巴菲特的几个初级忠告 / 007
巴菲特的职业道德 / 010
巴菲特一生都在学习 / 012
巴菲特为什么快乐 / 014
提高您的沟通技巧，让您的终生收入增加 50% / 016
诚信行事是正确的做法，对生意有利 / 017
低买高卖 / 019
巴菲特不会屈服于同侪压力：内在记分卡 / 021
巴菲特的后备职业——喜剧演员 / 023
巴菲特的持久遗产：慈善事业 / 025

第二章 巴菲特的投资基础 ——— 029

导言 / 031
对"复利奇迹"的解释 / 032
权衡：一项基本生活准则 / 035
圣彼得堡悖论：风险与回报的教训 / 038
风险与回报：证据 / 039
分散：少有的"免费午餐"之一 / 042
供求关系决定价格 / 044
金融基础知识总结 / 046

第三章
银行账户、储蓄卡、信用卡和信用分 —— 049

导言 / 051

受保银行存款 / 051

储蓄账户和存款凭证 / 053

支票账户和电子账单支付 / 055

支票的组成部分 / 056

对账 / 058

借记卡和自动柜员机 / 059

信用卡和签账卡 / 061

转账应用程序：贝宝、Venmo、Zelle、苹果支付、安卓支付等 / 064

您的信用评分：您的财务责任报告卡 / 065

个人破产：不惜任何代价避免它发生 / 068

巴菲特关于比特币的一句话 / 069

第四章
债券和通货膨胀 —— 073

导言 / 075

美国储蓄债券 / 076

其他美国国债固定收益证券 / 077

通货膨胀和消费者价格指数 / 080

债券评级和公司破产 / 082

公司债券、地方债券和鲍伊债券 / 084

鲍伊债券和其他资产支持证券 / 085

美联储：美国中央银行 / 085

什么决定利率 / 088

估计债券价格的直觉 / 089

债券是否是一项好的投资 / 091

关于负债券收益率的说明 / 093

附录：债券估值 / 094

目 录

第五章
股票市场基础 —— 097

导言 / 099

首次公开募股：股票的诞生 / 100

投资银行和投资银行家 / 101

主要事件：股票开始在交易所交易 / 102

证券交易所 / 104

股票和共同基金代码 / 107

股息 / 107

大盘股与小盘股 / 111

成长股与价值股 / 112

国内与国际 / 115

指数基金：一项了不起的"一劳永逸"长期投资 / 115

击败市场和有效市场假设 / 117

认识市场先生，躁狂抑郁的股票市场 / 119

附录：卖空（或"不要在家尝试"的投资领域）/ 122

第六章
巴菲特的股票投资理论 —— 125

导言 / 127

估计股票价值 / 127

使用现金流折现模型计算目标价格 / 128

使用华尔街市盈率模型计算目标价格 / 131

巴菲特的股票投资方法 / 132

领会巴菲特的投资理念 / 133

留在您的能力圈内 / 134

耐心的重要性 / 135

好公司与差公司以及时间的流逝 / 136

巴菲特如何看待行业变革 / 138

巴菲特喜欢的公司类型 / 139

表现出一致的盈利能力 / 141

寻找管理良好的公司 / 142

买入有能力克服通货膨胀的公司 / 144
关注具有良好长期前景的公司 / 146
何时卖出 / 149
总结巴菲特的方法 / 150

第七章
会计基础知识：公司成绩单 —— 153

导言 / 155
损益表：一个时期的公司报告卡 / 157
苹果公司的损益表 / 158
资产负债表：公司自成立以来的成绩单照片 / 163
流动资产 / 165
长期资产 / 166
负债 / 169
流动负债 / 170
长期负债 / 170
股东权益 / 171
关于现金流量表的快速讲解 / 174
总结 / 174

第八章
巴菲特的投资组合与风险管理 —— 177

导言 / 179
构建有效分散投资组合的关键：相关性 / 180
无风险的（理论）投资组合 / 181
构建最佳分散化投资组合："商学院"方法 / 183
巴菲特的第一种投资组合构建方法：指数基金 / 186
巴菲特的第二种投资组合构建方法：专家模式 / 187
构建投资组合的折中方案 / 189
分散化投资组合由多少股票构成 / 190

目 录

"商学院"风险管理方法 / 191

巴菲特对"商学院"风险管理方法的批判 / 194

巴菲特应对风险的方法 / 195

巴菲特谈黄金 / 197

总结巴菲特对风险的看法 / 198

尾注：资本资产定价模型 / 199

第九章
公司 101：您应该知道的公司
—— 201

导言 / 203

道琼斯工业平均指数：最古老的分散化美国股市指数 / 203

道琼斯指数如何计算 / 205

股票拆分的含义 / 208

股票类别及巴菲特对股票拆分的观点 / 210

当前道琼斯工业平均指数的成分股票 / 212

道琼斯指数中的原材料股票 / 212

道琼斯指数中的消费者和公司服务股票 / 213

道琼斯指数中的消费品股票 / 215

道琼斯指数中的金融股票 / 219

道琼斯指数中的医疗保健股票 / 221

道琼斯指数中的工业公司股票 / 223

道琼斯指数中的科技股 / 224

道琼斯指数中的电信服务股票 / 227

一些美国蓝筹股票 / 228

中国的新兴巨头 / 230

一些国际能源巨头 / 231

一些全球消费巨头 / 231

一些全球金融服务公司 / 232

第十章
商业 101——过去和现在的商界领袖名录 —— 235

导言 / 237

过去的商业领袖 / 238

现任商界领袖 / 246

第十一章
节俭如巴菲特：省钱之道 —— 261

导言 / 263

您的图书馆：免费书籍、杂志、报纸、音乐、电影等 / 264

免费教育课程：可汗学院、Coursera / 266

提供免费物品的网站 / 267

免费活动 / 269

亚马逊：世界上最大的商店 / 269

比较购物者工具：您最好的新朋友 / 271

以货易货：把手机换成保时捷敞篷车 / 273

定期吃一顿低成本的饭菜 / 274

购买自有品牌和通用商品 / 276

服装：折扣店、复古商品和淡季购买 / 277

汽车加油 / 279

优惠券、双重优惠券、三重优惠券和团购 / 280

奖励计划 / 282

与手机、有线电视和其他服务提供商协商 / 282

庭院销售、跳蚤市场等：变废为宝 / 284

自己动手 / 286

向慈善机构捐赠物品 / 287

避免因坏习惯而搬起石头砸自己的脚 / 287

在预算中将所有内容捆绑在一起 / 288

附录：预算示例 / 292

目 录

第十二章
巴菲特对汽车和房产的观点 —— 295

导言 / 297

您是否需要汽车 / 298

新车与二手车 / 299

购买与租赁汽车 / 301

购买或租赁汽车的最佳时机 / 304

家庭基础 / 305

寻找房屋 / 307

竞标房屋 / 308

买房：首付 / 310

买房：抵押贷款 / 312

"房屋黑客"：让别人支付（大部分）您的抵押贷款 / 314

在抵押贷款的引擎盖下 / 314

什么决定房价 / 318

第十三章
巴菲特谈戴尔·卡内基：沟通技巧和情商 —— 321

巴菲特在戴尔·卡内基课程中学习改变生活的技能 / 323

关于戴尔·卡内基及《人性的弱点》/ 325

《人性的弱点》会为您做的事情 / 326

根据《人性的弱点》来处理人的技巧 / 327

《人性的弱点》中让别人喜欢自己的六种方法 / 332

《人性的弱点》中如何为您的思维方式赢得认可 / 334

什么是情商（EQ）/ 338

情商：一些细节 / 340

拥有一个伟大的团队 / 345

第十四章
巴菲特对高等教育的建议
———— 349

导言 / 351

大学：基础知识 / 351

进入大学 / 354

支付大学费用：奖学金和助学金 / 358

支付大学费用：超级成就者的 3 年计划 / 359

支付大学费用：529 计划 / 360

支付大学费用：学生贷款 / 361

支付大学费用：校内和校外工作 / 362

您的简历：您的工作资格快照 / 364

整理您的简历 / 365

求职信 / 371

附录 / 372

第十五章
巴菲特对职业生涯的建议
———— 375

导言 / 377

领英个人资料：您的在线简历 / 377

寻找实习或工作 / 379

工作面试：准备 / 381

工作面试：面试一击即中 / 383

工作面试：薪酬，或者让我看见钱！ / 388

胜任工作 / 389

找到工作后的财务文书工作 / 392

表格 W-2 和 W-4 / 392

表格 1040：年度所得税表格和"巴菲特规则" / 393

退休计划 / 395

成为 401（k）或 IRA 百万富翁 / 397

附录 / 399

目 录

第十六章 巴菲特与慈善相关的忠告 —— 403

- 巴菲特的巨额礼物和捐赠誓言 / 405
- 参与赈济和慈善活动 / 408
- 绩效衡量 / 411
- 市场经济是有效的,除非被意外打断 / 413
- 不全由"本杰明"决定 / 416
- 名誉损失比金钱损失伤害更重 / 418
- 继承很重要 / 421
- 巴菲特对成功的定义 / 422
- 附录 / 424

第一章

巴菲特是谁

我跳着踢踏舞去上班,当我到达那里时,我想我应该躺着粉刷天花板。这非常有趣。

——沃伦·巴菲特,《跳着踢踏舞去上班:巴菲特的快乐投资与人生智慧》

第一章　巴菲特是谁

导言

每个人都想多懂些理财知识并最终实现财务自由，有什么比学习沃伦·巴菲特（Warren Buffett）的思维模式更能帮助您成功呢？毕竟巴菲特可能是有史以来最伟大、最富有的投资者，本书正是基于此逻辑而作。在他数十年的文章、访谈和演讲中，巴菲特提了很多建议，但他从没写过关于金融知识的书，这本书收集了大量相关资料，并进行了重新整理，帮助您提升理财能力，走上财务自由之路，这可能是以巴菲特为榜样的最大收获。

巴菲特的净资产——还完所有债务后剩下的资产——已达 800 亿美元，但赚钱能力只是巴菲特所有成就的一小部分，他还会以有史以来最伟大的慈善家之一载入史册：他将几乎所有财产都捐给了慈善组织，并和微软联合创始人比尔·盖茨发起了"捐赠誓言"组织，号召亿万富翁至少用自己一半的财富来做慈善。巴菲特是一个了不起的人，一个真正脚踏实地的人，也是一个具有幽默感的人，他喜欢按照自己的方式生活。

有一次，当被问到为什么他会吃很多"垃圾食品"的时候，巴菲特回答说："我看了统计表，死亡率最低的是六岁儿童，所以我决定吃得像个六岁的孩子。"总而言之，巴菲特是所有人的榜样，无论年龄大小——饮食习惯除外。

本书借鉴、汲取了巴菲特的经验、名言、机智和智慧，不仅可以用于理财，也可以帮助人们学到成功生活所需的重要一课。本书的主干由巴菲特的许多著作、采访和外部传记中的经验教训构成，就像关于个人理财和生活的新兵训练营那样。虽然理财话题可能对青少年最有益，因为他们往往刚刚开始理财，像是一张白纸，但这些知识实际上适用于所有年龄的人，尤其是那些没有金融背景的人。您可能会想"我能从一位90岁的老人身上学到什么？"，我们认为您能学到很多很多，同时我们保证这本书不会让您读起来觉得枯燥，而是能获得很多乐趣！

少年巴菲特

巴菲特并非天生富有，也不是到老年时才终于成为金融巨星，他成功的基石是在他小时候奠定的：当巴菲特在内布拉斯加州的奥马哈上小学时，便开始售卖箭牌口香糖和瓶装可口可乐赚钱（这都是他未来投资的品牌）。他在11岁时就第一次买了股票！我们将在后文中用整整两章来讨论股票市场，但现在您可以将股票视作您成为公司部分所有者的证明。他在13岁时填报了人生第一张纳税申报表，将手表和自行车的成本作为业务费用扣除后，还向美国财政部支付了7美元税款。纳税就像看着油漆变干一样无趣，但它是无法避免的事情，尤其是当您变得更富有时，美国开国元勋之一本杰明·富兰克林曾写道："在这个世界上唯有死亡和税收不可避免。"

20世纪40年代，巴菲特的父亲霍华德（Howard）曾担任了6年的美国国会议员，巴菲特随家人搬到华盛顿特区生活，并在那里开启了一条赚钱门路，送《华盛顿邮报》(The Washington Post)（另一只他在未来会投资的股票）。到15岁时，他利用自己"小生意"赚到的钱在内布拉

第一章　巴菲特是谁

斯加州买了40英亩^①农田。十几岁的时候，他还和一个朋友买了弹球机，放在理发店里经营，利润和店主共享。说到这，我们希望读者注意到，巴菲特少年时期的经历发挥了重要影响，帮助他成就了后来的自己。

本书作者

首先我们得指出巴菲特的忠告存在差异性。在2011年至2013年期间，他参与制作了一个卡通系列《秘密百万富翁俱乐部》^②，该系列动画片提供了一些简单的理财技巧，但不足以帮助观众在理财能力方面有很大提高。巴菲特每年都会给自己的伯克希尔-哈撒韦公司的股东写一封详细的信，股东拥有股票，因此他们是公司的部分所有者。

您可能没听说过伯克希尔-哈撒韦公司，但您几乎肯定会接触过一些它的业务。它拥有冰雪皇后（Dairy Queen）、政府雇员保险公司（GEICO）、金霸王电池（Duracell batteries）、喜诗糖果（See's Candy）以及其他数十家公司。它也是您可能知道的几家公司的最大股东之一，例如可口可乐、卡夫亨氏（Kraft Heinz）（番茄酱和奶酪通心粉的制造商）、美国运通（American Express）、富国银行、美国银行、亚马逊和苹果等。

我们猜您可能不想去看大量年度报告和致股东的信，即使是像伯克希尔公司所提供的那样有见地且幽默的报告。于是我们便阅读并挖掘提炼了许多适用于提升理财能力和生活水准的有价值的内容。现在已经有几本关于巴菲特的优秀书籍，例如艾丽斯·施罗德（Alice Schroeder）的

---

① 英亩：英美制面积单位，1英亩≈4 046.86平方米。——编者注
② 是由巴菲特亲自参与策划、亲自配音的少儿财商教育系列动画片。——编者注

《滚雪球：巴菲特和他的财富人生》(The Snowball: Warren Buffett and the Business of Life)，这是关于巴菲特的书中唯一一本明确有他参与的，但此书有上、下两册共1089页，几乎是《战争与和平》的厚度！而且，这本书和其他有关巴菲特的优秀书籍和网站都假定读者对商业和金融已有深入了解，但本书不会将这些知识视为理所当然应知应会的，而是提供相关概念的解释，因此可以说，本书的定位是：它就像是关于巴菲特生活的CliffsNotes[①]，帮助读者了解理财知识，并为读者提供一些生活技能——但不要看完就去报名参加《幸存者》真人秀。

约翰·M.隆戈是一位金融学教授兼投资经理，曾四次与巴菲特会面。约翰在研究生院教价值投资课程，这是巴菲特遵循的一种投资方式。他主要在罗格斯大学任教，也在哥伦比亚大学（巴菲特就是在这所大学获得硕士学位的）的全球EMBA课程中兼职，更准确地说，是哥伦比亚大学、伦敦商学院和香港大学的联合EMBA课程，全球最顶尖的课程之一。约翰担任管理资产超20亿美元投资公司的首席投资官超过15年。

年轻人可能不想听一位人到中年的大学教授兼基金经理的话，就像他们不想听父母的话一样。泰勒·J.隆戈是一名时刻关注个人财务问题的高中生，他在哥伦比亚大学读完了金融基础知识、经济学、统计学以及商业、金融和经济学导论课程，也是本书的合著者，他撰写了本书的部分内容。他比任何大学教授都更了解青少年的口味，而且，也许最重要的是，他对本书中概念的解释起到了重要的筛选作用，以确保青少年，乃至所有年龄段的理财新手都能理解这本书。另外，如果您看到俚语，例如令人景仰的（savage）、超级棒（lit）和太失败了（take the L），这也

---

① 一个美国学习网站。——译者注

第一章　巴菲特是谁

可能是受泰勒的影响，用来使这本书更具可读性也不那么沉闷。他还提供了一些重要的故事，例如我们将在第十一章中介绍的与巴塔哥尼亚牙鱼有关的故事。

理财能力及其重要性

知识意味着能够阅读和写作，美国总统金融咨询委员会将个人理财能力定义为"利用知识和技能有效管理金融资源以实现终身财务福祉的能力"。通俗地讲，这意味着了解与金钱有关的事物并能够做出正确的财务决策。在本书中，我们将研究一系列金融相关的概念，包括银行账户、信用卡、信用评分、支票账户对账、股票市场、债券市场、共同基金、房地产、汽车贷款、学生贷款、抵押贷款、金融网站、金融应用程序、退休账户和省钱技巧。我们要做的远不止这些，我们还将讨论可能对您的成长和个人发展有用的其他技能，包括沟通技巧、如何应对逆境、从错误中学习以及最终如何帮助他人。

巴菲特的几个初级忠告

本书主要内容是巴菲特人生中的一些核心经验教训，或者我们称为"忠告"。一些忠告是直接引用巴菲特的话，还有一些则是从他的言行中提炼出来的。为了方便读者阅读，在每章末尾总结"忠告"列表，以防万一有人强迫您阅读本书。（您可以直接跳到列表并快速读完！）

想象一下，一个年轻人通过自己的努力工作而不是接受他人赠予，到高中毕业时，有了大约 60 000 美元，不少对吧？您没看错，这正是经通货膨胀调整后，巴菲特在20世纪40年代后期拥有的财富。

通货膨胀指的是物价上涨，本书后面会更详细地介绍如何衡量它，现在您只要知道大多数东西的价格会随着时间的推移而上涨即可。在美国，对大多数30岁以下的人或其他需要支付这笔费用的人来说，大学学费是一个大问题。如今，美国顶尖私立大学的学费、住宿费、伙食费、杂费和书本费每年超过75 000美元，而在大约30年前，类似名牌大学的相应费用大概是17 000美元。如果您留意一下汽车、房屋、医生出诊以及构成经济的各种产品和服务的价格，通常会出现同样的趋势——价格上涨。

越早开始存钱，钱就增值越多。利率是指您储蓄时资金增长的速度，或者如果您借钱时债务增长的速度。这个概念会在第二章和第三章中详细阐述，而现在您只要把利率视为滚下山坡的雪球即可。这就是我们之前提到的艾丽斯·施罗德的书《滚雪球：巴菲特和他的财富人生》书名的由来。封底上有一句巴菲特的名言："人生就像滚雪球，重要的是发现够湿的雪和足够长的斜坡"，斜坡"足够长"指的是开始得要"足够早"。

在我们继续之前，再多谈几句利率的重要性。据报道，一位记者曾问阿尔伯特·爱因斯坦——也许是有史以来最杰出的物理学家——他认为有史以来最伟大的发明是什么。据说爱因斯坦回答道："复利。"复利是指利息的利息，金融界有时会提到"复利奇迹"，它解释了小额资金如何在长期内变成巨额资金，还解释了小额债务如何滚雪球成巨额债务，如果您能避免债务，那就最好不过了。

回到年轻的巴菲特。已知的他第一个"商业项目"开始于6岁时！巴菲特从他祖父的杂货店买了几包口香糖——黄箭、留兰香、绿箭

第一章　巴菲特是谁

等——加价后在附近挨家挨户推销。没过多久，他又在朋友家附近摆了一个柠檬水摊，因为那里人流量大，潜在客户也更多，对还在上小学的孩子来说，这是多么敏锐的思考力！他的早期"小生意"还有在当地的高尔夫球场收集未被回收的高尔夫球，然后转售以赚取利润。利润是指您通过销售商品而收到的钱（也称为收入）减去各项销售成本的差额，在这种情况下，巴菲特没有任何成本，因为他免费拿到了这些高尔夫球，所以他的利润等于他的销售额或收入。这让人想起一句至少可以追溯到1860年的话"一个人的垃圾会是另一个人的宝藏"。说到垃圾，小时候的巴菲特经常去赛马场寻找扔在地上的彩票，偶尔会找到被人误扔的中奖彩票，然后兑换成钱。有一段时间，他还在赛道上出售"提示单"——一份预测每场比赛哪匹马会赢的清单，直到比赛运营方不许他继续，那些家伙有点小气了。

巴菲特最终得到了一份"真正的"工作——球童，为打高尔夫球的成年人携带高尔夫球杆，工资为每天3美元，考虑通货膨胀的话，约等于现在的50美元。我们之前提到的送报纸和弹球机业务在此时期仍在进行，仍在帮他赚钱。毋庸置疑，巴菲特年纪轻轻就已经走在成为亿万富翁的道路上了。

如果您现在钱不多，别担心，时间会帮助您，就像雪球滚下山坡那样，只要您早点开始就行。还需要更多鼓励吗？那就想想中国古代哲学家老子的话：千里之行，始于足下。接着前面的讨论，让我们来看第一个忠告。

巴菲特忠告一：
尽早开始积累财富。

巴菲特的职业道德

约翰曾经问巴菲特，他认为伟大的投资者是天生的还是后天培养的，巴菲特回答是两者的结合。巴菲特举了巅峰时期的冠军、高尔夫球手泰格·伍兹（Tiger Woods）的例子：伍兹天生就具有打高尔夫球的天赋，但他也投入了疯狂的训练，经常每天打500个高尔夫球。每天努力练习，再加上他天赋异禀，使得伍兹这位高尔夫球手从优秀到伟大。

努力工作的首要标准就是一直准时出现。无论是在您喜欢这份工作的时候，还是当工作很轻松的时候。喜剧演员兼电影导演伍迪·艾伦（Woody Allen）曾说过："成功百分之八十的原因只是因为出现了。"换句话说就是很多人不负责任也不可靠，您只需负责任并按照您的期望做事，就可以领先于百分之八十的人。这适用于学习、工作、人际关系和许多其他事项。

灯泡、电唱机（在有流媒体和可下载音乐之前听音乐的古老方式）和电影摄影机的发明者托马斯·爱迪生（Thomas Edison）说："一个人在事业上的成功百分之九十是汗水。"事业上的成功无论男女都需要，顺便说一句，巴菲特是职业女性的大力倡导者，我们将在本书后面讨论。

经常被（错误地）引用的托马斯·杰斐逊（Thomas Jefferson）名言是："我越努力工作，我运气就越好。"据我们研究，这句话或类似的话最早来自作家科尔曼·考克斯（Coleman Cox）。不管是谁先说的，这都是

第一章　巴菲特是谁

很好的建议，努力工作通常会带来新的机会和充分利用这些机会的能力，不禁让人想起"运气由自己创造"这句话。

前文我们讨论了巴菲特高中毕业前的几份工作。尽管他喜欢他的大部分工作，但显然有些工作颇为辛苦，他在高中时有三条送报路线，按通货膨胀调整后，他每年的收入相当于现在的 28 000 美元。巴菲特曾估计，他在十几岁时送了近 60 万份报纸，我们很惊讶他做了这么多抛物动作①，却没有成为职业棒球运动员。当时巴菲特通常必须在早上五点之前起床，以便在上学前送完报纸。他的家人经常在夏天回到奥马哈，巴菲特在他青少年时期的一份暑期工作是将铁路货车上 50 磅②重的动物饲料搬到仓库。后来，当他开始对和女孩约会感兴趣时，他会阅读有关增加大臂肌肉的书，然后勤奋训练！

阿什顿·库彻（Ashton Kutcher）是一位非常成功的演员，最出名的也许是他在电视剧《70 年代秀》和《好汉两个半》中的角色以及他导演并主持的美国真人秀节目《明星大整蛊》，在库彻成为电视和电影大明星之前，他做过一些比较辛苦的工作，比如清扫工厂车间里掉下的麦圈残渣。您可能会惊讶地发现，库彻在演戏之外从投资中赚了数百万美元，例如，他成功地投资了优步（Uber）和爱彼迎（Airbnb）。

让我们将巴菲特、爱迪生、杰斐逊和其他人的建议作为第二条忠告。

巴菲特忠告二：

努力工作。

---

① 在美国，一个常见的送报纸方式是将报纸抛入订阅者家的院子。——译者注
② 磅：英美制质量单位，1 磅约等于 0.454 千克。——编者注

巴菲特一生都在学习

《秘密百万富翁俱乐部》的许多剧集都以巴菲特的卡通人物说的话结尾："学得越多，赚得越多。"这是真的，我们将通过展示一些数据来支持该论断。现在，让我们把巴菲特的那句名言作为一个忠告。

> **巴菲特忠告三：**
>
> # 学得越多，赚得越多。

收入或者说从工作或其他来源获得的资金，通常会随着受教育程度的提升而增长。美国政府部门之一的美国劳工统计局（BLS）在2019年的一个项目中研究了不同教育水平人员的周薪和**失业率**。正在找工作但无法找到的人被认为是失业者。

研究发现，在2019年，拥有四年制大学学历（学士）的劳动者平均每周赚1 248美元，是高中学历劳动者收入（每周592美元）的2倍还多。大学学历劳动者不仅赚得更多，而且失业率也要低得多，如果他们想找工作的话，会相对容易得多。大学毕业生的失业率为2.2%，高中毕业生的失业率为5.4%。

还没完，受教育程度更高的人情况还要更好些。拥有研究生学历的人赚得更多，失业率更低。赚得最多并且更容易找到工作的是那些拥有专业研究生学历的人，包括医生、律师和商人。拥有专业研究生学历的人平均周薪为1 861美元，失业率只有1.6%。在美国，如果在大街上有人开着特斯拉、梅赛德斯-奔驰、宝马或保时捷从你身边呼啸而过，那

第一章　巴菲特是谁

么车主极有可能拥有专业研究生学历。表 1-1 总结了研究结果。

表 1-1　按教育程度划分的失业率和收入（2019 年）

教育程度	失业率（%）	常规周薪中位数（美元）
博士学位	1.1	1 883
专业资格	1.6	1 861
硕士学位	2.0	1 497
学士学位	2.2	1 248
副学士学位①	2.7	887
高中文凭	3.7	746
低于高中的文凭	5.4	592
加权平均值	3.0	969

资料来源："就业预测"，美国劳工统计局。
注：本处为摘取的部分数据，未提供相关权重。

巴菲特是个高才生，虽然他刚移居华盛顿特区时遇到了一些问题，得了一大堆 C。他是个"书虫"，在高中毕业前，大概读了 100 本学校要求之外的书。大部分金融相关的书他都看了两遍！《赚 1 000 美元的 1 000 种方法》是他最喜欢的书之一，这与他对商业的兴趣息息相关。巴菲特跳了一个年级，而且出生于 8 月，所以他比大多数同学都要年轻，并在 16 岁高中毕业。

巴菲特从高中毕业时，在 374 名学生中排名第 16 位。他的生意做得很好，也并不热衷于上大学，但还是接受了父亲的建议，进入了宾夕法

---

① 副学士学位（Associate's Degree），在一些国家和地区存在的一种学位等级。在美国通常授予两年制高等学校的学生。——译者注

尼亚大学的商学院——沃顿商学院就读，它通常被评为美国乃至全世界的顶级商学院。

宾夕法尼亚大学是美国八所常春藤盟校之一，是世界上最好、最负盛名的大学之一。

八所常春藤大学按照成立年份排序如下：哈佛大学、耶鲁大学、宾夕法尼亚大学、普林斯顿大学、哥伦比亚大学、布朗大学、达特茅斯学院和康奈尔大学。巴菲特在宾夕法尼亚大学待了两年之后开始想家，并想专注于他在内布拉斯加州的生意，因此，他在19岁时完成了内布拉斯加大学林肯分校的工商管理本科学位。到他大学毕业时，经通货膨胀调整后，他大约有100 000美元，可悲的是，当今许多大学生毕业时负债超过100 000美元。在第十四章中，我们将就如何避免或至少缓解这种状况提供一些建议。

完成本科学位后，巴菲特进入另一所常春藤盟校——纽约市的哥伦比亚大学学习，20岁毕业，获得经济学硕士学位。那时，巴菲特已经是一位崭露头角的金融巨星了。在他的终身导师、投资传奇人物本杰明·格雷厄姆（Benjamin Graham）教授的哥伦比亚大学研究生课程中，他获得了唯一的A+。

巴菲特为什么快乐

巴菲特是一个快乐的人，很大程度上是因为他热爱自己的谋生事业。他说："我当然可以定义幸福，因为我就幸福。一年中的每一天，我都可以做我喜欢做的事情。我可以和我喜欢的人一起做这件事，我不必与任何让我反胃的人交往。我跳着踢踏舞去上班，当我到达那里时，我

第一章　巴菲特是谁

想我应该躺着粉刷天花板。这非常有趣。"我们将这段话简化作为第四个忠告。

巴菲特忠告四：
做自己喜欢的事。

尽管电视节目《与星共舞》取得了成功，但大多数年轻人已经不再跳踢踏舞了。对他们来说，可能是在上班的路上跳牙线舞或骑马舞。不用说，巴菲特热爱他的工作，经营伯克希尔－哈撒韦公司，为公司做出投资决策，这就是他即使在变得非常富有之后也没有退休的原因。他也喜欢和他一起工作的人，尤其是他的商业伙伴查理·芒格，使用当今的时髦语言，您可以将芒格视为巴菲特"永久的好朋友"（BFF）。这位投资者、亿万富翁芒格今年96岁[1]，依然还在工作！在本书后面的章节，我们将会了解更多关于芒格的信息，所以我们最好记住他的名字。

伯克希尔－哈撒韦的子公司之一是内布拉斯加家具市场。它的内布拉斯加州奥马哈店是北美最大的家具店。该公司售卖家具，还有一些其他的商品，比如电视、电脑和冰箱，他们基本上出售家居、家用所需的任何东西。伯克希尔－哈撒韦公司于1983年从罗斯·布鲁金（Rose Blumkin）手中收购了该公司，后者被亲切地称为 B 夫人（Mrs. B），尽管富有，但 B 夫人一直在家具市场工作，直到她 104 岁去世前不久！B 夫人几乎在她的整个商业生涯中都表现出极高的职业素养，通常每周工作

---

[1]　指撰写本书时。——编者注

七天，每天工作十小时，在她的晚年，她仍然工作非常长的时间并使用摩托车出行，我们认为这便是投入。

在作者与巴菲特的一次会面中，有人问巴菲特最喜欢去哪里。巴菲特回答说："办公室。"他接着说，他曾在世界各地一些不错的地方度假，但他宁愿工作也不愿去遥远的地方旅行，这是最重要的，如果一个人做他喜欢的工作，他会喜欢去工作，这使他更有可能在工作上取得成功，因为他可能会非常擅长它，这最终不仅会为他带来更多的钱，还会带来更大的幸福。我们将通过巴菲特的视角在第十五章专门讨论与职业相关的问题。

提高您的沟通技巧，让您的终生收入增加50%

在作者与巴菲特的另一次会面中，一名学生询问什么技能对于成功的职业生涯最有价值，巴菲特的回答是沟通技巧。他说，如果您有一个好主意，但不能很好地表达出来，那就类似于"喜欢一个女孩，然后在黑暗中对她眨眼"。当然，在黑暗中没有人可以看到他人是否在眨眼，因此它不会有任何效果。他还估计，随着时间的推移，拥有强大的沟通技巧可以将一个人的赚钱能力提高50%——这是一个人将时间投资于此的可观回报，因此这也值得成为一个忠告。

巴菲特忠告五：
培养强大的沟通能力。

第一章　巴菲特是谁

沟通技巧包括口语、写作、倾听和人际交往能力，也就是说，有助于与他人相处、影响和领导他人的技能。巴菲特说，他的沟通能力的提升源于他参加了戴尔·卡内基的课程。戴尔·卡内基是一位活跃于二十世纪上半叶的自助大师，他的著作《人性的弱点》（*How to Win Friends and Influence People*）可能最为人所知。据统计，这本书在全球已售出3 000万册，它的内容一定很不错！我们将用一整章——第十三章来讨论沟通和人际交往技巧，其中有很大一部分专门介绍戴尔·卡内基所授的技巧。

巴菲特说自己在参加戴尔·卡内基课程之前是一个"失能人"（basket case）。虽然他就读过一些优秀的大学，比如宾夕法尼亚大学、内布拉斯加大学和哥伦比亚大学，但他办公室墙上唯一挂着是他参与戴尔·卡内基项目的结业证。

虽然可能确有不公，但人们通常会根据一个人说话和写作的方式形成对一个人才智的印象。如果一个人表现得像个混球或恶霸，别人就不想待在这个人身边，人们不想和这个人一起工作、为这个人工作或者与其约会。所以相信巴菲特的话，磨炼和提高沟通技巧是一个人可以做的最重要的事情之一，这不仅可以提升您的财富，还可以改善您生活的几乎所有方面。

诚信行事是正确的做法，对生意有利

诚信意味着诚实并以高尚和合乎道德的方式行事，做一个信守诺言、值得信赖、有原则的人。在这方面巴菲特并不总是完美的，他在十几岁的时候也因此遇到了一些麻烦。但现在，巴菲特的正直几乎与他的财富和慈善事业同样闻名遐迩。让我们看几个例子。

在二十世纪六十年代后期,巴菲特帮一些家人、朋友和熟人投资,并取得了令人惊叹的收益。按通货膨胀进行调整后,他的年收入相当于超过了一百万美元,然而,他决定停止他的投资生意,并把钱还给投资者。为什么?他认为股票价格被高估了,而且他的投资风格已经失宠。换句话说,如果他认为自己不能为投资者创造足够价值,他就会放弃每年赚取数百万美元的机会!

巴菲特告诉他的员工要以这样一种方式行事:他们不会因为记者在当地报纸上公开他们的所作所为而感到尴尬。现在您也可以将"报纸"替换为脸书(Facebook)[①]、照片墙(Instagram)或色拉布(Snapchat)。

在伯克希尔-哈撒韦公司1990年致股东的信中,巴菲特写道:"我们将完全按照承诺行事,既因为我们已经做出承诺,也因为我们需要这样做以实现最佳业务成果。"也就是说,诚信行事不仅是在道德上做正确的事,而且需要对业务有利。

二十世纪九十年代,巴菲特投资了一家名为所罗门兄弟的华尔街投资银行。投资银行交易股票和债券以及其他一些金融产品。因为该公司的一些顶尖交易员违反了一些证券法规,该公司濒临倒闭,巴菲特同意介入并管理这家公司,以防止其倒闭。他被要求在国会作证,国会正在就交易丑闻举行听证会。在开场白中,巴菲特讲了他的名言之一:"使公司赔钱,我能忍受,但破坏公司名誉一丝一毫,我都会零容忍。"

时间更近一些,在2017年年初,一个在伊利诺伊州锡安经营当

---

① 现已更名为"元"(Meta),本书按照原文仍使用"脸书"的称呼。——编者注

第一章　巴菲特是谁

地冰雪皇后的人针对一位顾客发表了种族主义言论。回想一下，冰雪皇后由巴菲特的伯克希尔-哈撒韦公司所有。冰雪皇后立即解雇了发表种族主义言论的这位经营者并关闭了该场所。冰雪皇后发言人表示："该加盟商的这个行为是不可原谅、应受谴责、不可接受的，他的行为并不代表冰雪皇后家族、员工、粉丝和全球其他独立特许加盟商的价值观。我们希望我们的加盟商及其员工给予每一个走进店门的人最高的敬意和尊重，任何程度的服务缩水都是不可接受的。"尽管巴菲特可能是让冰雪皇后高级管理层来处理这一特殊事件的，但不可否认的是，伯克希尔-哈撒韦公司的文化要求该公司以迅速且严厉的惩罚作为回应。所有这些故事的核心都基于诚实正直范畴，因此这值得提炼为一个忠告。

巴菲特忠告六：
诚实正直行事。

低买高卖

如果以优惠的价格在线上或线下购买商品，您可能会感觉不错。或者还可以更好，我们都见过一些"买一送一"或打三折的情况，谁不喜欢免费拿货呢？"低买高卖"的投资建议由来已久，沃尔玛最著名的口号之一就是"省钱，生活更美好"。

就巴菲特而言，他购买股票或整个公司。他遵循一种被称为价值投资的投资风格，价值投资者试图以超低折扣价买入标的。假设您卖出的商品价格上涨,那么买入价越低,您卖出时的利润就越大。

巴菲特最著名的投资是伯克希尔-哈撒韦公司。早在 1962 年 12 月,他就开始以每股 7.65 美元的价格购买该公司股票。看看这个公司的账簿和记录,或者投资分析师所说的财务报表(financial statements),巴菲特认为它的价值至少应该是每股 20 美元。所以他认为自己得到了大约 62% 的优惠。1965 年,他最终购买到足够多的股份,获得了该公司的绝对控制权。现在呢?这只股票的价值约为每股 300 000 美元!是的,这是 1 股的价格!

巴菲特的成功投资简直不胜枚举。他最早因为购买美国运通公司的股票而在华尔街受到关注,华尔街不仅指曼哈顿市中心的实体街道,还指处于美国金融体系中心的各个公司。我们可能是因为听过或使用过美国运通信用卡而知道该公司。

1963 年,美国运通公司为一家名为联合原油植物油精炼的公司提供了融资。对一家销售色拉油或调味品的公司来说,这是一个花哨的名字。但主要问题是该公司的欺诈行为,他们编造了有关公司业务的谎言。他们将色拉油储存在装满水的大桶中,并在顶部洒上色拉油,然后告诉大家桶里全是色拉油。

最终,随着吹哨人的揭露,骗局得以真相大白。美国运通公司在该公司的欺诈行为被发现前借给其资金,当骗局被揭露时,美国运通公司的股票遭受了巨大打击。沃伦·巴菲特如何看待该事件呢?他认为该丑闻对美国运通公司来说是一个糟糕但并非无法克服的问题,它的其他业务,例如信用卡和旅行支票(在海外消费时可以替代现金)表现良好,巴菲特打电话给一些人以确认情况仍然如此。美国运通公司的股票从丑闻发生前的每股 65 美元暴跌至 1964 年 1 月的每股 37 美元,巴菲特在股

第一章　巴菲特是谁

票暴跌时开始买入，大约 5 年后，当他卖出时，股价上涨了 5 倍多！巴菲特还成功完成了许多其他的投资"大满贯"，本书将逐一介绍。让我们将这些故事的主线提炼为一个忠告。

巴菲特忠告七：
以有吸引力的价格购买东西。

巴菲特不会屈服于同侪压力：内在记分卡

同侪压力是年轻人甚至成年人最难应对的事情之一。当我们的朋友要求我们做某事时，即使我们认为他们可能错了，也很难说不。巴菲特制订了应对同侪压力的应对策略，这是他从父亲霍华德·巴菲特那里学到的，他称为内在记分卡（Inner Scorecard），基本意思是根据自我判断，按照自己的方式过生活。如果一个人受他人想法的影响更大，那么他拥有的就是外在记分卡（Outer Scorecard）。

巴菲特说："关于人们行为方式的最大问题是他们拥有的是内在记分卡还是外在记分卡。如果您对内在记分卡感到满意，是很有用的。"也就是说，尽量不要太在意别人的想法，做我们认为对的事。巴菲特接着说："在教您的孩子时，我认为他们在非常非常小的时候所学的课程是他们父母所强调的。如果所有的重点都放在世界对您的看法上，而忘记了您的真实行为，您最终会得到一张外在记分卡。"

BUFFETT'S TIPS
巴菲特的金融课

我们将这本书评为 PG 级[①]。这是与内在记分卡概念有关的较为不雅的巴菲特名言之一："我总是这样表述，我说：'看吧，你愿意做世界上最了不起的情人，却让所有人都认为你是世界上最糟糕的情人吗？还是你愿意成为世界上最糟糕的情人，但让每个人都认为你是世界上最了不起的情人？'"当然，遵循内在记分卡心态的人不会太在意外界的看法，他们相信真实的自己。

巴菲特虽然身为亿万富翁，但他在生活的所有方面都应用内在记分卡。自 1958 年以来，他过着相当简朴的生活，一直住在同一所房子里，而不是搬进豪宅。健康方面，他的饮食很糟糕，通常由麦当劳和一堆垃圾食品组成，如汉堡包、软糖、花生脆和樱桃口味可乐。从投资的角度来看，他逆大众而行，事实上，如果一个人的判断是正确的，这样做恰恰可以赚到更多钱。巴菲特说："在别人贪婪时我恐惧，在别人恐惧时我贪婪。"我们将在第五章更详细地讨论这一观点，这里先举一个小例子。

他在 2007—2009 年的全球金融危机期间将这句名言付诸实践，那是自第二次世界大战以来出现的非常严重的经济衰退之一。花旗银行、雷曼兄弟、贝尔斯登（Bear Stearns）、美林证券、摩根士丹利（Morgan Stanley）和美国国际集团（AIG）等金融公司在大衰退期间受到的影响最大。

在大衰退期间，虽然金融市场看起来正在崩溃，但巴菲特购买了拥有庞大金融部门的高盛集团和通用电气公司的股票，后来又购买了美国银行的股票，当经济复苏时——他大赚了一笔，每笔投资都赚了数十亿

[①] PG 级为电影分级的一个等级，后文出现的 G 级也是一个等级。PG 级为普通级，建议在家长的陪伴下观看，有些镜头可能让儿童产生不适感，G 级为大众级，适合所有年龄段的人观看。此处，作者将电影分级制度引申至本书，认为若是儿童阅读本书可能需要家长陪伴。——译者注

第一章　巴菲特是谁

美元！

在笔者撰写本书时，世界正在努力应对新冠疫情的影响。即使在新冠疫情危机期间，伯克希尔公司也坐拥超 1 250 亿美元的现金。我们非常愿意押注巴菲特和伯克希尔的最终投资成果，他们再一次以好价格买入多家好公司，伯克希尔再一次获得数十亿美元的利润。让我们把巴菲特内在记分卡思想作为一个忠告。

巴菲特忠告八：

不要被大众左右——拥有一张内在记分卡。

巴菲特的后备职业——喜剧演员

任何五岁以上的人可能都会意识到生活就像过山车，会有起起落落。正如苹果公司联合创始人史蒂夫·乔布斯曾在斯坦福大学一场精彩的毕业典礼演讲中所说的那样，"有时生活会用砖砸你的头，但不要失去信心"。乔布斯在他不可思议的一生中经历了许多人生的高峰和低谷，他曾被苹果公司董事会解雇，董事会对经营一家公司负有最终责任，您可能会想："他怎么会被自己创办的公司解雇？"因为乔布斯并不拥有公司的全部股份，他与董事会就什么是经营公司的最好方式发生冲突，董事会站在另一位经理人的一方，乔布斯于 1985 年被苹果公司踢出。他最终于 1997 年胜利回归，在他去世时，苹果已成为全球最具价值公司。

史蒂夫·乔布斯也经历了与癌症的长期斗争。他于 2003 年首次被诊断出患有胰腺癌，并在多年的历程中勇敢地与疾病做斗争。他最终于 2011 年 10 月死于癌症，他做到了改变世界。

如果巴菲特没有成为一个伟大的投资者，他可能会将喜剧演员作为第二职业。他经常取笑自己，告诉学生他们吃穿都比自己更好，取笑自己的人常常被称为有自嘲式幽默感，巴菲特绝对有这种技巧，当今举办戴尔·卡内基研讨课的人强烈推荐这种技巧。很少有人喜欢爱炫耀的人或单纯的混蛋。讲回巴菲特和他非常酷的幽默感，当被问及职业建议时，看他的（PG 级）回复：

"你应该开始做你想做的事，找一份你喜欢的工作，你会在早上从床上跳起来去工作。我认为如果你继续从事不喜欢的工作，只是因为这份工作可以使你的简历看起来不错，那你会疯掉。"

众所周知，简历是描述一个人的教育背景、工作经验和技能的文件。在找工作时，求职者通常会向招聘方提供印刷版或电子版简历。我们将在第十五章的职业生涯中探讨这个话题。

这是引述巴菲特 1987 年董事长致伯克希尔股东的信中的另一个自嘲：

"必须指出的是，我是快速学习的董事长，'只'需要 20 年就认识到收购好公司的重要性。在这期间，我搜索了'便宜货'，还不幸找到一些，我获得的惩罚是短线农具制造商、第三方百货公司和新英格兰纺织品制造商的经济学'教育'。"

因此我们可以了解，巴菲特是一个有趣的人，他并没有太把自己当回事，尽管他取得了不可思议的成功，这也是人们如此喜欢他的原因之一。让我们来总结第九个忠告。

第一章　巴菲特是谁

> 巴菲特忠告九：
>
> # 能够自嘲。

巴菲特的持久遗产：慈善事业

巴菲特将99%以上的钱捐给了慈善组织。至少在我们看来，这证明了他追求成为世界上最富有的人是出于对工作的热爱，而不是对金钱的渴望。一两代人之后，可能人们记住他更多的是因为他的慈善工作，而非他的投资能力。听起来可能难以置信，但今天很多人知道比尔·盖茨是因为他在管理盖茨基金会，而非因为他是微软公司的联合创始人。

重点是巴菲特并没有因富有而购买大量珠宝，他不是这样的人。巴菲特说："如果你是人类中最幸运的百分之一，那么你应该为其他百分之九十九的人考虑。"巴菲特认为他的父亲和他的第一任妻子苏珊（Susan）或叫苏西（Susie）对他的性格和道德产生了最大的影响。霍华德·巴菲特是一个非常正直的人，他在国会任职时，由于认为自己所获选票比例较低而拒绝接受加薪。

巴菲特的妻子苏珊参与了许多慈善事业，并支持二十世纪六十年代的民权运动，该运动为所有美国人争取平等权利。巴菲特著名的慈善活动之一是每年都会为旧金山格莱德基金会拍卖午餐，人们在拍卖中竞标，获胜者可同巴菲特共进午餐。中标价格有时会超过450万美元！真是一顿昂贵午餐！苏珊·巴菲特将慈善基金会格莱德基金会（Glide Foundation）引荐给了巴菲特。前文提到了巴菲特与比尔·盖茨合作的捐赠誓言，最终他们将向慈善活动捐赠数万亿美元。

即使您经济上不富裕，您仍然可以为慈善做很多不涉及金钱的事情。它们可能涉及付出您的时间、劳动或心血（不是字面意思！）。在约翰和大学生一起去拜访巴菲特时，他向巴菲特赠送了一张卡片，每个人都在上面写下为慈善事业做些事情的承诺，这是给巴菲特的"感谢"礼物，感谢他花时间接待他们。他拿到卡片后的反应如何？"那是你们能为我做的最好的事情。"本书将在最后的第十六章探讨慈善组织和慈善事业的话题。让我们以本章最后一个忠告收尾。

巴菲特忠告十：
回馈社会。

以上是对沃伦·巴菲特的简单介绍，以及一些关于理财知识和生活的基本忠告，让我们开始进入主题吧。欢迎开启财富之旅！

本章巴菲特的忠告

- 巴菲特忠告一：尽早开始积累财富。
- 巴菲特忠告二：努力工作。
- 巴菲特忠告三：学得越多，赚得越多。
- 巴菲特忠告四：做自己喜欢的事。
- 巴菲特忠告五：培养强大的沟通能力。
- 巴菲特忠告六：诚实正直行事。
- 巴菲特忠告七：以有吸引力的价格购买东西。

第一章　巴菲特是谁

- 巴菲特忠告八：不要被大众左右——拥有一张内在记分卡。
- 巴菲特忠告九：能够自嘲。
- 巴菲特忠告十：回馈社会。

第二章

巴菲特的投资基础

> 对投资者而言,最重要的品质是性格,而不是智力。

——沃伦·巴菲特,《沃伦·巴菲特的生活准则》

第二章　巴菲特的投资基础

导言

当我们刚刚开始上学时,我们从"3Rs"课程开始——读（reading）、写（'riting）和算（'rithmetic）。为适应语法纯粹主义者,我们将它们重新标记为阅读（reading）、写作（writing）和算术（arithmetic）。这三个科目是我们从小学开始学习的大部分科目的基础。美国大多数公立学校和许多私立学校都使用一种被称为共同核心的课程,这是一个关于数学和语言艺术（英语课程）应该教什么的更具体的框架。金融知识中也有一套核心概念,我们将在本章中讨论其中的一些。笔者认为如果读者不是只浏览摘要部分的话,在阅读完本书后应该认为自己已具备理财知识。

大多数人可能都听过"时间就是金钱"这句话,金融界人士将它改变了一下,说:"金钱是有时间价值的。"我们举个简单的例子来理解这个概念:假设一个人有一些现金,比如100美元,他可以把它存入银行赚取利息,这是我们在第一章中提到的概念,随着时间的推移,100美元将增长到多于100美元,具体金额取决于利率。银行把他的存款中的大部分借给需要钱的人,即借款人。借款人可能需要将这笔钱用于汽车贷款、学生贷款、住房贷款或其他一些投向。借款人也可以是公司或政府。以住房或建筑物为抵押品的贷款称为抵押贷款。

利率是投资回报的一种形式。回报是指您赚钱时钱的增长额,或者您赔钱时钱的减少额。所以当您将钱存进银行或用于买股票、买房子或买入其他东西时，就可以计算出回报。利率是您净资产变动的主要驱动因素之一，让我们从现在起就坚持使用利率的概念。

对"复利奇迹"的解释

我们还是假设某人在当地银行存了100美元，如果年利率为3%，那么一年后他的账户余额将是103美元。再过一年，假设他的钱还存在银行里，它会再增长3%，达到106.09美元。为了便于不喜欢数学的人也乐于阅读，我们在这本书中会尽量少使用方程式。未来价值公式[①]作为核心等式，是指一年后的价值等于今天的价值乘（1+投资回报率）的 T 次幂。T 代表时间，在当前例子中指的是一年。

第一章的一个忠告是"尽早开始积累财富"。让我们看看依照未来价值公式，资金的惊人增长效果，特别是在经过了较长周期，并叠加了在上文中讲过的"复利奇迹"效应之后。一项研究发现，由于医学的进步，当前出生的人中大约有1/3能至少活到100岁，所以虽然可能有人认为这遥不可及，但我们真的应该计划活到三位数的年龄！

让我们看看假设一个人在20岁时存下10 000美元，100岁的时候会得到什么。对20岁以上的人来说，我们假设他是"吸血鬼"好了，就像克里斯汀·斯图尔特在《暮光之城》系列电影中扮演的角色一样。我们知道10 000美元对20岁的人来说是一笔相当可观的现金，但如果他努力工作，尽早开始储蓄，这是可能的。初始值是10 000美元，时间周期是

---

① 也称作终值公式。——编者注

第二章　巴菲特的投资基础

80 年，唯一需要考虑的是资产的增长或复合增长的速率。

我们来用以下两种策略计算一下投资回报率。第一种策略，我们购买折价出售的一篮子小盘股票，在金融界被称为 小盘价值股，并假设它按照历史回报率，也就是每年 14% 的收益率给我们回报，我们将在第五章中更详细地讨论小盘股和价值股。第二种策略，我们把资金交给巴菲特进行投资，或者克隆巴菲特的投资策略，以获得他的历史回报率，也就是每年 20% 的收益率。

那么我们在第 80 年末会收获多少钱呢？几百万美元？实际上按小盘股策略，我们能收获 3.57 亿美元！按照巴菲特的策略呢？216 亿美元！图 2-1 展示了这种惊人的结果。这张图显示大部分收入发生在近几年，这就是为什么尽早开始理财真的很重要。什么意思？早起的鸟儿有虫吃？的确如此！

另一个与资金的时间价值有关的问题是，我们将来经常会收到钱，并且我们必须今天决定为此支付多少钱。例如，在 第四章 中，我们将讨论由联邦政府发行的 美国储蓄债券。对于储蓄债券，我们可以以低于其面值的价格购买，并且按月累积或收取利息。如果人们购买美国最常见的储蓄债券，即 EE[①]，美国政府保证在 20 年内的回报至少翻一番。我们可以将其视为人们向政府提供的贷款。

让我们来举一个与上例相反的例子。如果有人在下一年末给我们 100 美元，我们现在会付多少钱去交换？我们希望您的答案是小于 100 的某个数字，毕竟我们刚刚讨论了资金时间价值的概念。确切的金额取决于

[①] EE 系列债券，美国的一种新式储蓄债券。首次发行于 1980 年 1 月，面额为 50 到 10 000 美元，以面值 50% 的价格发行。——译者注

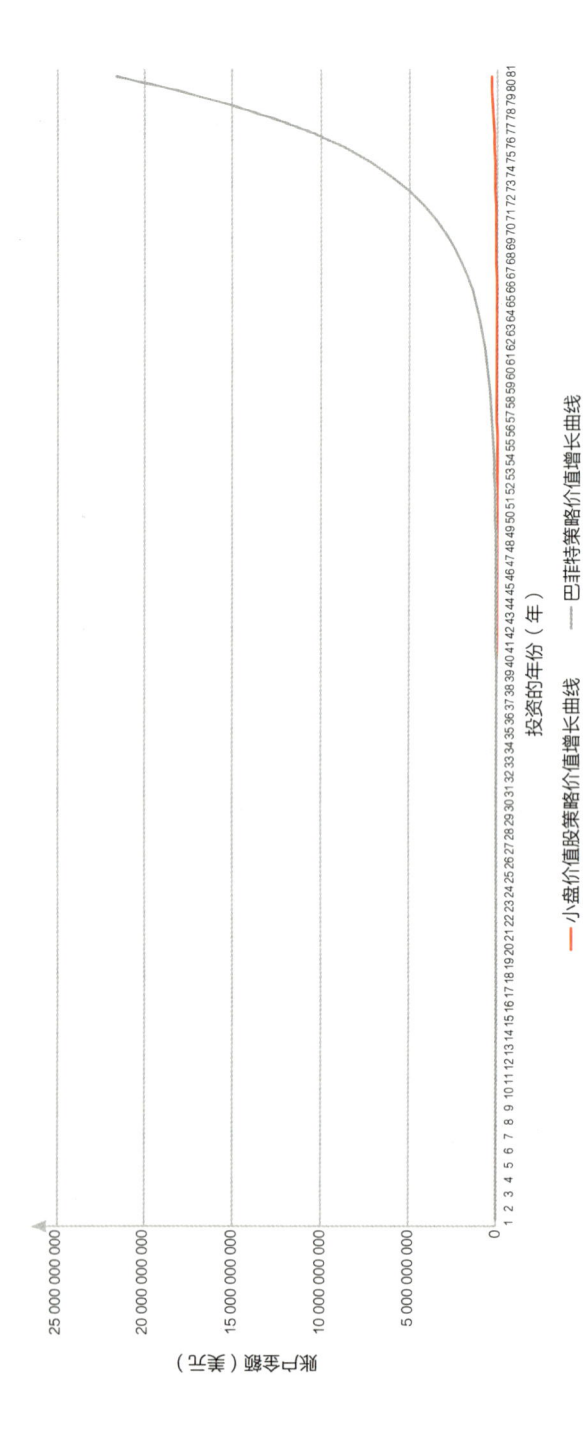

图 2-1 使用两种策略投资 10 000 美元的收益

第二章 巴菲特的投资基础

利率，在这类问题中也被称为折现率（Discount Rate），因为您是在对未来有望收到的东西使用折扣（Discount）。当我们对未来价值公式进行变形，用于求解我们现在要支付的金额时，就得到了现值公式。与前述一致，假设利率为3%，为了得到现值，我们将未来值除以（1+利率）的 T 次幂。同样的，T 代表时间，在当前例子中是1年。代入这些数字，我们计算出我们今天应该最多愿意支付97.09美元，以换取下一年末的100美元，任何低于97.09美元的金额都可以被认为是一笔划算的交易。

权衡：一项基本生活准则

当您还是个孩子的时候，也许您的父母或老师会给您读一些《伊索寓言》里的寓言，比如《兔子和乌龟》《狐狸和葡萄》或者《披着羊皮的狼》。伊索生活在大概2 500多年前，当时的记录手段并不是很好，记述伊索的一个版本是：他是一个奴隶，生活在公元前620至公元前564年的古希腊，他之所以能够自由，显然是因为他出色的讲故事的能力，最终成就了他创造的流传至今的600多个寓言。

《伊索寓言》的寓言之一《鹰和夜莺》中有一句名言："一鸟在手，胜过二鸟在林。"这种权衡，即是选择今天现成的一顿大餐还是选择未来可能出现的一顿更丰盛的大餐，这是投资的本质。巴菲特说："价值公式是公元前600年一个叫伊索的人传下来的，'一鸟在手，胜过二鸟在林'，投资就是现在把一只鸟放入灌木林中然后得到两只或更多。"

当然，巴菲特希望我们思考美元而不是鸟类。他在另一封股东信中也说了类似的话，使用了重要的术语通货膨胀，我们在第一章中提到过这个术语，还会在第三章中更详细地讨论。他说："投资是现在投入资金，在未来收回更多资金——刨除通货膨胀影响之后的实际收益。"投资是一项核心理财技能，所以让我们把它作为忠告之一。

> **巴菲特（同样也是伊索的）忠告十一：**
>
> **投资是现在投入资金，在未来收回更多资金——刨除通货膨胀影响之后的实际收益。**

一项在学术界被称为"棉花糖实验"的著名研究表明，延迟满足或等待美好事物会对我们的生活产生巨大影响。二十世纪六十年代，斯坦福大学（一所能与常春藤盟校相媲美的大学）的沃尔特·米歇尔（Walter Mischel）教授对数百名4~5岁的儿童进行了测试，并追踪了他们几十年后的状况。

米歇尔教授对儿童们进行的实验是：他或他的研究人员让一个儿童走进房间，递给儿童一块棉花糖。虽然我们更喜欢士力架（Snickers）或特趣（TWIX），但让我们继续讲完这个故事。然后他说自己必须离开房间一会儿，如果回来时棉花糖还在，会给儿童两块棉花糖。可以理解为手中握有的一块棉花糖与"灌木林"中或等待室中的两块棉花糖做权衡。

他离开房间大约15分钟，然后回来。有些儿童禁不住诱惑，马上就吃掉了棉花糖；还有的等了一会儿，但等不了15分钟；也有儿童可以等上整整15分钟，可以认为这些儿童也喜欢棉花糖，但他们有更强的自我控制力，这是他们性格中延迟满足的能力。

故事的关键不在于棉花糖，而在于米歇尔教授在追踪儿童们几十年

第二章 巴菲特的投资基础

后的表现时的发现。能够等待完整 15 分钟的儿童（即拥有延迟满足能力的那些儿童）最终获得了更好的学术能力水平测试（SAT）[①]分数、更少的药物滥用和更强的社交技能，并且在许多其他评估生活积极与否的指标上得分更高。这项研究在又过了 40 多年后结论仍然成立！

您可能听说过"耐心是一种美德"这句话。这个说法当然也适用于成为一名成功的投资者。巴菲特说："对投资者而言，最重要的品质是性格，而不是智力。"性格是 SAT 或美国高考（ACT）词汇之一，表示一个人的天性、外在表现或行事风格。有耐心和不被人群左右通常是与财务成功相关的两个特征。因此我们将巴菲特关于性格的评论作为一个忠告。

巴菲特（伊索）忠告十二：

对投资者而言，最重要的品质是性格，而不是智力。

将此忠告与资金时间价值图表联系起来：我们把钱花出去的时间延迟越久，在未来钱就越多，因为它能够在更长的时间内增长或复合增长，回想一下我们在第一章中提到的那个滚下山的雪球。当然，如果我们不储蓄，那么以后就不会有钱。因此，权衡是在今天的好事情和未来更好的事情之间进行比较，无论是明天、下个月、下一年还是下一个十年。

[①] 指美国高中毕业学术能力水平考试，与 ACT 一起被称为"美国高考"。——编者注

圣彼得堡悖论：风险与回报的教训

圣彼得堡是俄罗斯的一座城市，位于波罗的海附近。1713年，一位名叫尼古拉斯·伯努利（Nicolaus Bernoulli）的著名数学家提出了一个类似于我们将在下面讨论的例子。记住这个例子——它在最后有一个真正有冲击力的结论！

伯努利说，让我们抛掷一枚普通的硬币，直到第1次出现正面。硬币有正面和反面，每一面都有50%的机会出现。如果在第1次抛掷出现正面，您获得2美元，如果第1个正面出现在第2次抛掷（也就是第1次抛掷是反面，第2次抛掷是正面），您获得4美元，如果第1个正面出现在第3次抛掷，您获得8美元。公式的一般形式是，如果第 n 次抛掷时第1次出现正面，您获得 2^n 美元。从理论上讲，您可以永续抛硬币，即使在最初几次抛硬币时可能会出现正面。那么您愿意花多少钱来参加这个抛掷硬币游戏呢？

虽然没有确切的答案，但大多数人说的价格在2美元到10美元之间。让我们来计算一下这个游戏的预期回报或价值。第1个正面出现在第1次抛掷的概率是50%，如果乘此情况下的收益，即2美元，那么预期回报为1美元；第1个正面出现在第2次抛掷的概率是1/2乘1/2等于25%，如果在当前情况下乘收益，即4美元，那么预期回报为1美元；第1个正面出现在第3次抛掷的概率是1/2乘1/2乘1/2，即1/8或12.5%，如果乘以此种情况下的收益8美元，那么预期回报为1美元。我们能发现其中规律，即您在每种情况下都能得到1美元，由于理论上您可以永续抛掷硬币，直到第1个正面出现，每次都可以多得到1美元并永续进行下去！换句话说，期望值或回报是无限的！

第二章　巴菲特的投资基础

大多数人愿意为这个游戏支付少于 10 美元的费用。我们如何理解这两个值：无穷大和小于 10 美元？不仅如此，游戏的风险也是无限的，如果风险是通过离散程度来衡量，即通过计算方差的平方根——标准差得出的。还有很多方法可以衡量风险，包括我们即将看到的巴菲特给出的定义。直觉上，在这个游戏中第 1 个正面很大概率会出现在最初的几次抛掷中，所以这就是为什么大多数人愿意支付少于 10 美元去玩游戏。但是，在第 1 次正面出现之前，您很有可能会抛掷几十次，从而产生潜在的巨大回报。

所以，圣彼得斯堡悖论的要点是，当我们进行投资时，潜在的风险和回报同样重要——生活中的许多其他事情也是如此。

风险与回报：证据

投资的概念早已存在，因此很多人认为人们能够就如何衡量或定义风险达成一致，但事实并不是这样，就像我们不能就有史以来最好的音乐家、最好的电影、最好的运动员等达成一致一样。如果我们在街上询问路人，大多数人都把风险定义为赔钱或未达成一个重要目标，比如无法去上大学或无法付房租。巴菲特使用字典中的定义，将风险描述为"遭受亏损或受到损害的可能性"。让我们把它作为幸运忠告十三。

巴菲特忠告十三：

风险指的是"遭受亏损或受到损害的可能性"。

我们不否认巴菲特或字典给出的定义，但这样的说法很难用数字来确定风险的大小，所以经济学家通常会关注可以用来精确衡量的东西，比如我们在前文中提到的统计学中的标准差。根据标准偏差测量，离散程度低或方差小则表示风险很低，就像夏威夷或圣地亚哥的四季天气一样，几乎总是阳光明媚；离散程度高则表示有很大的风险，就像加拿大不同季节的气候变化，它在一年中的大部分时间里都非常寒冷，而在夏天则温暖且阳光充足。

投资的种类繁多，但我们主要考虑三大板块：股票、债券和现金。虽然不能保证过去和未来的情况一模一样，但研究人员通过使用跨越约100年的数据发现，风险与回报之间存在长期关系。这个时间段真的非常长，因为有时这种关系需要10多年才能显现出来，我们所说的"显现"是指在长周期内，低风险投资的回报率最低，高风险投资的回报率最高。但若将通货膨胀和税收考虑在内，巴菲特的这个观点存在一些问题，我们将把这个问题留到另一章去讲。

但在短期内，经常会发生完全相反的情况，也就是说，在短期内，低风险投资可能会获得最高回报，而高风险投资可能会获得最低回报。正因如此，我们需要有耐心才能做到成功投资。

除了关于性格的忠告十二，巴菲特还有很多关于耐心的名言。以下是我们最喜欢的几个，其中一个是PG级的。一个是"股票市场是一种将钱从没耐心的人手里转移到有耐心的人手里的工具"，另一个是"成功的投资需要时间、纪律和耐心。无论你多么有才华和多么努力，有些事情就是需要时间：即使你让九个女人同时怀孕，她们也不可能在一个月内生下孩子"。让我们把这句话的缩写版本作为忠告十四。

第二章　巴菲特的投资基础

巴菲特忠告十四：
成功的投资需要时间、纪律和耐心。

回到三大投资品种：股票、债券和现金。现金不仅是指我们手中或银行里的现金，还包括类似现金的投资，比如美国政府发行的短期收益证券，被称为美国国库券，英文简称 T-Bills。这些投资非常安全，因为它们得到了政府的支持，并且在不到一年的时间内就可兑付，政府总是可以通过提高税收或开动印钞机来兑付。表 2-1 显示，国库券的历史回报率在三个品种中最低（3.3%），但按标准差衡量的风险最低（3.1%）。当然，近期回报率更是低很多，实际上已接近于零。

接下来是债券，当公司或政府向投资者借款时会通过发行债券来募集资金。债券的期限从 1 年多到 30 年不等。尽管美国财政部会时不时提出发行 50 年或 100 年期债券的想法，但我们几乎不会在美国看到发行期限超 30 年的债券。

表 2-1　在美资产的风险与收益：1926—2019 年

投资品种	年化收益率（%）	年化标准差（%）
国库券	3.3	3.1
政府债券	5.1	5.6
美国股票	10.2	19.8

数据来源：晨星（Morningstar）。

考虑到债券投资需要等待很长时间才能获得兑付，因此这些债券比国库券风险大，即使是由同一实体（即政府或公司）发行的。从表 2-1

中可以看出，美国政府债券的中间期限（即 5 至 10 年）历来提供比国库券更高的回报（5.1% 对比 3.3%），但波动率也更高（标准差为 5.6% 对比 3.1%）。

把最好的留到最后，我们来看看股票，特别是美国普通股。股票的波动率最高（标准差为 19.8%），但它们的历史回报率也最高（10.0%）。股票可能会剧烈波动，但如果您有耐心坚持到底，从长线看，一篮子股票通常会表现相当好。

分散：少有的"免费午餐"之一

谁不喜欢免费午餐呢？在金融领域有一种免费午餐，被称为分散。分散意味着将您的钱分布到许多投资上，而不仅仅是一个或有限的几个投资上。它降低了您的风险，但不一定会减少您的回报。长期以来，人们一直凭直觉感觉到分散的好处，也有很多人听过"不要把所有鸡蛋都放在一个篮子里"。这意味着，如果您把一切都赌在某一只股票、某个房地产项目或某个农场等，一旦它们出了问题，您就会有大麻烦——即便不是彻底出局。然而，如果您的投资分散在多项资产上，某一项投资的灾难并不意味着您的整个投资组合都被毁了。

"不要把所有鸡蛋都放在一个篮子里"这句话最早是著名作家米格尔·德·塞万提斯（Miguel de Cervantes）在他的经典著作《堂吉诃德》中说的。《堂吉诃德》是大多数高中课程的必读书目，被许多文学学者认为是有史以来最伟大的著作之一。塞万提斯写道（从西班牙语翻译而来）："有智慧的人会为了明天保全今天的自己，而不是冒险把所有的鸡蛋都放在一个篮子里。"

第二章　巴菲特的投资基础

说到伟大的作家，高中英语或语言艺术课程中的另一位主角是威廉·莎士比亚。莎士比亚也十分了解分散的重要性。在《威尼斯商人》中，他写道："我的冒险不在于某个底线，也不属于某个地方，我的全部财产也不依赖于今年的财产。因此，我的商品并不让我难过。"

对，我们知道莎士比亚作品的表述看起来很奇怪，但在15世纪末，英国人就是这样说话的，幸运的是，我们将在这本书中坚持使用会话型表达。在《威尼斯商人》中，莎士比亚塑造的角色安东尼奥通常会说，他的商业利益在地点和时间上都是分散的。这种分散的投资组合或商业活动，让他不会在某一项业务出乱子后过于担心。

分散可以让人们更安心。您可能在家附近看到过大通银行（Chase Bank）的分行，它是摩根大通公司（JPMorgan Chase & Co）的一个部门，该公司是世界上最大的银行之一。我们在第九章讨论当今一些重要的金融业务时，将再次讨论摩根大通。确实曾经有一个真实存在的人，J. 皮尔庞特·摩根（John Pierpont Morgan），他是二十世纪初期世界上最著名的银行家，看起来有点像大富翁游戏中的银行家。有这样一种说法，摩根的一位朋友怀着沮丧的心情找到这位银行业传奇人物，他表示股市的涨涨跌跌让他晚上睡不好觉，据说摩根在回应这位朋友时讲了一句名言："减持股票到能睡着觉的程度。"也就是说，我们需要对投资组合进行调整，使其处于涨跌范围不会影响我们晚上睡眠的程度。这通常需要制订一个降低投资组合风险的计划才能做到。

在实践中，这个计划可能包括投资不同类型的金融品种以分散您的资金，如股票、债券、现金和房地产等，以及在每个领域内的分散等。例如，持有一篮子分布在不同行业的股票，如科技、金融、能源、医疗等，可能比全部持有科技股的风险更小。行业并不总是朝着相同的方向发展，因为它们受到许多因素的影响，如政府政策和消费需求等。

供求关系决定价格

什么决定了我们所购商品的价格？有很多影响因素，但我们可以将其简明扼要地概括为两个词，供给（Supply）和需求（Demand）。供给指产品或服务的生产量，比如汽车、手机、房屋、鞋子或大量其他物品的生产量。需求指为商品或服务付费的意愿叠加能力，您可能想买一辆新的法拉利，但如果您买不起，就不算是需求。一个更现实的例子是您愿意为泰勒·斯威夫特（Taylor Swift）、德雷克（Drake）或 U2 乐队的演唱会门票支付的价格。

让我们考虑四种可能性。第一种，如果某种商品或服务需求量很大，而供应量不变或较低，那么它的价格通常会上涨。以演唱会门票为例，现场的座位数量是固定的，但想要看演唱会的人很多，所以，为了抢到门票，这些人可能需要多付钱。

第二种，如果某种商品或服务的需求量很低，而它的供给量是恒定的或增加的，那么它的价格通常会下降，比如不受欢迎的、过季的衣服。以球队的运动衫或运动帽为例，球队一旦发生变化，这些商品便没有用处了，比如搬到拉斯维加斯的国家橄榄球联盟（NFL）的奥克兰突袭者队曾经的周边，如果您本季仍想穿这些物品，您可能会以很优惠的价格买到。是的，我们知道，有些人可能会认为它们是有特色或复古的，但大多数人并不想要。

在另外两种可能性下，即高需求和高供给或低需求和低供给，很难说其对价格的影响是怎么样的，最终均衡价格既可能高于也可能低于其

第二章 巴菲特的投资基础

历史价格。一个简单的图可以让我们看到一件物品的价格会上涨还是下跌，它被称为供求曲线。如图 2-2 所示。

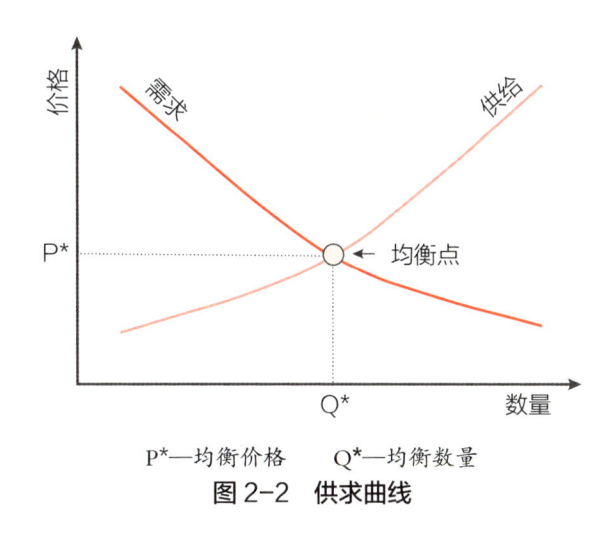

P*—均衡价格　　Q*—均衡数量
图 2-2　供求曲线

有一种简单的方法可以记住图中每个部分的呈现方式。需求的直线（有时是曲线）向下倾斜。这意味着对于大多数商品或服务，如果价格下跌，您会想要更多。假设一双勒布朗（LeBron）的耐克运动鞋只卖 20 美元，那我们会预定一打！相反，如果那些耐克运动鞋的售价为每双 500 美元，我们就不打算考虑了，抱歉，勒布朗，我们会以更低的价格买一双安德玛（Under Armour）的斯蒂芬·库里（Steph Curry）联名款。

供给线的斜率向右上方倾斜，如果销售的商品或服务的价格很高，尤其是在生产成本相对很低的情况下，公司会大量生产这款商品或提供这项服务。就像在暴风雪时卖雪铲和盐的商家一样。如果您不是来自下雪的地区，则想象一下在暴雨时卖雨伞的商家，或者在新冠疫情期间卖口罩的商家。另外，如果您的商品或服务无法卖出高于其成本的价格，您将不会提供太多供给（即便有的话），因为这将导致您的公司蒙受损失。

向上倾斜的供给曲线和向下倾斜的需求曲线之间的交点决定了商品或服务的价格以及最终的供应量。通常所说的"最终"是指经济学家称为均衡的术语。这意味着需要一种物品的人和提供物品的人之间存在一种平衡状态。平衡不会永远持续，因为世界会发生变化。

理解供需交叉决定价格的一种简单方法是将其视为剪刀。剪刀的哪个刀片用于切割？这是一个陷阱问题，用于切割的不是一个刀片，而是两个刀片一起工作。所以，得到答案了，使某商品或服务具有稳定价格的唯一方法是同时考虑供需以达到均衡。

金融基础知识总结

本章涵盖了许多金融基础知识点。例如复利、分散、供求关系以及风险与回报之间的关系等。我们也将在本书后面章节中使用这些概念，并且当您在做财务决策时，也会经常遇到这些概念。如果掌握了巴菲特的一些技巧，例如拥有正确的性格和耐心的重要性，我们可以让自己的银行账户多点钱！

本章巴菲特的忠告

- 巴菲特（同样也是伊索的）忠告十一：投资是现在投入资金，在未来收回更多资金——刨除通货膨胀影响之后的实际收益。
- 巴菲特（伊索）忠告十二：对投资者而言，最重要的品质是性格，

第二章　巴菲特的投资基础

而不是智力。
- 巴菲特忠告十三：风险指的是"遭受亏损或受到损害的可能性"。
- 巴菲特忠告十四：成功的投资需要时间、纪律和耐心。

第三章

银行账户、储蓄卡、信用卡和信用分

> 我们永远不会依赖陌生人的善意。
>
> ——沃伦·巴菲特，2009 年致伯克希尔 - 哈撒韦公司股东的信

第三章　银行账户、储蓄卡、信用卡和信用分

导言

好了，目前为止我们介绍了巴菲特是谁，我们为什么应该关注他，以及金融市场运作的一些基本原理。现在让我们继续讨论实际的投资类别及其运作方式。在本章中，我们将讨论您可以在当地银行接触到的大多数业务以及它们如何影响您的生活。在下一章中，我们将讨论不同类型的债券以及如何估算它们的价值，债券可看作公司或政府的贷款，贷款资金由投资者提供。

受保银行存款

您可能听说过"你可以把它带到银行"或"你可以依靠它"（bank on it）这样的说法。意思是某些东西坚如磐石，就像直布罗陀的岩石或电影明星"巨石"道恩·强森（Dwayne Johnson）的二头肌。但情况并非总是如此，在1929年至1933年的大萧条（现代历史上最严重的经济衰退）之后，美国银行实施了许多改革，在最糟糕的时候，美国有超过20%的人失业。在大萧条期间，成千上万的银行倒闭，导致许多客户因非自己的过错而失去财富。在大萧条之后，甚至在今天，有些人把钱放在"床垫下"，也就是放在家里一个安全的地方，或者放在容易接近和被认为安

全的地方。

大萧条悲剧给美国带来的一件好事是**联邦存款保险公司（FDIC）**及其存款保险计划的设立。这意味着人们的银行账户由美国政府担保，最高可达 250 000 美元。因此，即使银行倒闭，人们的资金也是安全的，因为联邦政府将介入并确保将损失的资金金额恢复到您的账户中，因此对大多数人来说，就没必要将钱藏在"床垫下"了，将其保存在银行并从中赚取一些利息是更好的选择。如果将大量现金储存在家，它们可能会在火灾、洪水、地震或其他自然灾害中丢失、被盗或损坏。（请不要走从不义之财或逃税中存钱的路）

为了向您展示为什么将资金存放在 FDIC 的储蓄账户中通常比较安全，让我们来看看在最近的经济衰退期间发生的事情，即 2008—2009 年的全球金融危机。这场经济灾难的中心是金融服务业及相关行业，尤其是房地产业。许多银行倒闭了，其他银行如花旗等不得不接受救助，否则它们就会倒闭。在濒临倒闭的银行持有人持有的 FDIC 账户中的银行账户的情况会如何？没问题。FDIC 保险账户中余额低于 250 000 美元的账户中没有人遭受损失。但并不是所有客户都很顺利地拿到了自己的钱，因为在某些情况下银行可能会延误或返还困难，但他们最终得到了他们的钱。

您可能会想："如果我在银行的账户余额超过 250 000 美元会怎样？"好问题。巴菲特可能会喜欢您的想法！您可以做几件事，首先，每个类别的限额为 250 000 美元。您可以建立多个类别，例如以您作为个体的类别，您与配偶的类别。还有其他类别，包括**信托**，它们是富人建立的财务文件或结构，用于将他们的财富代代相传或尽量减少税收。但是还有另一个简单的解决方案。您可以分别在几家银行开设第二个、第三个、

第三章　银行账户、储蓄卡、信用卡和信用分

第四个或更多账户。这又回到了我们在第二章中提到的分散概念。最后，许多银行拥有超过 250 000 美元限额的保险，以应对您想把所有资金都放在一个地方的情形。

储蓄账户和存款凭证

当我们说"把钱存入银行"时，我们的意思是什么？要回答这个问题，我们需要看看您可以在银行开设的一些不同类型的账户，银行会提供许多不同类型的账户。让我们从两个受欢迎的账户——储蓄账户和存款凭证（Certificates of Deposit，CD）开始。

储蓄账户就是字面意思，您把钱存进银行，就可以赚取利息。美国的存款利息金额根据市场利率每天的变化而变化，但通常存款利率较低，目前约为每年 1% 或更低。它们几乎都由 FDIC 保险承保，因此很安全。您可以在银行营业时间到银行柜台取款或在非银行营业时间通过自动柜员机（ATM）取款。如今，大多数储蓄账户都是在线跟踪的，但在过去，人们通常会获得一本被称为存折的储蓄账户小册子，它可以让您跟踪账户余额的增加（存款）和减少（取款）。

如果您的储蓄账户余额每年仅获得 1% 或更少收益的前景让您失望，那么您通常可以通过 CD 获得略高的利率。唯一的问题是您的钱会因此被"锁定"一段时间，从三个月到十年不等。锁定是指，如果您想到期前取回您的钱，您将不得不支付罚款，这通常会抹去您所赚取的大部分利息。因此，如果您确定在 CD 到期前不需要这笔钱，我们建议您使用 CD。CD 的利率取决于您愿意将资金锁定多长时间以及您的账户余额，一般来说，投资金额越大，利率越高。最近，CD 一直保持在大约 1% 的利率，也被

称为收益率。可通过 BankRate.com 和 NerdWallet.com 等几个实用网站查询我们将要讨论的许多金融产品的利率。您可能希望将这些网站添加为书签，并在以后再次访问它们，因为没有必要把钱放在桌子上或者留给银行获利而不是放在自己的账户里。

储蓄账户并不是长期积累财富的好方法，因为它们的利率很低，经常跑不赢通货膨胀，但它们在金融领域发挥着重要作用。首先，如果您即将有一笔重要的开支，例如大学学费、购车款、抵押贷款甚至购买手机款等，那么您不想将钱放在短期内可能会赔钱的股票市场或其他潜在的波动性投资中冒险。您应该将这些用于重要开支的钱存放在安全的地方，例如储蓄账户。其次，您可能会在某一天遇到意想不到的事情，例如失业或影响到工作能力的疾病。新冠疫情带来的实际后果是几乎所有行业都停滞了数月之久。能有支付重要开销或应对意外事件的存款通常被称为"未雨绸缪"。巴菲特在伯克希尔有一只用于未雨绸缪的基金，规模高达 200 亿美元！他将巨额现金留在伯克希尔，因为他不想任由别人摆布，尤其是在困难时期。在伯克希尔－哈撒韦公司 2009 年致股东的信中，巴菲特写道：

我们永远不会依赖陌生人的善意。太大而不能倒闭并不是伯克希尔的底线立场，相反，我们将始终着重安排我们的事务，以便我们自己的流动性能轻松保障任何可能出现的现金需求。此外，我们众多多元化业务的大量收益将不断提升这种流动性。

该引用值得提炼为一个忠告。

第三章　银行账户、储蓄卡、信用卡和信用分

> **巴菲特忠告十五：**
> **永远不要陷入需要依赖陌生人善意的境地。**

支票账户和电子账单支付

支票账户是美国另一种非常流行的银行产品，您可以将其视为附有支票簿的储蓄账户。一些支票账户支付利息，还有一些则不支付，但大多数都附带保险，因此通常您不必担心为您的支票账户提供担保的银行的安全性。人们使用支票账户的主要原因是支付账单，即为您购买的产品或服务付款。当然，支票账户的好处是别人可以给您开一张支票，当作生日礼物或毕业礼物，在这种情况下，钱会进入您的账户，太棒了！储蓄账户和支票账户都被视为活期存款。您几乎可以在任何时候取出或使用这些钱。

过去，支票账户通常是一些纸片，作为支票簿的一部分。支票样本如图 3-1 所示。我们将在一分钟内介绍它的不同组成部分。如今，很多"支票"都是以电子方式存在的，这些电子支票通常被认为是电子账单的呈现形式，也是支付系统的一部分。通过自动清算中心（Automated Clearing House，ACH），付款相当于使用电子支票，即从您的支票账户中扣款并将资金转给其他人或组织。打个比方，纸质支票之于电子支票，就像普通邮件之于电子邮件一样，电子版速度更快，更容易记录，还不用贴邮票。现在，大多数银行都提供免费的电子账单支付服务。

图 3-1 支票样本

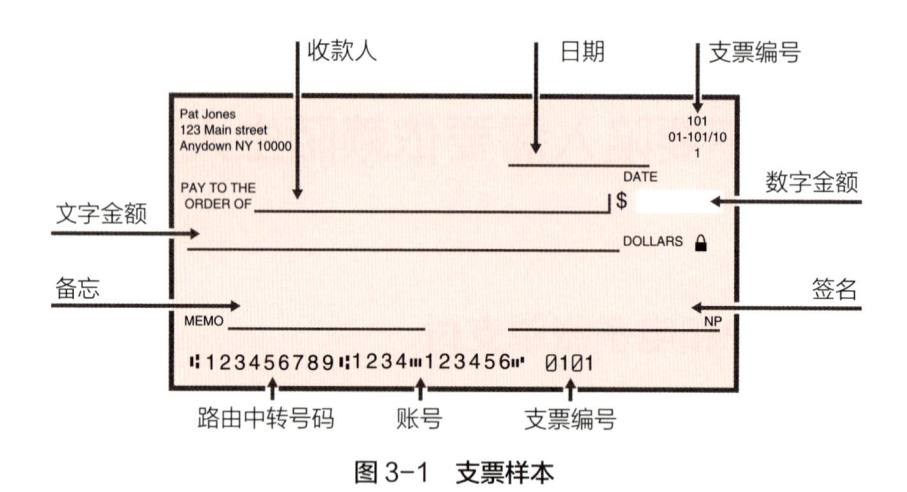

支票的组成部分

让我们查看一下图 3-1 中支票的不同组成部分。第一部分，通常在左上角，有出票人的姓名和地址，右边是支票编号（每个都是唯一的）和日期。收到支票的人应该在支票上的日期或之前将其存入。但有时它会因为失误而不成功，人们通常在收到支票后立即存入，因此，通常当您确定自己支票账户中有足够的钱来支付支票后，您再寄出支票，如果您写了一张支票，而支票账户中没有足够的钱来支付支票上的金额，这种支票被称为空头支票。这是您真的不想做的事情，我们真的说的是真的！收到支票的人将被拒付，还会被收取一定费用，通常在 20 美元左右，您可能也会被收取类似的费用。如果您故意开空头支票，可能已经涉嫌犯罪（欺诈）并可能入狱。大多数银行提供透支保护，以防支票被意外拒付，最高限额为 500 美元，一旦透支保护出现，您就欠银行相应金额的钱。

第三章　银行账户、储蓄卡、信用卡和信用分

希望我们让您了解了不使银行拒付支票的重要性，让我们回来讲支票的组成部分。支票的下一部分，仍然靠近顶部，是"收款人"部分。它可以是任何人，通常是支付给一个人、一个地方或组织的。支票通常支付给个人、公司、政府、慈善机构或宗教组织，基本上，可以是您想要汇款的任何实体。

在"收款人"部分的右侧是以美元和美分为单位的支票金额，以数字表示，"收款人"正下方是同样的东西，支票的金额，不同点是改用文字写出来。同时用字母和数字来写似乎是多余的，但这是计算机（或过去由人工）仔细检查金额是否正确的重要方法。如果两个数字不匹配，则支票可能无效或被取消。

接下来，在支票的左下角附近有一个名为"给"或"备忘"的部分，它是可选的，可用以提醒支票的用途。可以是任何用途，"生日礼物""手机支付"和"学校学费"是个人理财中的三个常见例子。

在支票的底部，您会注意到三串数字，由冒号或其他一些奇怪的符号分隔，旨在表示这三串数字是不同的。第一串 9 位数字是美国银行协会（ABA）路由中转号码。这是一个复杂的名称，用于识别持有您的支票账户资金的银行，例如富国银行、美国银行或大通银行，某些大型银行可能有不止一个路由中转号码，但大多数只有一个。第二串数字标识您的特定支票账号，让您的银行把您的支票账户和巴菲特的账户混在一起可能会很好，但这不会发生，唉！最后一串数字标识支票编号，它必须与我们提到的顶部的数字相匹配，尽管有时您会在底部的支票编号前面看到一个或两个额外的零。

如果您进行国际汇款（或收款），您需要关注另一个号码，称为SWIFT 代码。SWIFT 是环球银行金融电信协会（Society for Worldwide

Interbank Financial Telecommunication）的首字母缩写词。对，现在您知道为什么称它为 SWIFT 了。

最后但并非最不重要的一点是，支票的右下角是您签名的空间。您的"约翰·汉考克"（《独立宣言》的不平凡签名者）用草书或手写体书写。当您第一次拥有支票账户时，银行会要求您签名，并且检查您支票的电子系统确保存在合理匹配。如果没有匹配或没有签名，则该支票应被视为无效而被拒绝。

如果您发现您所写的支票有问题（例如，金额不正确）或需要再想想（例如，被迫给某人开支票），您可以致电您的银行终止支付或取消支票。如果您发送保付支票或电汇，即银行保证的交易，则很难取消它们，即便并非不可能。保付支票或电汇是银行验证资金在您账户中的支票，它们通常用于重要交易，例如房屋首付或收购公司。因此，我们建议您使用支票账户的"常规"支票，除非您百分百确定要进行交易。

对账

我们希望我们讲清楚了不开空头支票的重要性。并且，支票可以是纸质的或电子的。让我们看一个对账的例子，假设您从不同的朋友和亲戚那里得到 200 美元作为生日礼物，并将资金存入您的支票账户，假设这是账户中的第一笔交易，您的余额将从 0 美元开始，然后增加到 200 美元。接下来，假设您必须支付 100 美元的手机话费账单，那么您的余额变为 100 美元，即 200 美元减去 100 美元。然后假设您因辅导某个人（金融知识！）而收到 50 美元，您的余额现在是 150 美元。最后，假设您以 100 美元的价格从朋友那里买了一副二手的节拍（Beats）耳机。您的

第三章　银行账户、储蓄卡、信用卡和信用分

期末余额现在是 150 美元减去 100 美元，即 50 美元。交易顺序和相应的余额如表 3-1 所示。

表 3-1　账户余额变动表

储蓄账户交易	期初余额（美元）	余额变动（美元）	期末余额（美元）
存 200 美元生日礼物钱	0	200	200
付 100 美元用于话费	200	−100	100
存 50 美元家教收入	100	50	150
付 100 美元购买二手 Beats 耳机	150	−100	50

对账在本质上只是加法和减法，只是小菜一碟！您可以在线访问您的银行账户，因此您甚至不必进行数学计算。您还可以使用智能手机上的应用程序在大多数银行存入支票，该应用程序可以为支票拍照，您甚至不必到银行网点去。大多数人在对账时遇到问题是因为没有密切关注余额。此外，当您将现金存入支票账户时，您可以立即使用这笔钱，当您将支票兑入账户时，您需要一些时间才能获得现金，您获得资金的时间长短与清算过程有关，大多数支票在存入后大约需要两天才能结清，但在某些情况下，可能需要长达一周的时间。在开支票之前，您应该在线查看您的账户，看看您有多少可用资金，这是您可以开出支票的最大金额。

借记卡和自动柜员机

借记卡与您的储蓄账户或支票账户绑定，让您无须随身携带实物现

金即可使用账户内资金。随身携带一块塑料（指银行卡）可以为您的钱提供一些保护，防止您的现金丢失或被盗。想象一下，如果您像巴菲特一样富有，若要携带着数十亿美元的现金，那么您需要一辆卡车才能做到这一点！所以当您从沃尔玛超市或苹果商店等处购买商品时，您可以使用借记卡付款，就像我们前文所说的支票样本一样，这笔钱将从您的账户中扣除。

借记卡的一个优点是您的支出金额不能超过您在银行的存款余额。假设您的储蓄账户中只有100美元，如果您尝试购买价值300 000美元的法拉利，那么交易将被取消，没有碰运气一说！大多数银行允许13岁及以上的人办理借记卡。一些街头小贩不接受借记卡支付，所以您必须用现金支付，您可以通过将借记卡插入自动柜员机（ATM）（也称"自动取款机"）并从您的支票账户或储蓄账户中提取现金。

您应该注意与ATM相关的几点。第一，在您开设账户的银行（例如大通银行、富国银行、花旗银行或美国银行）的ATM上取款时，您几乎不需支付任何费用。然而，如果您在大通有一个账户，并试图从另一家银行的ATM上取钱，比如由富国银行运营的ATM，那么您通常会被收取1到3美元的费用。第二，您可以在ATM上存入现金或查询余额。当银行不在营业时间时，这可能会派上用场。如上所述，我们认为使用智能手机将钱存入支票更容易，但我们希望您了解此选项。第三，为了访问ATM，您需要有一个**个人识别码（PIN）**。当您打开支票或储蓄账户时会设置一个PIN，以降低被盗的风险并防范有人发现或窃取您的借记卡。PIN通常是4位数字，有时更长，可以选择一个您会记住但不显而易见的PIN，例如与您的生日或地址相关的数字。

第三章　银行账户、储蓄卡、信用卡和信用分

信用卡和签账卡

信用卡看起来像借记卡，但它的使用方式有很大不同，它允许您在往支票账户或储蓄账户存入资金前购买东西，基本上可以理解为信用卡公司提供的预付款或贷款，这在理论上很好——如果您每个月都还清信用卡账单。为什么信用卡可以很好？首先，如果您及时支付账单，这是一项无息贷款。其次，就像借记卡一样，您可以避免持有大量现金。再次，所有的信用卡，如果卡丢失或被盗，您不必负责。最后，大多数信用卡都没有年费。

此外，信用卡还有各种奖励计划，可为您提供现金返还、免费机票和购物折扣等。例如，亚马逊拥有自己的合作银行信用卡，通过大通银行在亚马逊网站上购物可以享有 5% 的折扣，很贴心！对很多人来说，拥有信用卡既可以用于支付购买自己喜欢的东西，还能有折扣。

那么为什么很多人说信用卡不好，问题出在哪里？因为如果您每个月都无法全额支付信用卡账单，则可能对您的未来财务状况不利，最近的一项研究发现，65% 的美国人每个月都没有全额支付账单。

未全额支付账单时信用卡公司将向您收取未付余额的利息，而大多数信用卡的利息很高，约每年 15% 或更高。有时，您会看到信用卡公司提供非常低的临时利率，称为入门利率。但利率最终会恢复到更高。

在因新冠疫情而线上举行的 2020 年伯克希尔－哈撒韦公司年会上，巴菲特讲述了一个关于每月全额支付信用卡的重要性的深刻故事。一位朋友向他寻求投资建议，她希望得到股票投资的建议，但当巴菲特告诉她应该做的第一件事是还清信用卡余额时，她感到很失望。她用信用卡支付的利率是常见的 18%，巴菲特告诉她，展望未来，他不知道有任何

投资可以每年支付她 18% 的回报，然后他给出了一个值得作为忠告的建议，说："避免像存钱罐被打劫那样去使用信用卡。"

巴菲特忠告十六：
避免像存钱罐被打劫那样去使用信用卡。

请记住，伯克希尔的股票历史上每年上涨 20%，而巴菲特可能是有史以来最伟大的投资者。您用信用卡购买的东西的增值极不可能超过银行收取的利率，大多数人使用信用卡购买的商品或服务，例如服装、食物、休闲、电子产品等，不会随着时间的推移而增值，恰恰相反，它们的价值即便没有消失通常也会迅速下降，比如星巴克拿铁或牛油果吐司，最重要的是，逐月"滚动"的信用卡债务将对几乎每个拥有它的人造成财富破坏。为了解释这种滚动的概念，我们必须深入了解信用卡运作的一些细节。

首先，您必须通过申请来获得信用卡，一般是从银行申请，对大多数美国人来说，您至少需要年满 16 岁，通常还得由父母或监护人担保，如果您年满 18 岁，可以无须他人许可就能申请卡片。其实对大多数人来说，获得信用卡批准并不难，即使您没有信用记录。若审批通过，银行会给您寄一张信用卡，您需要通过拨打免费电话或访问其网站来激活该卡。信用卡会有额度限制，除非您像凯莉·詹娜（Kylie Jenner）或肖恩·卡特（Shawn Carter，艺名 Jay-Z）那样超级富有，对几乎没使用过信用卡的人来说，额度通常在 500 美元到 2 000 美元之间。

第三章　银行账户、储蓄卡、信用卡和信用分

有了信用卡，即使您的账户中只有 5 美元，您也可以疯狂购买价值 2 000 美元的东西。显然，我们不建议这样做，但有些人会受到同龄人的影响去买东西，或者对自己的钱根本不负责。当您收到账单时，麻烦就开始了，通常在您第一次购买后的 30 天到 45 天内，信用卡公司将向您发送一张账单，说明您所需支付的最低还款额，以及如果您想全额支付账单（在我们的示例中为 2 000 美元）所需的金额，最低还款额因信用卡公司而异，但一般为您欠款的 3% 至 5%，欠款有时被称为余额或未偿付金额，在我们的示例中，如果您支付 2 000 美元的 3%，即 60 美元，则剩余金额 1 940 美元将产生利息。

只要您每月支付所需的最低还款额，您的信用卡就会保持"正常"状态，这就是我们前文提到的"滚动"策略，您基本上是踢翻了"债务罐子"，因为支付最低还款额并不是一个成功的策略，您的债务真的会因滚雪球而失控。举例来说，如果您有 2 000 美元的债务并以 20% 的利率复利 10 年，您将欠 12 383 美元，哎哟！这是"一个陷阱"，避免这种情况的最好方法是每个月全额还款，如果您没有这样做的自制力，那么您应该坚持使用借记卡。

巴菲特在动画片《秘密百万富翁俱乐部》中的角色以丰富多彩的方式在信用卡支付最低还款额的话题上进行了评价。他说："在持续收利息的前提下，只支付最低还款额，就像用茶匙救助一艘正在下沉的船一样，很快，事情就没救了。"

还有一种类似于信用卡的东西，被称为签账卡。签账卡要求您每月全额还款，如果您未全额还款，则该卡可能会被"冻结"，并且将产生（通常是高额）利息费用。美国运通在一定程度上是因发行签账卡而出名，但现在也提供一系列信用卡。

转账应用程序：贝宝、Venmo、Zelle、苹果支付、安卓支付等

买东西时通过转账支付或给朋友和家人等转钱是很常见的事情，但在此过程中我们可能会遇到一些问题。假设您在很受欢迎的拍卖网站易贝（eBay）上从卖家那里购买东西，例如二手的大富翁游戏纸牌，您可以通过向卖给您大富翁游戏纸牌的人寄送支票来支付，但他们需要一段时间才能收到支票并兑现；卖方可能也无法接受信用卡支付，要使用信用卡收付款，则需要获得信用卡公司的批准，例如维萨（Visa）、万事达（Mastercard）、美国运通和发现卡（Discover）等。

不必担心，有一些产品已被开发出来解决这些问题。第一个解决方案是贝宝，贝宝曾经归易贝所有，而现在作为一家独立的公司存在。贝宝使人们可以通过从支票账户扣款或从借记卡或信用卡扣款来支付商品价款或转账。但贝宝不是慈善机构，它提供这项服务会收取少量费用，通常是交易价格的 2.9% 加上 30 美分，由卖方支付——在我们的例子中是大富翁游戏纸牌的卖家，买方通常不支付该项费用。

随着智能手机的发展，它们已具备通过手机上的应用程序转出或接收资金的技术。目前很受欢迎的是 Venmo，当然贝宝也很受欢迎。您可以将 Venmo 视为一种允许人们直接相互汇款的数字钱包，Venmo 很特别的一点是，如果接收人也有 Venmo 账户，您只需知道他们的电话号码或电子邮件地址就可以向他们汇款。它设置有一个缓冲时间，一般从一天到一周不等，如果转账是因为一时冲动，在此期间内还可以取消交易。

Venmo 应用程序支持隐私保护，人们可以将资金汇入某人的银行账户，而无须知道其信息。如果您使用信用卡转账，Venmo 会收取 3% 的费

第三章　银行账户、储蓄卡、信用卡和信用分

用，对于大多数其他交易，它是免费的。Venmo 还有一个社交媒体组件，有点像脸书。它还具有新闻推送、评论和其他功能，例如可帮助您快速分账。Venmo 迅速流行起来，拥有超过 4 000 万活跃用户。毫不奇怪，其他公司也想分一杯羹，并推出了类似的应用程序，谷歌公司提供安卓支付，苹果公司提供苹果支付，一些大银行整合资源组建了 Zelle，现在与 Venmo 并驾齐驱。

在美国还有一种常用的汇款渠道，150 多年来，有一家公司一直在做汇款业务。西联国际汇款公司（Western Union，以下简称"西联汇款"）成立于 1851 年，以其广告语"最快的汇款方式"而声名鹊起。如今，这类口号在 Venmo 等应用程序中并不会有太大共鸣。西联汇款在全球 200 多个国家或地区拥有超过 500 000 个网点，其各种各样的业务使汇款和收款更加便利，比如处理硬币和现钞。

尽管向朋友和家人或他人转账很容易，但这并不意味着您可以不假思索就去做。在《秘密百万富翁俱乐部》某一集中，饰演巴菲特的角色说："在借钱给任何人，尤其是朋友之前，你必须仔细考虑。"原因是，如果他们故意或由于他们面临困难情况而不偿还您，可能会对你们的关系造成影响，甚至在某些情况下，它可能会结束这段关系。如果您借出的是相对少量的钱，那么这更不是一个好的选择（即因为损失相对少量的钱而失去朋友）。但我们和巴菲特并不是说您永远不应该这样做，而是说您应该思虑周全。

您的信用评分：您的财务责任报告卡

大学毕业时您可能会收到一份成绩单。但是有一种类似于财务报告卡

的东西，将在您的余生中继续给您评分，这被称为信用评分。信用评分旨在衡量您在借款时是否可以按时还款。借款可以采取多种形式，包括信用卡、学生贷款、汽车贷款、房屋抵押贷款，甚至是水电费。您应该至少每年检查一次您的信用报告，它可能会出现一些您意想不到的错误。巴菲特曾经检查过他的信用评分，发现是718，略高于平均水平，尽管他是世界上最富有的人之一！他发现有一个冒名顶替者，这个人以巴菲特的名义申请了一张信用卡并且使用后没有还款。巴菲特最终把事情解决了，可想而知他的信用评分接近上限。如果连巴菲特的信用评分都出现过错误，那这也可能发生在任何人身上，所以我们提出一个新的忠告。

巴菲特忠告十七：

定期检查您的信用评分——它可能包含错误，您应该尽快修复。

美国的信用评分在300（最低）到850（最高）的范围内。美国民众的平均信用评分约为700，尽管每年都会发生一些变化。有几家公司计算信用评分，最受欢迎的信用评分是费埃哲评分（FICO），以创建它的金融公司 Fair Isaac & Company[①] 命名。信用评分在一定程度上因年龄的不同而有所不同，年轻人往往没有太多的信用记录，因此往往获得较低的信用评分。为什么信用评分如此重要？因为如果您的信用评分很高，那

[①] 费埃哲公司创立时名为 Fair Isaac & Company，现名为 Fair Isaac Corporation，是纽约交易所上市公司，股票代码：FICO。——译者注

第三章 银行账户、储蓄卡、信用卡和信用分

么当您借钱购买"大件"（例如汽车或房屋）时，您通常只需支付较低的利率，这将为您节省很多钱，特别是对于可能持续 30 年的抵押贷款。因此，您希望获得最高的信用评分，就像您希望在重要考试中得到 A 一样。

信用评分是如何计算的？确切的公式在某种程度上是保密的，但费埃哲给出的一些信息表明影响 FICO 分数的因素分为 5 个类别，如图 3-2 所示。您的信用账户账单还款历史记录约占分数的 35%，欠款金额占 30%，信用记录年限占 15%，新信用账户申请数量占 10%，使用的信贷类型（例如信用卡或学生贷款）占 10%。与 30 岁以上的人相比，年轻人不太可能拥有长期的信用记录或更多的新信用账户申请。如果可以每个月按时全额支付账单，这将极大提高您的信用评分计算过程中权重最大的两个因子。

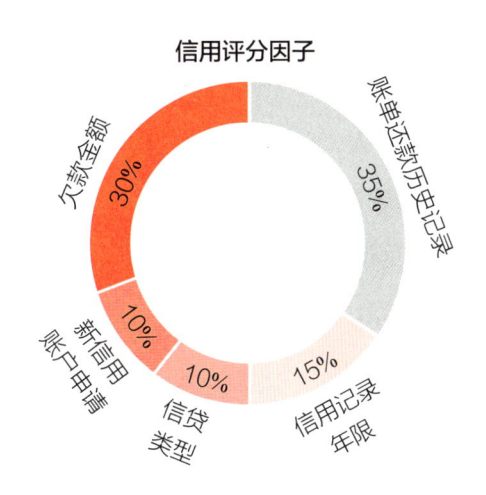

图 3-2 信用评分的组成

信用评分最高的借款人（一般指 740 分及以上）被归为优级级别。

这类人几乎总是按时支付账单并且没有太多债务，通常也有十年或更长时间的长期信用记录。有时，我们还会看到超优级级别，这些人的信用评分通常至少为 800，并且可能支付的利率甚至低于优级借款人。

四个主要信用级别中的第二个级别是 Alt-A，它表示您有良好的信用评分，但可能在一两个类别中评分不高，例如信用记录年限，许多年轻的借款人属于这一类。Alt-A 级别人群大多数的 FICO 范围是 670 到 739。第三个信用评级级别称为次级，具有次级级别信用评分的借款人通常在许多信用因素上得分很低，例如没有按时支付账单或相对于他们的收入有太多的债务。最低信用级别称为差，这些借款人没有按时或者根本没有偿还账单的良好记录，或者他们已经宣布破产。

个人破产：不惜任何代价避免它发生

破产是指当您的债务远多于资产并且您想尝试减少或消除一些债务时所寻求的法律程序，个人、公司和一些政府机构均可能宣布破产。个人可能因多种原因宣布破产，最常见的是医疗债务、失业、诉讼失败、商业损失以及购买无法负担的物品（例如房屋、汽车或珠宝）。巴菲特的妹妹多丽丝（Doris）在二十世纪八十年代曾因一些不良且有风险的投资而破产，因此这不仅仅是低收入人群的问题。

从表面上看，您可能认为免除部分债务听起来不错，但破产可能非常糟糕，因为您的信用会在很长一段时间内受损，通常是七年或更长时间。宣布破产可能会使您将来很难获得抵押贷款或其他贷款，如果您这样做了，您可能会比信用评级好的人支付更高的利率。宣布破产会扼杀您的信用评分，使您牢牢地处于差或次级级别。

第三章　银行账户、储蓄卡、信用卡和信用分

破产法庭可能会消除您的部分或全部信用卡债务，但不会消除学生贷款债务和其他一些类型的债务。在美国，直到十九世纪中期，破产者经常被关押在债务人监狱中，他们需要工作以偿还债务，如今，那些宣布破产的人被关进了相当于"经济处罚箱"的地方，而不是监狱，但是，一些州法律确实规定了对无法偿还债务的个人相当于监禁的处罚。在某些情况下，您可以与您的贷方协商，并让他们自愿减少收取您所欠的金额，这种通过谈判减少债务的方式可能会影响您的信用评分，但不会像正式宣布破产那么严重。避免破产的最好方法是只购买您能买得起的东西，并有规律地定期投资，简而言之，不惜任何代价避免破产。

巴菲特关于比特币的一句话

过去在美国可以用货币（例如 20 美元的钞票）兑换金币或金块，即金条，反向交易也可以，用黄金换成纸币，1934 年颁布《黄金储备法案》（Gold Reserve Act）后，个人进行这种交易的权利在很大程度上被终止了。现在讨论的重点是，过去黄金和货币之间存在明确的联系，这在总体上被称为货币供应量。货币供应的构成有不同的定义，但最保守的定义（被称为 M1）包括实物货币/票据、硬币、活期存款和旅行支票。基本上，M1 由现金或那些可以很快转换为现金的资产构成。

理论上，如果诺克斯堡（Fort Knox）或其他联邦金库没有足够的黄金，印钞机就不该运行。这一切在 1971 年美国脱离金本位制时发生了变化，这意味着货币不能再兑换成黄金，即使在《黄金储备法案》颁布之前被允许这样做的机构也不能再进行兑换。世界上很多其他国家都效仿该做法，结束了他们的金本位制，脱离金本位的原因超出了本书的范围，

但许多政府领导人认为，与金本位挂钩会限制经济增长的潜力。

今天，大多数印制的钱都被称为"法定货币"（fiat），不是意大利汽车菲亚特（FIAT），而是政府法令宣布货币具有价值，所以理论上，政府可以让印钞机全速运转，而不用担心任何事情，同样，印的钱越多，就越可能发生通货膨胀。我们将在第四章更详细地讨论通货膨胀，如果印钞过量，就会推高大多数物品的价格，从而导致通货膨胀。

那么这一切与比特币有什么关系呢？比特币的创造者（仍然未知）想要创造一种不能通过印钞机任意贬值的货币。比特币的创造者还想要一种匿名的、不受政府控制的、可用于所有类型的公司和个人交易的转移（即发送和接收）资金的方式，甚至是黑市，或超出政府监管或税收监管的非法交易，例如，勒索软件，即"劫持"某人计算机的软件的开发者通常要求他人以比特币支付。

比特币如何运作的细节也远远超出了本书的范围，但您可以将其视为一种另类数字货币，在某些圈子中被称为加密货币。今天，您甚至可以在某些地方看到一台比特币 ATM，它看起来很像银行 ATM。这听起来像是科幻小说，但今天许多公司都接受比特币作为货币，包括戴尔、微软、贝宝和维基媒体（Wikimedia）基金会（著名的维基百科网站的运营商）。他们对比特币的看法与您对美元、欧元、英镑、日元或人民币的看法相同，基本上，与金钱等同。

比特币的价格飞涨，从 2008 年至 2009 年创建后不久的不到一美分一个"币"，到 2018 年的近 20 000 美元一个"币"，在我们撰写本书时约为 11 000 美元一个"币"，在峰值的回报率是大约 100 000 000%！这个表现连巴菲特都无法企及！在谈到天文数字级回报的话题时，我们会告诉您一个华尔街的说法，即很难找到完美的时机，"在底部买入，在高点

第三章　银行账户、储蓄卡、信用卡和信用分

卖出的人是骗子"。那么"奥马哈投资之神"对比特币有什么看法呢？这是一个有争议的话题，所以我们将完整地引用巴菲特的话，然后给出一些评论。巴菲特说：

远离它。比特币是海市蜃楼，是一种转移资金的方法。这是一种非常有效的转账方式，可以匿名进行。支票也是一种转账方式，支票是不是因为可以转账就值很多钱？汇票呢？您也可以通过汇票转账，人们在这样做。我希望比特币成为一种更好的方式，但您可以用很多不同的方式复制它，能做到的。在我看来，它具有巨大内在价值的想法只是一个笑话。

巴菲特对比特币的判断非常清楚，所以我们将把它作为一个忠告。巴菲特的回应中有一些词可能需要解释。我们将在第六章中更详细地定义"内在价值"，但现在，您可以将其视为合理衡量某物价值的标准，例如，房屋的内在价值包括土地、材料和居住在某个社区的好处，比如其学校系统或与工作地点的距离。如果您没有支票账户，汇票是一种汇款方式，而不是实物现金。在邮件中夹带硬币和现钞并不是个好主意，因此您可以从邮局或大多数银行（作为两个示例）获得汇票，将现金换成汇票，但需要付费，费用通常低于交易规模的1%（例如，对于500美元的汇票，费用低于5美元），尽管小额交易的费用可能会更高一些。

巴菲特忠告十八：

比特币是海市蜃楼。它可能是一种更好的汇款方式，但它没有内在价值。

我们撰写本书的目的是教育而不是当教皇。对于比特币，我们可以客观地说，比特币作为一种投资是投机的或有风险的，它的波动性令人难以置信，通常在一天内价格上涨数百美元，有些人的比特币因网络攻击而被盗。但是，不基于法定货币且不依赖于特定政府的匿名货币概念具有一定吸引力，我们预计加密货币行业将继续发展。我们前文提到了巴菲特的理念，即留在您的"能力圈"内。加密货币不在我们的能力圈内，所以我们将像今天的大多数观察者一样，静观其变，看看比特币会发生什么。

本章巴菲特的忠告

- 巴菲特忠告十五：永远不要陷入需要依赖陌生人善意的境地。
- 巴菲特忠告十六：避免像存钱罐被打劫那样去使用信用卡。
- 巴菲特忠告十七：定期检查您的信用评分——它可能包含错误，您应该尽快修复。
- 巴菲特忠告十八：比特币是海市蜃楼。它可能是一种更好的汇款方式，但它没有内在价值。

第四章
债券和通货膨胀

> 利率之于经济学,就如同引力之于物理世界。
>
> ——沃伦·巴菲特,《沃伦·巴菲特论股票市场》

第四章 债券和通货膨胀

导言

在前一章中，我们按照一些"新手步骤"介绍了投资领域，讨论了大多数银行都提供的投资产品，例如储蓄账户和CD。在本章中，我们将扩展到其他类型的投资品种，主要是债券，这是上一章中介绍的一个术语，我们将在此处进行扩展。债券是贷款或借据，债券不会导致公司本身放弃一部分所有权，放弃所有权一般发生在他们出售股票时。为什么公司或政府要发行债券？主要是为了筹集资金来支付经常性运营或扩大业务范围等费用。

债券不一定是无聊的，例如，在本章，我们将讨论已故摇滚明星大卫·鲍伊（David Bowie）发行的债券，毫不意外，它们被称为鲍伊债券。债券通常属于固定收益证券，这个名称源于这样一个事实，即您从大多数债券中获得的现金或收益的数额和周期是固定的，当然，也有例外，我们也会介绍其中的一些。

尽管股票得到了全面炒作，但债券可能会在大多数人的生活中发挥更大的作用，全球债券市场也比股票市场更大，因此它对世界的运行方式至关重要。您可能听说过唐恩都乐（Dunkin' Donuts）的广告语"美国的一天从唐恩开始"，是的，全球金融市场在很大程度上依赖债券，债券是一种债务或称为借来的资金。大多数人在抵押贷款的帮助下拥有了自己的房屋，您可以用现金支付部分金额并借入其余部分的资金。那是债

— 075 —

务也是债券。如果您有学生贷款，它的价值就像债券一样，车贷也是一样，基本上，任何附有定期现金支付的东西都可以算作债券。

美国储蓄债券

在美国最常看到的一种债券是美国财政部发行的美国储蓄债券，财政部是联邦政府的一个部门，负责财务和征税。有些人可能在人生的某个时刻收到过储蓄债券作为礼物。过去，买方通常只需支付储蓄债券面值的一半，持有人在到期后可以全额兑现。面值实际上是它在纸上或实物债券上所写的金额，例如，也许您过去收到了 50 美元的美国储蓄债券作为礼物，送您礼物的人可能为此支付了 25 美元，也许您并不知道，以为他们花了 50 美元，但任何礼物都是不错的礼物，不管花了多少钱。

然而，2012 年美国财政部放弃了纸质债券，现在，美国债券都是虚拟的或电子的，美国财政部这样做的一个原因是新的电子形式的债券更容易追踪，当然，购买债券的原因是您将从中获得利息，旧的纸质债券和较新的电子债券都支付利息，不是很多，但这是您可以"存进银行"的又一项坚如磐石的投资品种。这些债券得到"美国政府的全部诚信和信誉"的支持，这意味着这种债券几乎可以保证您获得收益，美国政府总是可以开动印钞机或对公民征税以兑付。

最常见的美国储蓄债券类型是 EE 系列储蓄债券，还有一种不太受欢迎的美国储蓄债券，被称为 I 系列，我们将在本章后面讨论。正如您可能已经猜到的那样，I 代表通货膨胀[①]。美国储蓄债券的最低购买金额为 25

---

① I 为通货膨胀（Inflation）的首字母。——译者注

第四章 债券和通货膨胀

美元，每个社会保障号码单个自然年度的最高购买金额为 10 000 美元。人们可以直接从美国财政部的网站购买它们，无须支付任何佣金或交易费用。

与 CD 一样，您的钱会被"锁定"一段时间，如果提前兑现则必须支付罚金。您可以在买入债券 1 年后兑现，但如果您在买入 5 年之内兑现，您将失去最后 3 个月的利息。例如，如果您在购买 EE 系列储蓄债券 2 年后兑现，您将获得前 1 年零 9 个月的利息。您可以一直持有它们，但会在 30 年后停止支付利息。美国财政部每半年（5 月 1 日和 11 月 1 日）确定其 EE 系列储蓄债券的利率。

购买美国储蓄债券有一些适当的税收优惠，至少当您赚到足够的钱需要纳税时，您必须为储蓄债券所赚取的利息缴纳联邦政府税，但它们免征州税和地方税，生活在佛罗里达州、得克萨斯州和华盛顿州等州的幸运人士们没有州所得税，加利福尼亚州、俄勒冈州、明尼苏达州、纽约州、新泽西州和艾奥瓦州的州所得税率最高，为 8% 或更高，一些城市，如纽约市，向其居民收取额外的所得税。因此，对您来说为 EE 系列债券缴税可能暂时不是大问题，但可能将来某一天它会成为问题，尤其是当您听从巴菲特关于建立长期财富的建议时。

其他美国国债固定收益证券

一些人听到"利率"这个词会认为这是一个适用于所有固定收益证券的单一数字，但它并不是。利率范围很广，随着从短期（通常约 1 个月）到长期（通常长达 30 年）等到期日的不同而不等，此外，风险较高的借款人将不得不在这个期限范围内支付更高的利率，根据历史经验，长期利率高于短期利率，因为长期债券通常有更大的损失可能，虽然并非总是如此。到期时间与利率之间的关系，在债券术语中被称为收益率曲线。有时它采用更高级的学术术语，即利率期限结构，尤其是当它在表格中出现时。在本书中我们称其为收益率曲线，收益率曲线形态如图 4-1 所示。

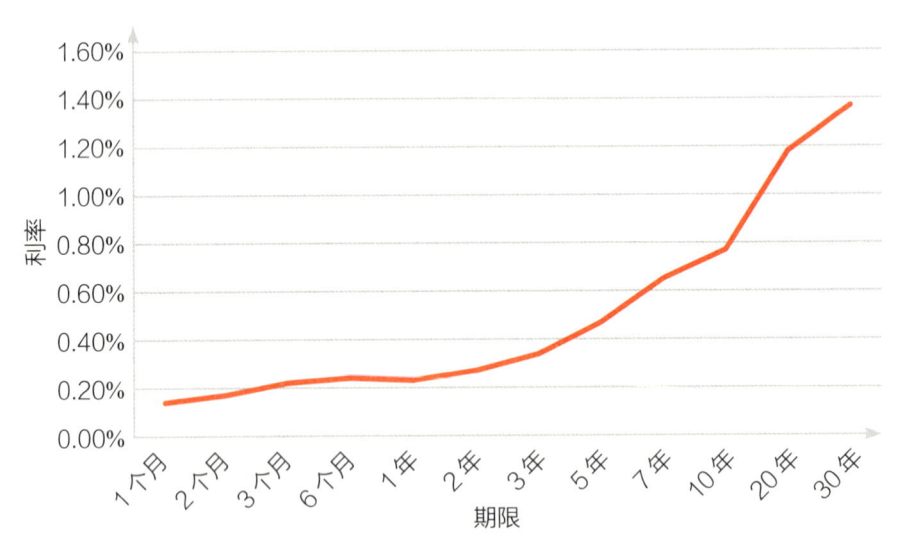

图 4-1 美国国债收益率曲线

资料来源：来自 DOT，美国国债收益率曲线，2020 年 4 月，美国财政部。

发行期限最短的美国国库证券是美国国库券，简称"国库券"（T-bills）。它们在一年或更短的时间内到期，国库券的发行期限为 28 天、91 天、182 天和 364 天。到期日之后您也可以持有它们，但不会获得任何额外收入或应计利息，也就是在购买日到兑现日之间累积的利息。它们折价出售或售价低于其面值，面值一般为 1 000 美元。例如，如果利率为 1%，一张发行期限为 364 天的国库券，使用第二章中的现值公式计算得出其在发行时的售价约为 990.10 美元。您可以在国库券到期后兑现：

第四章　债券和通货膨胀

在我们的示例中为 1 000 美元。国库券通常是所有固定收益证券中最安全和流动性最强的。正如我们在上一章中提到的，这是巴菲特在他的未雨绸缪基金中投资的品种。

美国国库票据（简称"T-note"）是美国政府发行的固定收益证券，期限为 1 年至 10 年，最常见的国库票据是 2 年期和 10 年期的。美国国债是美国政府发行的 10 年以上到期的证券，美国国债最常见的发行期限是 20 年期和 30 年期的，除了到期日不同，国库票据和国库券之间没有显著差异，都是每半年支付一次利息，或者说每年支付两次利息，面值通常为 1 000 美元，为债券支付的利息金额（例如 50 美元）被称为息票，如果以百分比表示（例如 5%），则称为票面利率。大多数债券的票面利率在债券有效期内固定，面值为 1 000 美元。它们被称为"普通债券"（plain vanilla），因为它们是最常见的，就像冰激凌世界中的香草（vanilla）冰激凌一样。

最后一种主要的美国国债证券旨在保护其持有人免受通货膨胀的影响，它们被称为国债通胀保护证券，简称"TIPS"。我们之前讨论过通货膨胀对您的购买力也就是购买商品的能力有负面影响。例如，今天 10 美元可能足以让您在 Chipotle、Shake Shack 或您最喜欢的快餐休闲餐厅享用一顿像样的饭菜，但 20 年后，很有可能 10 美元仅够支付您在同一家餐厅的饮料费用。TIPS 与通货膨胀挂钩，当通货膨胀上升时，您从 TIPS 债券所得的利息也会增加。利息或票息可发生变化的债券，被称为浮动利率债券，大多数债券都支付固定票面利息，但也存在浮动利率债券。最常见的浮动利率基准被称为伦敦银行同业拆借利率（LIBOR），它是由伦敦多家银行每日公布的平均利率所确定的。

本质上讲，TIPS 在很大程度上保护您免受通货膨胀的影响，TIPS 目前提供 5 年、10 年和 30 年期限的债券。您可能会想"如果这些债券可以保护投资者免受通货膨胀的影响，为什么不是所有的投资者都购买它们呢？"由于接近于无风险的回报率，它们支付的利率很低，例如，5 年期 TIP 最近的年利率仅为 0.16%，即使刨除通货膨胀影响，也不会有人靠着低于 1% 的年收益而致富。根据巴菲特的说法，通货膨胀是一个十分重要的话题，所以我们将在本章中单独讨论它。

通货膨胀和消费者价格指数

大多数新事物的价格会随着时间的推移而上涨，历史上每年大约上涨 2% 或 3%，我们将此过程称为通货膨胀（第一章）。在某些情况下，物品价格也会下跌，价格下跌就被称为通货紧缩。通货紧缩可能是由于供过于求或需求下降，或者制造成本降低，例如，特斯拉早期的汽车一般每辆售价超过 80 000 美元，而在他们的"超级工厂"启用后，他们能够以 35 000 美元的价格出售 Model 3 汽车，虽然依然不便宜，但通过批量生产电池，他们能够降低一部分汽车生产成本。

我们可以说通货膨胀意味着物价上涨，但我们需要更精确地衡量它，以便做出良好的财务决策。最常见的衡量方法是计算消费者价格指数（CPI），在美国，CPI 代表典型美国家庭购买的一篮子商品和服务价格水平的变动情况，由美国劳工统计局计算。不同的国家会有自己的通胀指标。美国篮子包含不同的部分，如图 4-2 所示。

第四章 债券和通货膨胀

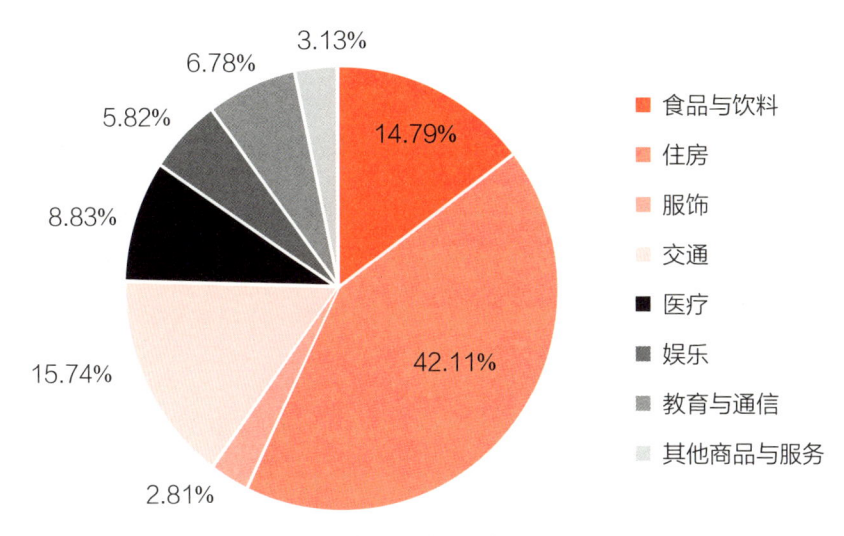

图 4-2 消费者价格指数的组成部分

资料来源：来自消费者价格指数中各组成部分的相对重要性的数据，美国城市平均值，2019 年 12 月。

对大多数家庭而言，CPI 的最大组成部分是居民居住的地方或称为住房。这部分占家庭支出的 40% 左右，其他重要组成部分是交通，例如保有汽车或上下班通勤的成本，以及食品与饮料、医疗保健等。您自己的个人 CPI 可能与美国劳工统计局的计算有很大不同，例如，许多年轻人住在家里或大学宿舍里，部分或全部费用由父母支付，他们目前最大的支出项目可能与食物、服装和娱乐有关。然而，随着人们变老或年轻人搬出去独自居住，住房、医疗和交通可能会占据他们支出的大部分。

美国劳工统计局每月发布 CPI，并定期更新 CPI 篮子的组成部分及其权重，例如，50 年前没有手机，很少有人拥有自己的电脑，而打字机和马车鞭子已经从现代经济中基本消失了，因此，CPI 的变动显示了经济的潮起潮落，也代表了对数千美国家庭所购买物品的调查结果。

债券评级和公司破产

苹果、迪士尼和耐克等公司也发行债券，然而，与美国政府不同的是，他们不能开动印钞机来还账，它们有可能不会按承诺支付利息或本金，不能按时或全额付款的可能性叫作违约风险，违约债券的百分比称为违约率。就像个人（例如巴菲特与您）一样，公司在财富和偿还债务的能力方面也存在很大差异。

幸运的是，您不必成为债券专家就可以评估一家公司的偿债能力。有一些公司，被称为评级机构，在全球范围内为许多公司和政府做这件事。美国最大的债券评级机构是标准普尔（S&P）、穆迪（Moody's）和惠誉（Fitch）。我们将在下一章股票市场基础部分再次看到标准普尔的名称，现在暂且不表。它们用字母组合表示对债券进行评级的级别，命名略有不同，我们以标准普尔为准，最好的评级是AAA，当今美国只有两家公司获得AAA评级（微软和强生），AAA之下是AA+，然后是AA、AA-、A+、A、A-、BBB+、BBB和BBB-，还有其他一些级别。评级为BBB-及以上的债券称为投资级债券，评级低于BB+一直到D的债券被称为高收益债券或垃圾债券。为什么会有人买垃圾债券？因为它们提供更高的利率，让一些投资者相信值得冒险一试。

为什么投资分析师要区分投资级债券和垃圾债券？因为一些投资者被禁止持有垃圾债券，垃圾债券并不适合所有人。实际上，巴菲特可能会说它们不适合任何投资者，巴菲特不喜欢新发行的垃圾债券，但偶尔会在它们非常非常便宜时购买一些。巴菲特在1990年给股东的信中写道："垃圾债券仍然是一个雷区，即使当前价格通常大幅低于发行价，正如我们去年所说，我们从未购买过新发行的垃圾债券，然而，我们愿意看看

第四章　债券和通货膨胀

这个领域，因为它现在处于混乱状态。"

从历史上看，全部债券的违约率平均每年约为 1.5%，这个数字在经济衰退时期增加，而在扩张时期则减少。而且，正如您可能猜到的那样，投资级债券与垃圾债券的违约率不同，如果任何给定年份的整体违约率为 1.5%，垃圾债券的违约率大约为 4%，而投资级债券违约率仅为 0.5%。

评级为 D 意味着违约，违约指公司没有支付其承诺的收益，一般情况下，发生违约时公司已经或将要破产。破产可以适用于公司甚至一些政府，就像我们在上一章讨论个人破产时的结论，这可能会让您感到惊讶，但有些公司在破产时仍然可以运营，公司破产有两种主要类型，我们将在第七章和第十一章中具体阐述，在此仅做简单介绍。

第一种类型，公司尽其所能出售任何可以出售的资产并将净余值支付给其债权人（即购买公司债券的投资者），然后不复存在，这个流程被称为清算。可能有些人还记得电子商店电路城（Circuit City）或在线音乐下载服务公司纳普斯特（Napster），这些公司已经消失了。

第二种类型，允许公司申请破产后继续运营，公司的一些债务一般会被免除，而公司的其他部分则被重组。在大多数情况下，老股东退出，而新股东往往是没有得到全额兑现的原债券持有人。回收率是原债券持有人在第十一章所述流程中收到的金额（例如每 1 美元回收 70 美分），由于他们通常会遭受重大损失或削减，因此他们也会获得重组后新公司的股票。或许您听说过经历了第十一章所述流程的公司，即使您不熟悉该术语，例子包括通用汽车（GM）、克莱斯勒（Chrysler）、梅西百货（Macy's）、航空邮政（Aéropostale）公司、西尔斯（Sears）和达美航空（Delta Air Lines）。

公司债券、地方债券和鲍伊债券

公司债券是在公司向投资者借款时发行的，公司也可以从银行借钱，一般被称为 定期贷款，这两种类型都是公司的债务义务。我们在上一章中提到了苹果、迪士尼和耐克公司发行的债券，但实际上有成千上万的公司向投资者出售债券。就像美国国债一样，借款可能是短期性质的（如少于1年）或长期性质的（如长达30年）。这通常是他们为公司融资、支付新产品和服务开发费用或收购其他公司的最低成本方式。在 第七章 中，我们将介绍会计的基础知识，现在，我们先告诉您，发行债券的公司有税收优惠，为债券支付的利息可以抵税，这意味着它可以降低他们的税款。

州政府和地方政府也可以发行债券，即 地方债券（Municipal bonds）或 市政债券（munis）。举例来说，美国州政府可能会向投资者出售债券，并用这笔钱来帮助支付各种费用，例如学校、道路、州警局、医疗服务和许多其他项目；就地方而言，当地的学区可能会发行地方债券，以支付学校建设费用和教师薪资，州立学院和大学也经常发行市政债券。地方债券一般非常安全，但偶尔会出现破产情况，底特律市和波多黎各自治邦都曾发生过此种情况。

地方债券有很大的税收优惠，与对个人征税的美国国债不同，买家从债券中获得的利息无须缴纳联邦所得税，这是您避开富兰克林"唯有死亡和税收不可避免"的名言的少数合法手段之一。如果您居住在债券发行地，您也可以免除向州和地方政府缴纳的利息税，例如，如果您居住在纽约市并购买纽约市学校债券，则所收利息免征联邦、纽约州和纽约市所得税。地方债券税收减免对债券发行人（例如学区）也有

第四章 债券和通货膨胀

很大好处，因为与债券全额征税情形相比，发行人可以向投资者支付更低利率。

鲍伊债券和其他资产支持证券

我们提到，几乎任何与现金流相关的东西都可以成为债券。当一首歌曲在收音机上播放或通过其他传播机制播放时，歌曲的作曲家有权获得少量版税。如果您是畅销音乐艺术家，如泰勒·斯威夫特、U2乐队、德雷克、碧昂丝（Beyoncé）、披头士乐队（The Beatles）或大卫·鲍伊，这些版税每年加起来可高达数百万美元。大卫·鲍伊是第一位通过发行债券（即后来的鲍伊债券）将其音乐版税货币化的音乐艺术家。

鲍伊债券于1997年发行，基于1990年之前录制的25张大卫·鲍伊专辑的版税，债券募集了5500万美元的资金，期限为10年，利率为7.9%。后来，其他艺术家也纷纷效仿，包括"灵魂教父"詹姆斯·布朗（James Brown）。现在归迪士尼所有的漫威曾经发行过由其某些漫画人物（例如美国队长）支持的债券。由特定事物支持的债券，例如音乐版税、漫画人物、汽车贷款和许多其他项目，被称为资产支持证券。

美联储：美国中央银行

为了更好地理解利率和债券价格的影响因素，我们需要了解一下国家的中央银行。中央银行可以被视为"银行的银行"，它可以在银行陷入困境时为其提供资金，可以监督或监管银行，它还决定一个国家应该印多少钱。美国联邦储备（The Federal Reserve）银行，简称"美联储"，是美国的中央银行，大多数其他国家或经济区也有自己的中央银行。例如，日本银行（BOJ）、中国人民银行、英格兰银行（BOE）和欧洲中央银行（ECB）。欧洲中央银行帮助管理欧元区国家的货币供应。

美联储是美国政府的准独立单位，这意味着它是政府的一部分，但独立运作。美联储的领导层被称为美国联邦储备委员会，简称"美联储委员会"，他们非竞选产生，而是由总统提名，由美国参议院批准，任期14年，且有机会连任。他们受任命的长期性为他们的独立性提供了保障，因为美国总统不能当选超过两个4年任期。美联储委员会理事长是美联储主席，现任为杰罗姆·鲍威尔（Jerome Powell）。主席任期为4年，但总统可酌情为其延长任期，一些美联储主席可以任职近20年。

美联储有两个主要目标。第一个目标是使就业最大化，或者说使失业最小化，由于空缺职位与求职者的技能不匹配，或求职者对职位空缺不了解，以及求职者搬迁到有工作机会的地区有困难，失业率永远不会为零。充分就业率因国家不同而异，在美国估计约为97%，即约3%的失业率。

第二个主要目标是稳定物价，一般认为每年平均通胀率约为2%即可。您可能会问："为什么会期望有通货膨胀？"您可以将货币视为经济体系的润滑剂，就像汽油发动机需要油才能平稳运行一样，经济体也需要货币来运转各个部门。一点额外货币有助于考虑人口增长等因素，并有助于避免担心资金"紧张"或稀缺。这两个主要目标，即使就业最大化和稳定物价，被称为美联储的双重使命。它还有其他较小的目标，例如强劲的经济和稳定的利率，这些与双重使命密切相关。

美联储试图通过三种主要手段来实现其目标。第一个与银行的准备金要求有关，这个术语是指美国银行必须在美联储的储备金库中留存一

第四章　债券和通货膨胀

定资金，可以是实物方式也可以是电子方式。一个可能令人感到惊讶的事实是，如果您将 100 美元存入银行，银行不会将其全部存入金库，它将大约 5% 到 10% 的资金存入金库，然后将其余的借给寻求贷款的公司或个人，这就是为什么没有银行可以在银行挤兑中幸存下来，挤兑的意思是很多银行客户同时要求取出他们的钱，美联储将在银行受挤兑期间介入以助其稳定。有时，就像 2007—2009 年的全球金融危机一样，美联储会允许一些银行倒闭，但它会确保所有 FDIC 保险的存款都是安全的，正如我们在上一章中所述。

美联储使用的第二个主要工具是改变短期利率。具体来说，它设定了所谓的联邦折现率。联邦折现率是美国银行从美联储借款时被收取的利率，银行通常将其用作贷款给客户时的短期贷款基准利率。当美联储提高或降低联邦折现率时，银行一般会立即跟进，调整它们给贷款客户的利率。由于信用风险（即无法按时还款的可能性），我们在上文提到过这一概念，因此银行向客户收取的费率通常高于联邦折现率，银行的最佳客户支付所谓的最优惠利率，其他客户支付更高利率。简而言之，美联储通过改变联邦折现率来调控短期利率，在新冠疫情之后，美联储将折现率下调至零，以刺激经济增长。

美联储的第三个工具是公开市场操作，即其买卖证券政策。它通常买卖美国政府债券或由美国政府间接支持的债券，例如抵押贷款支持证券。回购的行为可以为经济注入资金，一般也会降低利率，尤其是银行间隔夜市场利率和长期利率，这又回到了我们在第二章中讨论的供需关系图。如果对债券有更多的需求，同时债券的供给大致固定，美联储则最终会降低利率并推高债券价格。

我们将在下一节中更多地介绍这个概念，但要记住的一个事实是，当利率下降时，大多数债券的价格都会上涨，反之亦然（即利率上升时，债券价格下降）。当美联储回购大量债券时，金融媒体通常将其称为量化宽松或 QE，量化宽松通常会导致较低的利率，中央银行经常在短期利率接近于零时使用量化宽松政策。为了抵御由新冠疫情引发的经济衰退，美联储在 2020 年至 2021 年期间通过量化宽松计划回购了数万亿美元的证券。

较低的利率通常会加速经济增长，而较高的利率通常会抑制经济增长。您可能会想，"为什么中央银行要为经济增长踩刹车？"这是为了避免发生过度通货膨胀，也就是经济过热并陷入衰退的风险。

什么决定利率

利率水平背后有不少影响因素，美联储或一个国家的中央银行的行为可对此施加很大影响，但还有其他因素。通常经济增长与利率水平挂钩，在强劲增长时期，公司和个人通常需要获得资金，公司可能需要资金来支撑所规划的新项目，个人可能需要资金来购买房屋、汽车或满足其他支出计划，因此，在经济增长强劲时期，利率通常会更高，因为需求很高；在经济增长疲软时期，由于需求低迷，利率通常较低。

金融市场是全球性的，因此另一个国家的利率，通过货币兑换率（如美元兑换欧元）进行调整，也会影响本国利率水平。例如，如果美国类似风险债券的利率高于欧洲，欧洲投资者会将资金从欧洲转移到美国，根据我们之前讨论的供需动态理论，这种行为通常会轻微降低美国利率，而使用欧元的经济体利率则轻微增加。投资者情绪或市场心理也在利率和价格中发挥作用，通常，当面对金融危机或对经济体系的冲击事件时

第四章 债券和通货膨胀

人们普遍会产生恐惧心理，他们会倾向于投资安全的证券，例如美国政府债券，这种"安全投资转移"的行为往往会降低大多数信用评级较高国家的利率。

我们现在可以解释是什么推动债券价格了，提前预测它们是一项艰巨的任务，在短期内几乎是不可能的。巴菲特在1980年致股东的信中写道："我们认为，对股票或债券价格的短期预测毫无用处。但预测可能会告诉您很多关于预测者的信息，那就是他们对未来一无所知。"这是一个相当严厉但可能相对准确的批评言论。我们在本章中等待忠告一段时间了，下面是本章的第一个忠告。

巴菲特忠告十九：

对股票或债券价格的短期预测是无用的。

估计债券价格的直觉

如前所述，在本书中我们将尽量减少数学运算，无法用平实语言解释的一切方程式，都会在附录中列出。我们将在本节中讲述如何以直觉对债券进行估值，并将债券估值的具体公式放在附录中。回想一下，在第二章中，现值公式展示了您今天要支出多少才能获得未来的现金流，例如100美元。那么，对于债券，有两种类型的现金流，息票（又名利息）和面值（又名本金），债券的价格就是这两组现金流的现值（即息票和面值）。

如本章上文所讲，债券的折现率被称为到期收益率。这是一个由市场决定的利率，每天都会略有变化。票面（固定）利率和（浮动或基于市场的）到期收益率之间的差异有助于解释为什么债券的价格并不总是1 000美元或其面值。

当债券首次出售给投资者时，票面利率通常接近到期收益率。但它可能会随着时间的推移而变动，因为到期收益率是由市场力量决定的，而票面利率始终是固定的，除非是浮动利率债券。我们可以为您提供一些很好的债券估值经验法则，无须任何方程式。

如果票面利率等于到期收益率，则债券的估计价格总是等于其面值。也就是说，在大多数情况下为1 000美元，这在债券术语中被称为债券面值。如果票面利率高于到期收益率，则债券的售价将高于其面值，被称为溢价债券。以直觉来说，票面利率高于市场利率，因此债券应该更有价值，因为它给您的利息比预期的要多，因此应该以更高价格出售。如果票面利率低于到期收益率，那么债券价格将低于其面值，即所谓的折价债券。以直觉来说是票面利率低于市场利率，所以应该折价出售。

普通债券价格的一个关键点是它们与利率方向相反，也就是说，在其他条件不变时，利率上升，普通债券价格就会下降，利率下降，普通债券价格就会上升。正如巴菲特所说，"利率之于经济学，就如同引力之于物理世界"。这也是对老话的演绎，"有涨必有跌"。巴菲特的观点很重要，所以我们将把它添加到我们逐渐增长的忠告序列中。

第四章　债券和通货膨胀

巴菲特忠告二十：
利率之于经济学，就如同引力之于物理世界。

利率下降（上升），意味着债券的风险较低（较高），如果它的风险较小（较大），您应该愿意为此付出更多（更少）。抱歉用了这么多括号，我们知道关于债券的某些知识可能真的很无聊，就像为重金属摇滚歌迷举办的歌剧音乐会！

需要注意的另一点是，息票高的债券风险通常低于息票低的债券或没有息票的债券。息票起到某种"缓冲"作用，以帮助抵消利率的变化。而且，正如我们在本章上文提到的，长期债券通常比短期债券风险更大，因为当利率发生变化时，它们的变动幅度会更大，但这并不是说不值得购买它们，当它们价格合理时或当您认为利率会下降时就可以购买。将这两个概念放在一起就是，长期低息或无息债券风险最高，短期高息债券最安全。

债券是否是一项好的投资

本章即将结束，让我们谈谈债券在您的投资组合中的作用。如果您需要资金用于短期购买并且不能承受亏损，那么是的，债券、CD 和储蓄账户都可能是不错的投资。当股票市场或经济出现问题时，它们通常属于会被持有的"避风港"型投资。然而，根据巴菲特的说法，如果您想积累财富并有长远野心，那么债券不是好的长期投资，事实上，在考虑通货膨胀和税收之后，它们可能会损害您的财富。我们使用巴菲特2011年董事长致伯克希尔股东的信中的引言中的几段内容来证明我们的观点：

以给定货币计价的投资包括货币市场基金、债券、抵押贷款、银行存款和其他工具。大多数这些基于货币的投资被认为是"安全的"，事实上，它们是最危险的资产之一，在过去的一个世纪里，这些工具已经摧毁了各国投资者的购买力，即使持有人一直准时收到利息和本金。而且，这种丑陋的结果将一再重演。

政府决定货币的最终价值，系统性力量有时会导致他们倾向于制定产生通货膨胀的政策，此类政策时不时会失控，即使在强烈渴望稳定货币的美国，自1965年我接管伯克希尔－哈撒韦公司以来，美元的价值也惊人地下跌了86%。今天要花不少于7美元才能做到当时1美元所做的事情。因此，免税机构在此期间每年需要从债券投资中获得4.3%的利息，以维持其购买力。如果那些经理人将利息的任何部分都视为"收益"，他们只是自欺欺人。

对像你我这样的纳税投资者来说，情况要糟糕得多。在47年间，连续滚动的美国国库券每年产生5.7%的回报。这听起来很令人满意，但是，如果个人投资者以平均25%的税率缴纳个人所得税，那么这5.7%的回报将不会产生任何实际收入，该投资者的有形所得税将剥夺他名义上1.4个点的收益，而无形的通货膨胀税将吞噬剩余的4.3个点。

这段引言的摘要值得作为一个忠告。

第四章　债券和通货膨胀

> **巴菲特忠告二十一：**
> **债券可能是一个很好的"避风港"型投资，但在考虑到通货膨胀和税收之后，从长远来看，它将摧毁许多投资者的财富。**

这个忠告在投资者看来是相当有争议的观点，但我们认为巴菲特是对的。可能在特定的时期也会有例外，例如在二十世纪八十年代初，利率处于高位，从长期看，持有债券可能具有很大的投资价值。回想一下，本章中很重要的一点是，当利率下降时（就像利率非常高时容易发生的那样），债券价格就会上涨。但是当谈到赚钱时，最伟大的投资者知道他在说什么，正如您可能猜到的那样，巴菲特非常喜欢将股票作为一种建立长期财富的方式，我们将在接下来的两章中对此展开讨论。

关于负债券收益率的说明

对债券市场来说，这是一个疯狂的十年，尤其是当您放眼全球时。瑞士、日本、德国和丹麦等许多主权国家的债务收益率近年来一直为负！这意味着如果您持有它们直至到期日，您肯定会在投资上亏损。这里面发生了什么？为什么有人会购买如果持有至到期就一定会赔钱的投资？

首先，负收益率源于以高于面值的价格购买债券。为债券支付的票面利率通常太低，无法克服支付如此高的价格。这两个部分，息票加上购买价格和销售价格之间的差额有助于确定您的总回报。投资者可能会购买收益率为负的债券，因为它是一个安全、流动性强的存放资金的地方。安全，我们的意思是价格不会波动太大，不像股票或比特币之类的品种。购买这些债券所产生的适度损失对这些投资者而言可能被视为类似于小额税收。在美国，在大衰退期间和新冠疫情大流行高峰期间，国库券短暂地略为负值。然而，这是投资界的一个特殊注脚，至少在美国这仅比目击尼斯湖水怪常见一点。我们和巴菲特当然不建议将您的大量财富投入到长期亏损的事情上，无论其安全性如何。

本章巴菲特的忠告

- 巴菲特忠告十九：对股票或债券价格的短期预测是无用的。
- 巴菲特忠告二十：利率之于经济学，就如同引力之于物理世界。
- 巴菲特忠告二十一：债券可能是一个很好的"避风港"型投资，但在考虑到通货膨胀和税收之后，从长远来看，它将摧毁许多投资者的财富。

附录：债券估值

在本附录中，我们将介绍债券估值的定量公式。正如我们在本章正文中所讨论的，我们只是将债券估值为息票支付的现值加上面值的现值。大多数债券每半年支付一次利息，但为了简化计算，我们假设每年支付一次利息。假设我们的债券在 3 年内到期，票面利率为 5%，面值为 1 000 美元。

第四章　债券和通货膨胀

我们需要债券的折现率，即我们提到的到期收益率。提醒一下，"普通"债券的票面利率在债券的整个生命周期内都是固定的。然而，到期收益率是一个几乎每天都在变化的市场利率。（固定）票面利率和不断变化的到期收益率之间的差异有助于解释为什么债券的价格并不总是等于1 000美元或其面值。

回到我们的数字示例，假设债券的到期收益率为4%。在实践中，您可以通过查看具有相似信用等级的同一行业的债券来获得这个数字。我们将举一个简单的例子，虽然可以手动计算或使用常规计算器完成，但实际上大多数分析师使用Excel或金融计算器进行计算。

回想一下，现值公式采用预期的未来现金流并将其贴现$(1+r)^T$，其中r是折现率（债券的到期收益率），T是债券的到期年限。在我们的示例中，有4个现金流，前3个现金流是息票支付，每年50美元，即1 000美元本金的5%。然后在第3年结束时，我们拿回1 000美元的本金。由于在第3年我们获得了50美元的息票和1 000美元的本金价值，因此我们将在示例中添加这两个数字。到期收益率为4%，到期年数T为3。

$$\text{现值（债券价格）} = \frac{50\text{美元}}{1.04^1} + \frac{50\text{美元}}{1.04^2} + \frac{1\,050\text{美元}}{1.04^3} = 1\,027.75\text{美元}$$

好了！我们估计这种特定债券的价格为1 027.75美元。如果债券在市场上以低于这个数字的价格出售，我们认为这是一个很好的买入点并买入它。如果债券在市场上以高于这个数字的价格出售，我们会认为它被高估了，如果我们已经持有它了，我们可能会出售它或者如果我们错过了这个价位也不会再买入它了。

第五章
股票市场基础

> 别人恐惧时我贪婪,别人贪婪时我恐惧。
>
> ——沃伦·巴菲特,2004 年致伯克希尔-哈撒韦公司股东的信

第五章　股票市场基础

导言

什么是股票？正如我们在第一章中提到的，股票（也称为股本，股本在英语中的单数形式为 equity，复数形式为 equities）代表公司的部分所有权。巴菲特从他的导师本杰明·格雷厄姆那里学到了这一点，并且永远不会忘记。在格雷厄姆和巴菲特看来，这是非常重要的观点，自然，我们会将其作为一个忠告。

巴菲特忠告二十二：
股票等于公司所有权。

如果您拥有某公司所有的已发行股票，您就 100% 地拥有了该公司。如果您拥有 1% 的流通股，您就拥有了 1% 的该公司。已发行股票是公司所有投资者持有的股份数量。我们之前提到过，正式合法掌管公司的机构是董事会（BOD），发行在外的股票数量由董事会决策确定。有时，从董事会授权发行股票到投资者购买股票之间存在延迟，时间通常从几个月到一年不等。这是股票如何"诞生"的核心，它可能不像您的第一次

"鸟儿和蜜蜂谈话①"那么令人兴奋。我们也不会告诉您股票来自鹳②。

首次公开募股：股票的诞生

关于股票的诞生，我们将重点关注公开交易的股票，它是一种可在证券交易所进行交易的品种，任何有足够资金的人都可以买入。我们区分了公开交易的股票，例如伯克希尔-哈撒韦和苹果公司，以及私人控股公司，例如纽约洋基队、达拉斯小牛队和富达投资（Fidelity Investments）。

为什么有些公司选择上市并在证券交易所出售股份？首先，它们通过出售一部分自己的股权（通常从10%至20%起）来获得资金。这些资金可用于通过开发新产品、进入新市场和许多其他方式帮助公司发展。其次，它让现有股东有机会通过将现有股份出售给新股东来套现。非上市公司的股东更难将股份变现，为什么？在交易所交易的股票比非上市公司的股票更具流动性（我们在第三章中介绍过这个术语），因为它们在每个工作日（不包括节假日）都能进行交易。再次，上市公司更容易收购其他公司。很多公司都倾向于被上市公司收购。最后，上市公司通常可以比非上市公司吸引来更多的宣传，也更容易得到华尔街的垂青。除了运动队，您还能想出比苹果、字母表、脸书、亚马逊等上市公司更受关注的非上市公司吗？

---

① "鸟儿和蜜蜂谈话"是某些文化下在讨论性时的委婉说法。——译者注
② "股票"的英文为stock，"鹳"的英文为stork，两者拼写相近。——译者注

第五章　股票市场基础

投资银行和投资银行家

好了，假设您的公司，我们称为 TJL 工业，想要上市。那么下一步就是聘请一家公司来帮助您实现这一目标。处理这项任务的公司被称为<u>投资银行</u>，工作人员被称为<u>投资银行家</u>。活跃于投资银行业务的头部公司包括高盛、摩根士丹利和摩根大通。如果您的公司需求量很大，就像优步在 2019 年时一样，那么投资银行将争夺您公司的业务，告诉您为什么它们会为您的公司做得很好。这种为公司筹集资金的竞争过程在华尔街被称为"选美比赛"或"烘烤比赛"。也许它不如美国小姐或环球小姐选美那么令人兴奋，但这也很重要。假设 TJL 工业选择高盛作为赢家，在这种情况下，高盛将被称为<u>主承销商</u>，这是一个我们将在稍后补充讲解的术语，而其他投资银行公司也可能会提供帮助，但额度较小。

下一步是<u>路演</u>，高盛的投资银行团队将带领公司（TJL 工业）的高级管理人员与潜在投资者进行会面。这些投资者可能是大型金融公司，例如贝莱德（BlackRock）、富达投资和保诚投资，也可能是个人投资者。大公司和富有的投资者，通常被称为<u>高净值（HNW）投资者</u>，通常会获得公司（TJL 工业）发行的大部分新股。

高盛从这些投资者会议中收集有关投资者对该股票需求的信息。高盛还研究类似的同在交易所交易的同一行业<u>可比公司</u>的股票价格，以了解如何设定 TJL 工业的股票初始价格（在交易所开始交易后，其价格将由市场供需决定）。投资银行家和公司为 TJL 工业的股票设定了价格，将其出售给（主要）机构和高净值投资者。假设每股 20 美元，公司有 5 000 万股流通股。这样一来，该公司的估值为 10 亿美元，即每股 20 美元乘 5 000 万股流通股。但请记住，公司上市时通常只出售自己的一小部分，我们假设是10%。因此，在我们的示例中，高盛帮助TJL工业筹集了1亿美元。这家投资银行赚取的费用约为交易筹集资金的7%，即700万美元。对于较大的交易，投资银行会按百分比来收取较小的费用（例如2%至5%）。

对于大宗交易，有时是小宗交易，投资银行之间亦敌亦友，它们会联合起来让公司上市。当它们联手时，就像在《复仇者联盟》《X战警》或《自杀小队》电影中一样，这群承保人被称为辛迪加，它们会分摊费用和工作。辛迪加背后的基本思想是双重的。首先，在包销发行中，投资银行（高盛）会保证将筹集到全部资金（1亿美元），如果它高估了投资者对TJL工业股票的需求，它就会"吞下苦果"，陷入1亿美元的困境。哎哟！其次，如果几家投资银行向其客户推销TJL，有可能增加市场对该股票的需求。在尝试完成一项重要事务时，双管齐下或多管齐下通常会比单一方式更好。投资银行有时会在财经报纸上刊登广告，这被称为墓碑，以帮助增加市场需求。这没什么好害怕的，就像在墓地看到《13号星期五》（Friday the 13th）的杰森（Jason）一样。该名称来自广告的矩形形状，因为它们看上去类似于大多数墓碑。

主要事件：股票开始在交易所交易

现在我们已经准备好迎接主要事件了，也就是首次公开募股（简称IPO）。在我们的示例中，TJL工业的500万股股票主要以每股20美元的价格出售给各种"有关联"的投资者，例如大型投资公司和富有的个人。筹集到的1亿美元，减去支付给投资银行的700万美元费用，剩余的就归了进行IPO的公司（TJL工业），该公司将使用这笔资金来支持其未来

第五章　股票市场基础

的发展规划。

其他人呢？他们不能分一杯羹吗？我们称他们为约翰（John）和简（Jane）。他们可以在股票开始在交易所交易时购买，通常是在路演后几周。但问题是，他们不太可能以关联投资者获得的每股 20 美元的价格买到它。由于现在任何人都可以在证券交易所交易的早晨购买它，因此其价格通常会大幅上涨，假设为 25 美元。真可惜。IPO 的第一天价格上涨 25% 相当普遍，但在投资者疯狂或亢奋的时候，单日上涨超过 100% 也并非不可能！投资者经常急于买入自认为拥有超大上涨空间的"地板价"股票。他们期待买入下一个苹果、谷歌、星巴克或伯克希尔。当然，很少有公司能达到这些超高期望。

您可能会想，"是谁将股票卖给约翰和简这样的公众的？"一些关联投资者会出售，尽管这可能会稍微激怒投资银行和刚刚进行 IPO 的公司。这些在 IPO 完成后迅速抛售股票的投资者被称为**短线投机者**。也许您在电视上看过关于短线交易房屋或汽车的节目，嗯，这是同一个概念，只是换成了股票。由于公司更喜欢稳定的长期投资者，因此投资银行可能会将不少短线投机投资者排除在下一笔业务之外。

您可能会问的另一个问题是，"公司在 IPO 后如何筹集资金？"这个过程与 IPO 的过程非常相似，也需要借助投资银行的帮助。**增发**或**配股**是指已上市的公司出售证券。这个过程会稍微简单一些，而且由于该公司已经为投资者所熟知，因此发行费率较低。

交易所还有一些特殊的交易者，被称为**做市商**，他们总是有股票可以按市场价格进行买卖。您可能不喜欢这个价格（在我们的例子中是 25 美元），但它们就像 911——当您打电话时，它总是在那里。如今，大多数交易都是在网上进行的，但交易所仍然保留有电话交易模式。让我们多谈谈证券交易所吧，它的工作原理与我们小时候与朋友交易足球卡、豆豆娃娃、风火轮汽车或任何其他东西没有太大区别。

证券交易所

证券交易所是交易已发行的公司股票的场所，例如在 IPO 或配股发行之后进行的交易。当公司通过 IPO 或配股从投资者那里筹集资金时，它被称为一级市场交易。这些一级市场交易发生后，在交易所进行的股票交易被称为二级市场交易。因此，正如我们在一分钟前所说的那样，这就像投资者交易过去购买的足球卡或豆豆娃娃。如果您从这些方面考虑，就很容易看出上市公司在这些二级市场交易中没有获得任何收益。就像您将苹果手机转售给其他人时，苹果公司不会获得任何收益一样。这仅仅是人们在一旁的交易而已，区别只是在于交易所的交易量很大——通常一天内的交易量超过 10 亿股！

美国有两个主要的证券交易所，纽约证券交易所（NYSE）和全国证券交易商协会自动报价系统①（NASDAQ）。还有第三个较小的证券交易所，纽约证券交易所美国（NYSE American），其前身是美国证券交易所（AMEX）。这三个证券交易所的总部都位于曼哈顿。

交易所的交易时间为东部标准时间（EST）的周一至周五上午 9∶30 至下午 4∶00，节假日除外，因此，通常一年有 252 个交易日。您可能会感兴趣的一个事实是，证券交易所通常会在美国前总统去世后关闭一天。在这些正常时间之外还有一些交易，被称为盘后交易。这种盘后交易可

---

① 在中国，通常称为纳斯达克。——译者注

第五章 股票市场基础

能发生在市场开盘前（美国东部标准时间凌晨 4:00 至上午 9:30）和收盘后（美国东部标准时间下午 4:00 至晚上 8:00）。这些盘后交易大部分都发生在市场正式开盘前两小时和市场收盘后两小时，实际上它应该被称为"正常市场交易时间之外的交易"，但"盘后交易"这个词已经是约定俗成了。有时，它也被称为延伸交易时间，以更好地反映可用于交易的时间。

当前，股票交易的交易所之间并没有太大的区别，但在过去，这对您的股票交易公司来说却是一件大事。这有点像驾驶时尚的梅赛德斯－奔驰和普通的雪佛兰（不是克尔维特！）的不同体验。在历史上，如果股票在被称为"大板"的纽约证券交易所里进行交易，则象征着声望。这个名字指的是在计算机出现之前，股票价格被写在黑板上或从自动收报机中出来的时代。

您可能会对自动收报机感兴趣。托马斯·爱迪生的公司制造的股票自动收报机如图 5-1 所示。也许您听说过自动收报机游行这个词。例如，当洋基队赢得棒球世界大赛时，纽约市会为他们举行游行。球员和教练走上曼哈顿的百老汇大街，人们向他们扔五彩纸片来庆祝。过去，纸条主要用于自动收报机，而今天，它主要是碎纸机的成果。自动收报机看起来有点像一个会吐出薄纸条的大灯泡。纸条上写的可能是股票代码［例如以 T 为代号的美国国际电话电报公司（AT&T）］、股票价格（例如每股 45 美元），也许还有交易的股票数量（例如 100 股）。

在纽约证券交易所上市或交易的要求比在纳斯达克或美国证券交易所上市的要求更为严格。要求指的是公司收入和利润的最低标准以及公司的总资本，即公司的债务和股本金额。伯克希尔－哈撒韦公司最初在纳斯达克上市，但最终改为在纽约证券交易所上市。纳斯达克曾经被称为**柜台交易市场**[①]（OTC），因为在计算机普及之前，它的交易实际上是在经纪公司的柜台上进行的。

图 5-1 股票自动收报机

许多大型科技股，如苹果、英特尔和微软，在二十世纪七八十年代于纳斯达克上市，并选择留在那里。由于世界上一些最大的公司都在纳斯达克上市，因此各个证券交易所之间的区别不再那么重要了。说到计算机，有一种相对较新的证券交易所——**电子通信网络（ECN）**。如果您去参观位于曼哈顿华尔街的纽约证券交易所大厅，会看到交易员在那里工作。对于 ECN，则主要是由一组计算机服务器来完成工作的，它们的功能是简单地匹配买卖交易单。

---

① 在中国，通常称为场外交易市场。——译者注

第五章　股票市场基础

股票和共同基金代码

您有没有想过一家公司是如何选择其股票代码的？在某些情况下，该符号类似于名称听起来的样子。例如，建筑设备公司卡特彼勒（Caterpillar）的股票代码是 CAT，这并不奇怪。如果一家公司在美国交易所或纽约交易所进行交易，其股票代码通常是 3 个（或更少）字母。例如，国际商业机器公司（IBM）的股票代码为 IBM，金融公司摩根大通的代码为 JPM，AT&T 的代码是 T。像 AT&T 这样股票代码只有一个字母，那么我们可以认为它是颇有名望的公司，就像个性化的车牌，或者穿戴得金光闪闪的摇滚明星或说唱歌手。您还可能遇到过一些以单个字母为代码的公司，包括花旗（C）、梅西百货（M）和美国钢铁（X）。

如果股票代码有 4 个字母，那么它通常在纳斯达克进行交易。例如，苹果公司是 AAPL，英特尔是 INTC，亚马逊是 AMZN，星巴克是 SBUX。有一些少数例外，比如尽管脸书在纳斯达克进行交易，但它的代码是 FB。

共同基金是一种投资产品，很多人会把资金集中在一起，并由基金经理进行投资，基金经理是为他人管理投资的人。投资可能包括一堆东西，例如股票、债券和现金。我们将在本书中更多地讨论它们，但现在，我们先提到的是共同基金会有一个由 5 个字母组成的证券代码，最后以 X 结尾。例如，富达麦哲伦（Fidelity Magellan）共同基金的证券代码是 FMAGX，F 代表母公司富达投资，MAG 是麦哲伦基金，因为它是共同基金所以有个 X。

股息

股息是公司支付给股东的现金，类似于支付给公司债券持有人的债券利息。可以说，股息是发送到您信箱里的支票，但这笔钱通常会存入您的经纪账户，该账户记录着您的股票，谁会不喜欢在信箱中收到支票呢？自工业革命以来，最富有的人是石油大亨约翰·D.洛克菲勒（John D. Rockefeller）。您可能熟悉他创立的一家至今仍然存在的公司——埃克森美孚（ExxonMobil）。他的身价相当于今天的3 400亿美元！这一数额甚至让巴菲特的净资产都显得不值一提！

无论如何，这是洛克菲勒关于股息的史诗般的名言："你知道唯一让我开心的事是什么吗？就是看到我的股息到手。"洛克菲勒认为股息十分令人震撼！在这里给大家提供一些数据：近年来整个股票市场支付的平均**股息率**大约为2%，也就是说，如果一家公司的股价为100美元，它通常会每年支付2美元的股息。多久支付一次股息？大多数公司是按季度来支付的。

有一个例外，有时上市公司会支付一次性或非经常性的股息，即**特别股息**。也许是因为公司获得了一次性的非经常性收入，例如出售建筑物或公司，或者也许有特殊的税收原因使得支付股息是值得的。在不同情况下，公司会明确支付的是定期股息还是特别股息。

大多数公司支付的股息都来自季度利润或收益。如果一家公司不发放或削减股息，其股票通常就会严重承压。公司的管理层知道这一点，因此有时它会从其相当于存钱罐的"未雨绸缪基金"也就是留存收益中支付股息。更正式地说，**留存收益**是指公司自成立以来的利润总和减去其历史上的全部股息支付。当公司从其留存收益中支付股息时，或者更糟糕的方法，借钱支付股息时，就像抢劫彼得然后支付给保罗，它不能持续太久，否则公司将油尽灯枯，就像猎鹰队在第51届超级碗中以25

第五章 股票市场基础

分的优势领先爱国者队一样[1]。抱歉啦,猎鹰队的球迷们。

有很多寻求股息的投资者,他们通常将股息视为收入的一部分,并用它们来支付生活费用。一些公司为这些寻求股息的投资者大开方便之门,设立股息再投资计划,英文简称为DRIP。这些计划通常使不需要资金的投资者能够使用股息来购买公司的更多股票,在某些情况下,它们让您以微小的折扣力度购买股票,例如5%或更少。几乎在所有情况下,投资者都被允许在不支付交易费用(例如经纪佣金或记录保存费)的情况下购买额外的股票。公司这样做是因为DRIP投资者通常是长期投资者,他们的操作会降低公司股票的波动性,从公司管理层的角度来看,这一特征很讨喜。

每年支付的收入百分比被称为支付率,收入的剩余部分被称为后备率或保留率。例如,如果一家公司的年收益为10美元,每年支付4美元的股息,则其支付率为40%,其保留率(或后备率)为60%。当然,支付率和保留率之和必须等于100%。

支付率因行业而异。对许多电力和天然气公用事业公司来说,这一比例可能会超过80%,而对大多数公司来说,这个比例不到50%。许多公司不支付任何股息,因为它们认为自己可以将作为股息的钱用于投资好项目,而这将在未来带来更多利润。脸书和字母表都属于这一类公司,后者的股票以前被称为谷歌。谷歌现在是字母表的一个组成部分。以下是巴菲特在1981年致伯克希尔股东的信中所说的:

---

[1] 第51届超级碗比赛中,爱国者队曾以3比28落后于猎鹰队,但最终以34比28逆袭成功,有人称这场比赛为超级碗历史上的最佳逆袭赛。——译者注

从逻辑上讲，历史和未来股本回报高的公司应该保留其大部分或全部收益，以便股东可以通过增强资本来获得溢价回报。相反，公司股本回报率低的公司最好支付高股息，这样所有者才可以吸引更多的资本。

预估"未来高利润"的一种方法是计算被称为净资产收益率（ROE）的财务比率。它是用公司赚取的利润除以公司账面上的净资产。当讲到第七章时，我们将讨论巴菲特在他的观点中提到的一些会计术语以及其他一些术语。所以，如果您还没有很好地掌握这些概念，请不要担心。让我们把巴菲特的名言总结成一个忠告。

巴菲特忠告二十三：

拥有强盈利机会的公司应该延缓支付股息，而不具备很多新利润增长机会的公司应该将大部分收益作为股息支付。

伯克希尔-哈撒韦公司已经几十年没有派发股息了，因为巴菲特相信他可以明智地投资这笔钱，从而使公司的股价比股息派发的获利更多，从经验来看，他是对的。例如，伯克希尔早在2009年就斥资440亿美元收购了伯灵顿北方圣达菲铁路运输公司。从那时起，该公司创造了数百亿美元的利润，伯克希尔一直拥有这家公司。显然，进行这样的交易需要很多资金，如果伯克希尔将其大部分收益作为股息支付，它可能就没有资金来做这件事。

您可能想知道为什么有人会投资一家没有中短期派息机会的公司。

第五章　股票市场基础

答案是您希望以比您买入价格更高的价格去出售股票。当您确实以这种方式获利时，它被称为资本利得。当相反的情况发生时，即您以低于您支付的价格出售它，这被称为资本损失。在那种情况下，您会蒙受损失，大家都一样，包括巴菲特。一位明星投资者也只有大约 60% 的机会正确选择，激烈的竞争使得快速轻松赚大钱变得很困难。

实际上有一种方法可以从股价下跌中赚钱，它被称为卖空。我们不建议绝大部分投资者这样做，因为它比买入并持有策略的风险更大，巴菲特也建议不要卖空，因此我们将其作为忠告。进入和退出投资的时机非常难以把握，这是他的原话："我们可能有一百个想法，这些都是很好的卖空行为，至少有 95% 的想法被证明确实如此，但我认为如果我们参与这项操作，我们不会从中赚到一分钱，因为它太难了。"

巴菲特忠告二十四：
不要卖空，太难了。

我们在附录中加入了关于卖空的简短讨论，以确保您最终能成为专业投资者并想了解更多有关该技术的信息。我们也知道大多数人都不会去阅读附录，所以这给了您另一个不卖空的理由。

大盘股与小盘股

分析师经常会根据某些特征对股票进行分类，您可以将其视为将股票放入某些类别中。我们将关注的主要概念是小盘股、大盘股、成长股、价值股、国内股和国际股，让我们来讲一下每个术语的定义。

在棒球比赛中，人们区分了小联盟和大联盟。对于股票，投资者通常也会区分小公司和大公司。让我们回想一下市场价值（简称"市值"），它代表拥有公司 100% 股票的金额。它等于股票价格乘已发行股票的数量，市值低于 10 亿美元的公司通常被称为 小盘股，这是我们在 第二章 中曾简要提到过的术语。市值至少达到 10 亿美元的公司被认为是 大盘股。这是一个很大的类别，因为一些公司，如微软和苹果，市值超过了一万亿美元！

在本书中，我们将主要关注大盘股和小盘股之间的区别，但除此之外在股票的规模上有更细微的区别。让我们使用棒球来做类比，有不同级别的小联盟，如 A、AA 和 AAA。微型市值股 是一个适用于最小公司的术语，通常是指那些市值低于 1 亿美元的公司。如果这对您来说还不够小，那么还有一些市值低于 5 000 万美元的公司，它们被称为 仙股（意思是非常小）。

中等市值 是适用于市值在 10 亿到 100 亿美元之间公司的术语。超大市值 一词通常适用于市值超过 1 000 亿美元的公司，它们如同股市中的摇滚明星，大多数投资者都知道它们的名字：微软、迪士尼、亚马逊、伯克希尔等。我们将在 第九章 中更详细地介绍其中一些公司。

成长股与价值股

投资者对股票进行的另一个分类是成长型股票和价值型股票。相对某些指标（例如它们每年赚取的利润）而言，买价值股的成本较低，它们的价格经常下跌，投资者对这些公司的期望并不高。成长股 通常成长

第五章　股票市场基础

速度快且价格更高，它们通常是新兴的全明星公司或现有的全明星公司。总体而言，市场参与者会对这些公司的未来销售额和收益的快速增长寄予厚望，通常是高价买入并期望卖出更高价。例如，它可能是亚马逊的早期版本，甚至是今天庞大但仍在强劲增长的亚马逊。

有很多方法可以区分成长型股票和价值型股票，或者昂贵与便宜。一种常见的方法是比较它们的市盈率，也就是 P/E 比率。公司的市盈率是用股票的市值除以其收入。其衡量方法是先计算公司的销售额，然后减去其所有费用，计算周期通常为一年。您对整个公司或单个股票进行此计算，将得出相同的市盈率。

市盈率高（排名第 50 百分位或更高）的公司通常被认为是成长型股票，市盈率低（排名低于第 50 百分位）的公司则被视为价值型股票。从历史上看，整个市场的市盈率平均约为 15，在这个标准下，市盈率低于 15 的股票将被视为价值型股票，市盈率为 15 或更高的股票将被视为成长型股票。近年来，市场的市盈率平均约为 16 或 17，这可能是两者在当前更准确的区分标准。

本次讨论的一个重要收获是，仅靠股票的价格并不能告诉您股票是昂贵还是便宜。您需要查看 P/E 比率或我们稍后将讨论的其他估值指标。例如，伯克希尔－哈撒韦公司（A 类）最近以约 300 000 美元的单股价格售出！而且由于该公司的市盈率低于市场，您可以说这只股票具备很好的投资价值。如果您想让某个人大吃一惊，请告诉他您知道一只价格超过一百万美元的股票，并且您认为它不贵或很便宜！准备好面对一些茫然的目光或更糟的反应，但您确实可能是正确的，这可能是我们在第一章中提到过的巴菲特内在记分卡理念的一个小例子。

许多共同基金的名称中都有"大""小""增长"和"价值"等词的

组合，例如贝莱德大盘价值基金。投资分析师创造了"风格箱"一词来解释基金在规模和风格范围内的位置。一个风格箱子有两个维度——投资的规模和风格，而非长度和宽度。传统显示风格箱的方式如图 5-2 所示，在此处它显示的是共同基金富达麦哲伦基金。

风格箱在华尔街行话中根深蒂固，但巴菲特并不喜欢这个词，他认为，增长实际上只是估算股票价值等式中的一部分，所有投资者都是以价值为导向的，因为他们都想购买被低估的股票。巴菲特在他 2000 年致伯克希尔股东的信中写道："市场评论员和投资经理将'增长'和'价值'风格巧妙地称为截然不同的投资方式，这显示了他们的无知，而不是他们的老练。增长只是价值等式中的一个组成部分——通常是正数，偶尔是负数。"

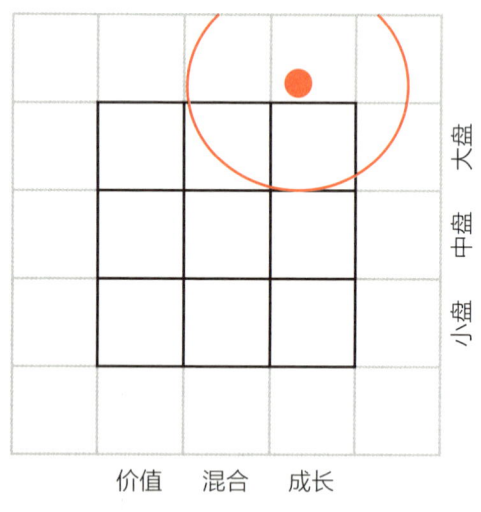

图 5-2 风格箱

第五章　股票市场基础

国内与国际

世界上大多数国家都有股票市场。如果您投资的公司总部位于您自己所在的国家（在我们的例子中为美国），那么这类投资被称为在国内投资。如果您投资的公司总部位于本国以外，那么这类投资被称为国际投资。如果您的投资组合或一篮子投资中同时包含国内股票和国际股票，这类投资则被称为全球投资组合。

为什么要进行国际投资？我们可以给出几个理由，但约翰·邓普顿（John Templeton）爵士可能说得最好，当年他是与巴菲特一样出名的投资者。约翰爵士说："如果你在全球范围内寻找，会比在一个国家里寻找到更多的、更好的便宜货。"

巴菲特主要在美国投资，但他也进行了一些国际投资，例如，2013年伯克希尔以 20.5 亿美元收购了总部位于以色列的工具公司伊斯卡（Iscar）。他还一度投资了中国石油天然气集团有限公司，现在仍然还持有中国汽车公司比亚迪的一部分股权。

指数基金：一项了不起的"一劳永逸"长期投资

好了，现在您对股票市场已经有了一些基本了解，让我们来谈谈股票投资的话题。第一种投资很简单，但效果惊人，它被称为指数基金。您可能听说过道琼斯工业平均指数（DJIA），这是总部位于美国的 30 只领先或"蓝筹"股票的指数，我们将在第九章中进一步介绍"道琼斯指数"。指数基金试图复制特定指数的表现，例如道琼斯工业指数，这是可以进行投资的东西，而不是理论或概念。

您可能听说过体育领域中的蓝筹这个词，意思是某位运动员在成为明星方面几乎"不能错过"，就像蔡恩·威廉森（Zion Williamson）从杜克大学毕业或者泰格·伍兹刚上大学不久的时候。但并非所有蓝筹运动员都能成功，所有带蓝筹标签的股票也并非如此，至少以前瞻性为基础是如此。

只有30只股票的指数有点狭隘，毕竟不是每个运动员或股票都可以被视为蓝筹。在美国，最受关注的指数可能是标准普尔500指数（S&P 500），我们在第四章债券评级（如AAA、AA等）的叙述中见到过标准普尔的名称，它由公司总部位于美国的500只大盘股组成。还有一个名为威尔逊5000（Wilshire 5000）的指数，它试图衡量美国所有公开交易股票的表现，创建该指数时，它包含大约5 000只股票，而当前这个数字大约是4 000。

有时股票会因被接管不再独立交易而被剥离出指数，还有一些情况是公司倒闭或破产，在这种情况下，它们的值几乎为零，并且不会在指数上呈现。

投资者购买分散化的股票指数基金，例如标准普尔500指数，基本上属于押注（美国）经济，在很长一段时间内，如果经济表现良好，那么指数应该也会表现良好。巴菲特也曾多次说过类似的话，例如，他在2013年致伯克希尔股东的信中写道："二十一世纪将见证更高的收益，几乎可以肯定收益是巨大的，非专业人士的目标不应该是挑选赢家——毕竟他和他的'助手'都做不到——而应该是拥有一个总体上一定会做得很好的跨部门公司。我认为，低成本的标准普尔500指数基金将实现这一目标。"他在另一篇著作中更简洁地说："低成本基金是绝大多数投资者最明智的股权投资。"这是一个很好的忠告。

第五章　股票市场基础

> **巴菲特忠告二十五：**
>
> # 对绝大多数投资者来说，低成本基金是最明智的股权投资。

当然，全球几乎每个股票市场都有指数基金。

我们曾提到指数基金在长期（例如 10 年以上）的表现出人意料地好。什么是出人意料地好？长线看，这种策略只需要简单地买入并持有即可，这种简单的努力成功地击败了大约九成主动管理基金的基金经理，你可能会问，"你在说什么？百分之九十？这怎么可能？"有两个主要原因：低成本和竞争。

指数基金通常不会免管理费，但费用极低。持有指数基金的典型成本是每年不到投资金额的 1%，例如 0.1% 或 0.2%。对于较低的数字，分析师经常使用其他一些术语，例如 1% 等于 100 个**基点**，因此，1% 的 1/10 等于 10 个基点。让我们将这些数字与一个例子联系起来，假设您在标准普尔 500 指数基金中投资了 1 000 美元，您的成本约为每年 1 美元，对于历史上每年增长约 10% 的投资，在我们的例子中收益为 100 美元，这还不错。相比之下，如果您花钱请人来管理您的资金，他们通常会向您收取更多费用，通常每年超过 100 个基点。

击败市场和有效市场假设

现在让我们看看很难产生高于市场指数的回报，或者金融媒体通常所说的"跑赢市场"的第二个原因，我们并不是说做不到，显然，巴菲特已经这样做了几十年，我们将在下一章中勾勒出他的方法。我们只是在为您说明为什么指数基金方法可能对绝大多数投资者来说颇具意义。

我们提到激烈竞争是难以持续击败市场的第二个原因，我们将提供更多细节，并从一个故事开始我们的解释。在最受欢迎的大学投资教科书中有这样一个故事：

两名大学教授正走在街上，假设第一个教授教金融，第二个教授教历史，街中央似乎放着一张 20 美元的钞票。金融学教授从 20 美元钞票旁边走过，历史学教授弯下腰捡起来说："您为什么不试着捡起地上的钱？"金融学教授回答说："哦，如果是真的，早就有人捡走了。"

不好笑？嗯，您不能对教科书的喜剧方式抱有太高期望。这个故事的寓意是投资者不会把钱随意扔在地上，当他们看到时，很快就会把它捡起来。当有关股票的重要信息出现时，例如营收公告、合并、新产品等，投资者会非常迅速地解读这些信息。如果消息好于预期，那么股票将迅速上涨；如果这个消息是坏消息并且比预期的还要糟糕，那么股票将迅速下跌。例如，当新冠疫情大流行可能将导致整个经济部门关闭时，股价迅速暴跌了约 30%！

对信息做出快速且适当反应的市场称为**有效市场**，它的理论名称为**有效市场假说（EMH）**，财经媒体经常会使用另一个名称——**随机漫步假说**。后一个术语有着丰富多彩的历史，据说这个名字源于一个醉汉寻找他在晚上掉落的钥匙，他会朝一个方向迈出一步，然后再迈出一步，然后在他开始的地方停下来寻找钥匙！

由于华尔街总是会有激烈的竞争，而新信息通常会很快就反映在股价中，所以主要是新信息或新闻推动了股价。按理论讲，新信息几乎不可能预测。因此，与简单地买入并持有指数基金的策略相比，大多数投资者并无优势。

如果您还没理解随机漫步假设，我们有一种很酷的且易于理解的方式来帮助您思考这个概念。如果市场总是有效的，那么您可以在《华尔街日报》的股票页面上投掷飞镖，而被飞镖击中的一组股票的平均表现与市场或专业投资者选择的投资组合会大致相同！

认识市场先生，躁狂抑郁的股票市场

但对那些想要通过积极选股以试图战胜市场的人来说，还是有一线希望的。巴菲特说过，一些专家投资者，或者那些正学习成为专家的人，有机会跑赢市场。他批评了那些说市场总是有效的学者，在他 1988 年致伯克希尔股东的信中写道："他们正确地观察到市场经常是有效的之后，继续错误地得出结论，说它总是有效的。"让我们把那句话转换成一个忠告。

巴菲特忠告二十六：

股票市场通常是有效的，但并不总是如此。所以，有跑赢市场的可能。

本杰明·格雷厄姆使用了一个被广泛引用的类比来解释股票市场的运作方式。他说，想象一下您在与一个名叫**市场先生**的躁狂抑郁商业伙伴做生意。有时候，您想出售，他会非常开心和慷慨，并为您的股票份额提供优惠的价格。而其他时候，他非常沮丧，并为您的股票份额提供非常低的价格，即使您想出售也是如此。在其他情况下，如果您想出售，他会为您的股票份额提供一个公平的价格。在后一种情况下，您可以将市场视为有效的。

格雷厄姆的观点是不要试图改变市场先生的想法，因为这是不可能的，要试着利用他的非理性行为，在他沮丧时（低位）买入，在他躁狂时（高位）卖出。

您可能想知道是什么原因导致了市场先生或者说整个市场的偶尔失控，嗯，它基本上可以归结为自古以来就存在的关于人性的两个词：恐惧和贪婪。

本杰明·格雷厄姆还有另一个类比，他用钟摆而不是喜怒无常的商业伙伴来描述市场。他说："市场是一个钟摆，永远在不可持续的乐观情绪（这使得股票太贵）和不合理的悲观情绪（这使得股票太便宜）之间摇摆。聪明的投资者是一个现实主义者，他把股票卖给乐观者，并从悲观者那里买入。"巴菲特在1986年写给股东的信中更简洁地说："我们只是试图在别人贪婪时恐惧，在别人恐惧时才贪婪。"我们在第一章中也提到过这句话。这是他最著名的名言之一，所以让我们把它作为官方忠告写于此。

巴菲特忠告二十七：

别人贪婪时我恐惧，别人恐惧时我贪婪。

失控的价格被称为泡沫——类似于用一块泡泡糖吹泡泡，由于希望、兴奋以及最终的贪婪，它会慢慢膨胀，在某些时候，更理性的思维占了

第五章　股票市场基础

上风，泡沫在恐惧的推动下破灭了。历史上曾有过多次投资泡沫，不仅是股票，还有各种各样的东西。最著名的泡沫之一发生在十七世纪三十年代后期的荷兰，其中最重要的是郁金香，对，我们指的就是那种漂亮的花朵。跳过细节，在1637年左右的"郁金香狂热"高峰期，一朵珍贵的郁金香售价相当于4吨啤酒、2吨黄油、1000磅奶酪、4头肥牛、8只肥猪、12只肥羊、4粒黑麦、2桶酒、一整张床、一套衣服和一个银制酒杯！或者等于美国许多地方的房屋价格。

巴菲特和大多数理性投资者都知道，泡沫不会永远持续。在2000年致伯克希尔股东的信中，巴菲特写道："每一个泡沫都有一根针在等待，当两者最终相遇时，新一批投资者学到了一些非常古老的教训：首先，华尔街——一个不重视质量控制的社区——的许多人会向投资者出售投资者愿意购买的任何东西；其次，投机在看起来最简单的时候是最危险的。"让我们将这个关键教训作为忠告。

巴菲特忠告二十八：
每一个泡沫都有一根针在等待。

您可能认为只有傻瓜或无知的人才会陷入泡沫，相反，巴菲特写道，有史以来最聪明的人之一，艾萨克·牛顿（Isaac Newton）爵士就曾陷入与南海公司股票相关的泡沫中，并损失了大约相当于现在400万美元的财富。巴菲特在1993年给伯克希尔股东的信中写道："很久以前，艾萨克·牛顿爵士给了我们三大运动定律，这是天才的杰作，但艾萨克爵士的才能并没有延伸到投资领域，他在南海泡沫中失去一大笔钱。后来他的解释是:'我可以计算出行星的运动,但无法计算出人类的疯狂'。如果他没有因此损失而受到创伤,艾萨克爵士很可能会继续发现第四运动定律——对投资者整体来说,随着运动的增加,回报会减少。"换句话说,当围绕投资的狂热或泡沫正在形成时,不要试图追逐最新的热门事物,要有耐心,永远寻找价值。

本章巴菲特的忠告

- 巴菲特忠告二十二:股票等于公司所有权。
- 巴菲特忠告二十三:拥有强盈利机会的公司应该延缓支付股息,而不具备很多新利润增长机会的公司应该将大部分收益作为股息支付。
- 巴菲特忠告二十四:不要卖空,太难了。
- 巴菲特忠告二十五:对绝大多数投资者来说,低成本基金是最明智的股权投资。
- 巴菲特忠告二十六:股票市场通常是有效的,但并不总是如此。所以,有跑赢市场的可能。
- 巴菲特忠告二十七:别人贪婪时我恐惧,别人恐惧时我贪婪。
- 巴菲特忠告二十八:每一个泡沫都有一根针在等待。

附录:卖空(或"不要在家尝试"的投资领域)

您很可能听说过"低买高卖"的说法,这是大多数投资者试图赚钱的方式。例如,您可能以每股10美元的价格来购买一只股票,并

第五章　股票市场基础

希望将来以每股 20 美元的价格出售它，这种传统的投资方式称为买多（buying long）。

正如我们在本章正文中所提到的那样，有一种从股票价格下跌中获利的方法，这种方法被称为卖空（selling short）。重点是空这个字，将其与普通的传统卖出区分开来。当您准备结束投资时，传统订单是先买入股票然后卖出。例如，您可能以每股 15 美元的价格买入某股票，并希望以更高的价格——比如每股 20 美元——卖出，从而获得每股 5 美元的利润。

卖空操作是您首先卖出，然后再买回，您希望价格更低，在卖空之前，您没有股票头寸。例如，如果您以每股 20 美元的价格卖空一只股票，然后以每股 15 美元的价格将其买回，您就获得了每股 5 美元的利润。请再次注意先卖后买的顺序，以及股票从 20 美元跌至 15 美元后获得的 5 美元正利润。

我们确定您在想："你怎么能卖掉不拥有的东西？"答案是股票是从上市公司的另一位投资者那里借来的，而这位投资者通常对正在发生的事情一无所知。对其而言，其仍然拥有股票，这是从法律的角度来看的，但是经纪公司的信息技术系统在幕后记录了一切。

您不是从别人那里借铅笔、尺子或计算器，而是借了一只股票。就像借实物一样，如果您不归还借来的东西，可能会遇到麻烦。在此情形下，您已承诺在未来某个时间会购买与借入数量相同的股票。

您可能会问的另一个问题是："卖空者什么时候必须回购并归还借入的股票？"答案有点复杂。如果有大量股票可供借入，那么您可以将空头头寸保持多年——几乎无限期。但如果很多投资者都试图做空该公司，那么借入的股票就可能会出现供应紧张，在这种情况下，即使您还没有准备好，经纪公司也可能会强迫您从市场上回购股票。当经纪人在您还没准备好时强迫您归还股票，这种行为被称为空头轧平。经纪公司每天都有一份难以借入的股票清单，这些股票容易成为空头轧平的对象，至少为卖空者提供了一些警告。

那么为什么建议大多数人都不要卖空呢？首先，股市通常会在很长一段时间内上涨。从历史上看，它每年会增长约10%。因此，您的卖空行为基本是在逆潮流而行，因为您押注股票价格会下跌，而市场的总体趋势却是价格上涨。其次，如果股票支付股息，那么卖空者有义务将股息支付给股票的原始贷方。最后，小投资者可能不得不以利息形式向经纪公司支付额外资金才能获得股票。最后但并非最不重要的一点，是您的下行损失风险几乎是无限的。

举个例子，如果您以每股10美元的价格卖空一只股票，然后它跌至零，您就赚了10美元。但是，如果股票价格上涨，比如每股50美元，您该怎么办？在这里，您每股损失了40美元（以50美元买入，以10美元卖出）。想象一下，如果有人在巴菲特接管公司时卖空伯克希尔-哈撒韦公司，并且以某种方式能够将自己所持的头寸维持到2019年年底，那么1000美元的卖空投资将会导致超过2000万美元的损失！

第六章
巴菲特的股票投资理论

" 你只需在自己的能力圈内去评估公司。

——沃伦·巴菲特，1996 年致伯克希尔 – 哈撒韦公司股东的信 "

第六章 巴菲特的股票投资理论

导言

在 上一章，我们认真讨论了股票市场的基础知识，诸如股票是如何在交易所"诞生"和"终结"的，股息是什么，指数基金是什么，以及为什么很难"跑赢市场"。本章将进一步深入探讨股票市场，我们将讨论两个重要的话题：首先，如何估计一只股票的实际价值——华尔街所称的目标价格（price target）。正如我们将看到的，您的目标价格与股票的当前价格之间可能存在巨大差异。本章第二个关键部分是我们将提供有关巴菲特股票市场方法的更多细节，股票市场是巴菲特的面包和黄油，因此您将在本章中看到大量忠告。让我们开始吧。

估计股票价值

估计股票或任何其他投资的价值，这种能力已经真正成为投资的核心。与在 99.9999% 时间里都有效的物理定律不同（除了量子力学的奇怪案例），没有一个神奇的公式可以让您得以高精度地评估一只股票。大多数投资课程所教的技术在很长一段时间内平均而言可能是正确的。让我们再次借助棒球或垒球的表达方式来说明，在投资世界中没有人能一千次击中，即使巴菲特也不行。让我们来探讨一下投资分析师通常用来估计股票价格目标的两种方法，一种方法与我们在第二章和第四章中介绍过的"资金的时间价值"概念有关，另一种方法则十分简单，因为它只是将两个数字相乘以获得目标价格。

像往常一样，我们将尽最大努力避免使用公式或将它们归入尾注或附录。一个公式可以给您一个精确的数字，但如果公式是错误的，那么您是否得到小数点后十位的结果则无关紧要。在巴菲特 2008 年致伯克希尔股东的信中，他基本上说了同样的话，并以"谨防像极客那样用公式做决策"作为总结。让我们把这句话作为本章的第一个忠告。

巴菲特忠告二十九：
谨防像极客那样用公式做决策。

使用现金流折现模型计算目标价格

让我们来了解一下现金流折现（DCF）模型。它基本上涉及了应用金钱的时间价值，这是我们之前讨论过的一个公司估值概念。DCF 方法认为股票的价格等于未来现金流的现值。巴菲特将这种价值称为内在价值，这是我们在第三章中曾简要介绍过的一个术语。他在 1993 年致股东的信中写道："我们将内在价值定义为可以从公司剩余生命周期中获得现金的折现价值。任何计算内在价值的人都必然会得出一个高度主观的数字，随着对未来现金流估算的修正和利率的变动，这个数字将会发生变化。然而，尽管它很模糊，但内在价值却是最重要的，也是评估投资和公司相对吸引力的唯一合乎逻辑的方法。"

第六章 巴菲特的股票投资理论

巴菲特的引言包含很多内容，它非常重要。我们总结一下，即内在价值是评估投资价值的最佳方式，尽管关于现金流和折现率会有一些争论。这当然值得作为一个忠告。

巴菲特忠告三十：
内在价值是评估投资价值的最佳方式。

对债券来说，确定现金流量是小菜一碟，只需确定息票和面值或称本金即可。它通常有一个有限的期限，从不到 1 年至长达 30 年不等。但是，股票没有到期日，也就是说，它永远存在或称持续存在，除非发行股票的公司倒闭或被另一家公司收购。例如，纽约梅隆银行（The Bank of New York Mellon）由亚历山大·汉密尔顿（Alexander Hamilton）创立于 1784 年，至今仍在蓬勃发展，即使再运营 230 年，我们也不会感到惊讶！

您如何评价一个无穷大的东西？这是个好问题，幸运的是，有一个方便的公式，被称为戈登增长模型（Gordon growth model），它只涉及简单的代数。我们只需要三样东西：折现率、明年的股息以及长期或稳定的增长率。

我们在第二章和第四章中介绍了折现率的基础知识。对于债券，我们说适当的折现率是公司债务的到期收益率（YTM）。公司的 YTM 可以通过相同期限的美国国债收益率来取近似值，然后加上额外的信用风险水平。对股票来说，这与它们的风险程度有关，整个股票市场的折现率约为每年 10%，10% 的折现率接近美国股市的历史平均年回报率并非巧合。当然，一些公司的折现率会低于 10%，而另一些公司的折现率会高于10%，可口可乐等饮料公司的折现率可能为7%，亚马逊等波动性更大的科技股折现率可能接近12%，股票折现率通常从第八章介绍的资本资产定价模型（CAPM）获得。

一个对明年股息很好的估算值是用今年的股息乘1加长期增长率的和。如果公司不支付股息怎么办？没问题，我们可以使用自由现金流（free cash flow）来进行估算。我们大致可认为它是指公司在一年中的现金收入减去公司需要用于自身再投资的现金，再投资是为确保其不会在未来分崩离析。

长期增长率通常接近扣除通货膨胀后的经济增长率——通常为每年2%至4%。让我们用一家大型电信公司AT&T的真实股票来试用这个便捷小公式。您可能会知道这个公司，因为它是世界上最大的手机运营商之一，是DirecTV的所有者，也是时代华纳的所有者，而时代华纳以其《蝙蝠侠》《超人》《神奇女侠》《哈利·波特》等电影闻名。

假设增长率为2%，即美国经济近年来的平均增长率，AT&T公司目前的股息为每股2.05美元，所以它明年的股息是2.05美元乘1加2%的和，即约2.09美元。AT&T公司成立时间长，有稳定盈利历史，因此其折现率应该低于10%，可假设为8%。

综上所述，我们将AT&T公司股价的目标价定为明年2.09美元的估计股息除以8%的折现率和2%的增长率之间的差值，即每股约34.83美元，现在让我们将这个数字与我们撰写本书时的股票价格进行比较，每股约31美元，由于上涨幅度约为12%，而且还有6%的股息，因此我们认为AT&T公司的股票值得买入。如果包含股息在内的预测回报率在0%到10%之间，华尔街分析师通常会将其评级为"持有"；如果目标价格低于当前价格，华尔街分析师通常会将其评级为"卖出"并试图避开该

第六章 巴菲特的股票投资理论

股票，尤其是我们在上一章中曾提到过巴菲特认为卖空股票是很危险的。当然，如果您已经拥有该股票，那么"卖出"评级的意思是把它卖掉。

使用华尔街市盈率模型计算目标价格

我们更喜欢乘法而不是除法，因此我们将为您提供更简单的方法来计算目标价格，只是将两个数字相乘。首先，我们需要对公司明年每股收益（EPS）进行估计，专业分析师通常会为此建立详细的财务模型，为了节约时间且易于操作，我们将放弃那种方法转而使用诸如 Cliffs Notes 或 Shmoop 金融①之类的工具，它们虽然不完美但够用。

一种简便方法是使用专业分析师估计的平均值，它的正式名称为一致预期（consensus estimate）。另一种简便方法是使用上市公司自己的估算，它被提供给了专业分析师，其正式名称为管理层盈利指引（earnings guidance）。管理层所给的数字往往是低估值，因为他们希望降低预期然后超额完成，否则的话股票往往会承压。在实践中，他们会说自身估计是谨慎或保守的。如果实际报告的盈利数字高于一致预期，则被称为盈利超预期（earnings surprise）。我们需要获得的第二个数字是公司应该交易的长期或可持续的市盈率，如果该公司已经存在很长时间了，例如 AT&T 公司，那么取其 10 年平均值或中值通常是一个相当不错的选择。

为了获得目标价格，我们只需将两个数字相乘，即用未来一年的盈利预测和长期市盈率预测的数值相乘，这种方法被称为市盈率相对估值

---

① 美国一个在线教育网站。——译者注

模型（P/E relative valuation model）。我们更喜欢华尔街市盈率模型这一方法，因为这是专业分析师计算目标价格的最常见方式。当巴菲特进行类似的计算时，他喜欢至少展望五年而不是仅仅展望一年，因为他关注的是长期市场。

让我们使用AT&T公司的华尔街市盈率模型来计算价格目标。分析师对AT&T公司明年盈利的一致预期为3.70美元，过去10年的市盈率中位数约为10，将这两个数字相乘，我们得到37美元。由于这个数字加上股息比当前31美元的价格高出10%以上，所以我们将其置于"买入"评级。

如果DCF模型和华尔街市盈率模型给出了不同的股票价格预期，那也没关系，事实上，这很常见。计算最终目标价格的一种方法是简单地取两个结果的平均值。巴菲特更喜欢DCF法，他称为内在价值。但市盈率法在华尔街更常见，因为它较少受到敏感性分析误差（sensitivity analysis errors）的影响，意思是模型输入值的微小变化可能会导致输出值（目标价格）的剧烈变化，这有点像蝴蝶在南美扇动翅膀最终将会在北美掀起飓风的比喻。

巴菲特的股票投资方法

现在，到了您一直等待的那一刻！巴菲特投资方法并不能简化为一个简单的方程式，就像我们刚刚讨论过的两种方法一样，它甚至不能只在一个章节中讨论，然而，他也列出了一些买入时应遵循的原则，我们将在本章的后续部分讨论其中的许多原则，并将它们添加在我们不断增长的忠告列表中。

第六章　巴菲特的股票投资理论

对伯克希尔来说，"买入"这个词的对象可能是整个公司，也可能是公司的一大部分股票。巴菲特投资数十亿的事实不应该让您太担心，请记住，他和他的导师本·格雷厄姆都说过，如果您有足够的钱也不愿意购买整个公司，那就一股它的股票也不应该买。格雷厄姆和巴菲特的基本原则之一是股票等于公司的所有权，我们之前在本书中将其标记为忠告二十二。在第一章中，我们还讨论了巴菲特投资方法的一个关键点，即忠告七：以有吸引力的价格购买东西。但这些忠告仅触及了巴菲特那令人惊叹的投资方法的冰山一角。

是的，巴菲特有一个投资框架，他从阅读中习得了很多投资理念。阅读是学习过程的一部分，这可以追溯到他在第一章中引用的名言（忠告三）："学得越多，赚得越多。"当一位采访者问他投资想法的来源时，他说："我们向中国石油投入了5亿美元，我所做的只是阅读年度报告。"

为了使本章更容易理解，我们将巴菲特的投资方法论归纳为三大类：①巴菲特的投资理念；②巴菲特喜欢的行业类型；③巴菲特对卖出时机的思考。

领会巴菲特的投资理念

拥有正确的理念对于投资和在几乎所有其他领域的成功都至关重要。也许您已经看到或读过有关运动员出现"易普症"（yips）的例子，是指由于精神而非身体原因导致了他们精细运动能力的丧失。举例来说，有些职业棒球投手［如史蒂夫·布拉斯（Steve Blass）和里克·安基尔（Rick Ankiel）］无法持续将球越过本垒，内野手无法持续将球投向一垒［如史蒂夫·萨克斯（Steve Sax）和查克·诺布劳赫（Chuck Knoblauch）］，或足球运动员［如布莱尔·沃尔什（Blair Walsh）］无法持续将足球踢过球门线。瑞克·安凯尔（Rick Ankiel）从一个狂野投手变成比较成功的外野手和击球手，这个例子的结局令人稍感欣慰。

请记住我们的巴菲特忠告十二："对投资者而言，最重要的品质是性格，而不是智力。"拥有适宜的理念十分重要，它可以指引我们进而走向成功，尽管这本书主要是关于金融知识和巴菲特的，但当今最成功的励志演讲者托尼·罗宾斯（Tony Robbins）已售出了数千万本关于该主题的书籍，还有数百万人参加过他的现场培训班，罗宾斯激励哲学的一个关键部分就是要拥有适宜的理念。

留在您的能力圈内

每个人都会熟知某项事物，可能是体育、音乐、时尚、视频游戏、应用程序或其他很多事物。巴菲特将同样的概念应用于投资领域，他对某些行业非常了解，如保险、银行、食品、饮料、鞋子和航空公司，我们在这里仅举了几个例子。但是，他也对许多其他行业知之甚少。众所周知，他不愿投资科技公司，因为他认为这个行业变化很快，这让他对科技公司未来成功的能力失去了信心。然而，近年来伯克希尔也对苹果公司和亚马逊公司进行了投资。这些投资是由巴菲特还是由他的两位一线投资经理托德·库姆斯（Todd Combs）或泰德·韦施勒（Ted Weschler）操作的，我们不得而知。我们的感觉是，一线人员向巴菲特提出建议，然后巴菲特"大笔一挥"做出决策，目前伯克希尔投资最多的标的是苹果公司。

科技行业超出了巴菲特的能力圈，并不意味着会超出您的能力圈。

第六章 巴菲特的股票投资理论

当涉及与科技相关的事情时，许多年轻人的知识量都大大超过了他们的父母、祖父母和外祖父母。巴菲特说的是坚持投向您所熟悉的领域，且不要超出您的能力圈，因为如果您了解公司产品和业务，您就不太可能会犯错。

巴菲特在1996年致伯克希尔股东的信中写道："明智投资并不复杂，尽管我也远不能说它容易。投资者需要的是正确评估选定行业的能力，请注意'选定'一词，它意味着你不必成为了解每家公司的专家，甚至成为了解大多数公司的专家也没必要，你只需要能够评估你能力圈内的公司即可。那个圆圈的大小不是很重要，但了解它的边界却至关重要。"让我们用一个基本的忠告来总结这段话。

巴菲特忠告三十一：
在您的能力圈内进行投资。

耐心的重要性

在您的能力圈内进行投资对于长期投资的成功很重要。但是，如果您能力圈中的所有东西看起来都很昂贵怎么办？在这种情况下，巴菲特也有建议，他说要等待一个"好打的球"（fat pitch）。对不熟悉棒球或垒球术语的人解释一下，该词的意思是等待时机成熟。巴菲特通过讲述名人堂棒球运动员泰德·威廉姆斯（Ted Williams）的故事进一步详细说明了这一想法。巴菲特支持迈克·特劳特（Mike Trout）、亚伦·贾奇（Aaron Judge）和布莱斯·哈珀（Bryce Harper），但泰德·威廉姆斯可能是职业棒球大联盟有史以来最伟大的击球手。回到 1941 年，他是最后一位达到击球率 0.400 的大联盟球员，尽管他由于在第二次世界大战中作为战斗机飞行员服兵役而错过了三年的个人全盛时期，他还是在职业生涯中击出过 521 个本垒打。

巴菲特在 1997 年致伯克希尔公司股东的信中写道："在他的《击球的科学》（The Science of Hitting）一书中，泰德解释说，他将好球区划分为 77 个框框，每个框框都只有棒球那么大。他知道，只有在'最好'的框框挥动球棒才可以让他的击球命中率达到 0.400；如果他在'最差'的位置——好球区的低外角——击球，那他的命中率会降低到 0.230。换句话说，等待好打的球就意味着能去名人堂逛一圈，而随意挥棒则意味着只能和未成年人去耍了。"所以您不要觉得必须要购买某个特定资产，耐心点，等待您能力圈内价格合适的投资。这是一个很好的建议，但它类似于关于耐心的忠告十四，所以在这里就不将它作为一个忠告了。

好公司与差公司以及时间的流逝

巴菲特在他职业生涯的早期通过严格遵循其导师本杰明·格雷厄姆的操作方式而取得了巨大成功。格雷厄姆的主要关注点是量化衡量价值，希望以非常便宜的价格买入公司，即使他并不看好该公司的长期发展。他称这些公司为"雪茄烟蒂"。抽雪茄是一种非常令人作呕的爱好，特别是您在街上捡起别人抽完了大部分的雪茄，试图免费续抽几口时。格雷厄姆在投资界寻找类似这些雪茄烟蒂的标的物，持有一段时间然后就卖掉。巴菲特最终形成了与他导师背道而驰的操作方式，他喜欢购买高质量的公司，即使他不得不支付更高的价格。他从查理·芒格和另一位备受推崇的成长股投资者菲利普·费雪（Philip Fisher）那里学习到了这种方法。当巴菲特开始管理大额资产时，这种新哲学就变得更加重要，因为"雪茄烟蒂"股票的市值往往很小，然而，即使使用这种新方法，巴菲特仍然坚持自律，不会多付钱。

巴菲特在1989年致伯克希尔公司股东的信中是这样描述的：

如果您以足够低的价格购买股票，那么公司的命运通常会出现一些小问题，让您有机会以可观的利润抛售，即使该公司的长期表现可能很糟糕。在街上发现的只剩一口的雪茄烟蒂可能不会提供太多的烟雾，但"低价买入"将使那一口烟获得全部利润。这是我称为"雪茄烟蒂"投资方法。

除非您是债务清算人，否则这种买入方法是愚蠢的。首先，最初的"低价"可能最终不会保持。在一项困难的生意中，一个问题解决了，另一个问题又出现了——厨房里永远不会只有一只蟑螂。其次，您获得的任何初始优势都将很快被公司的低回报所侵蚀……时间是精彩生意的朋友，也是平庸生意的敌人。

让我们使用这段话的最后一句话来作为忠告，特别是因为它暗示着持有一家好公司的股票的重要性，尽管该公司可能在短期内存在问题。

巴菲特忠告三十二：
时间是好生意的朋友，也是坏生意的敌人。

关于这个忠告的最后一点我们需要使用巴菲特的名言来做进一步说

明。他在 2014 年致伯克希尔公司股东的信中写道："拥有希望之钻（Hope Diamond）的部分权益比拥有所有水钻都要好。"为了节省您搜索维基百科（Wikipedia）或询问智能设备的时间，我们将告诉您，希望之钻是世界上最大、最具价值的钻石之一，它呈蓝色，目前位于华盛顿特区的史密森学会。

巴菲特如何看待行业变革

也许您听过古代哲学家赫拉克利特（Heraclitus）的名言："唯一不变的就是变化。"是的，投资界的变化也是一个常规现象，但不同行业的变化速度不同。箭牌口香糖和奥利奥饼干在过去的 100 年里变化不大，但手机行业却发生了翻天覆地的变化。过去，电话主要用于与人交谈，当今，您的智能手机相当于您口袋里有一部电话和一台超级计算机。不必惊讶，巴菲特已经思考过如何权衡一个行业的变化了。

他在 1991 年致伯克希尔公司股东的信中说："虽然投资者和管理者必须立足于未来，但他们的记忆和神经系统往往仍停留在过去。投资者使用历史市盈率或管理人员使用历史业绩来作为估值标准，比每天重新考虑它们要容易得多。当变化缓慢时，不断地重新思考实际上是不可取的，它得到的很少还会减慢响应时间。但当变化很大时，只有付出巨大代价才能保住先前的假设。"

现在您可能明白为什么他更喜欢变化不大的行业了。由于您面临着预测未来的艰巨任务，因此很难投资于变化的行业。这不是说无法实现比"抛硬币"更高的准确性，但这不是像巴菲特喝杯茶那么简单。让我们将这些想法结合到另一个忠告中。

第六章　巴菲特的股票投资理论

巴菲特忠告三十三：

当变化缓慢时，不断地重新思考实际上是不可取的。但当变化很大时，只有付出巨大代价才能保住先前的假设。

巴菲特喜欢的公司类型

公司周围的护城河是成功秘诀

做生意不容易。如果您是一家盈利的公司，其他竞争对手就会来抢您的生意。亚马逊的杰夫·贝佐斯有句名言："你的'利润率'就是我的机会。"巴菲特认为，随着时间的推移，盈利、利润率和增长稳定的公司都有护城河。它们已经找到了抵御竞争的方法。我几乎敢肯定您见过城堡周围有护城河的照片，但如果您是刚从"火星"来的人，那么，护城河指的是城堡周围的水域，其中通常有危险的动物，如鳄鱼，在里面游弋以阻止敌人入侵。通常，进入城堡的唯一方法是从内部放下吊桥。

在 2005 年致伯克希尔公司股东的信中，巴菲特详细描述了他希望伯克希尔－哈撒韦公司如何拓宽其护城河，他写道：

每天，我们每个公司的竞争地位都会以无数种方式变得更弱小或更强大。如果我们让客户满意、终止不必要的成本并改进我们的产品和服务，我们就会进步。但是，如果我们对客户漠不关心或开始自我膨胀，我们的业务就会萎缩。以天来看，我们行为的影响是难以察觉的；然而它们累积起来，引发的后果则是巨大的。当我们的长期竞争地位由于这些几乎不令人察觉的行动而提高时，我们将这种情况描述为"拓宽护城河"。如果我们要在未来一两年内拥有我们想要的那种商业模式，那么这样做是必不可少的。

由于护城河的概念在巴菲特喜欢的公司和股票类型中都至关重要，因此让我们用一个忠告来总结一下。

巴菲特忠告三十四：
宽阔的护城河对于长期的商业成功至关重要。

围绕公司的护城河可以有许多来源，其中一些在巴菲特的引言中曾提到过。比如，"使客户满意"就是优质客户服务的一个例子，这也是杰夫·贝佐斯经营亚马逊网站的理念之一。一些公司有很好的营销能力，而另一些公司则有很好的分销网络，还有一些公司的自身产品拥有长达20年期的专利或法律保护。而其他人则以业内竞争对手中最低的价格来生产其商品或服务，即所谓的低成本生产者（low-cost producer）。让我们来看一下巴菲特最喜欢的投资项目——可口可乐公司——的护城河。

可口可乐公司是巴菲特经常提到的拥有护城河的一个例子。几乎任何人都可以制作苏打水，基本上就是含气的水加上糖和一些调味剂。然而，可口可乐公司在大约100年的时间里一直是占据市场主导地位的饮

第六章　巴菲特的股票投资理论

料公司。它的护城河不仅来自好的产品，还来自其伟大品牌和异常强大的营销能力和分销网络。

可口可乐饮料在全球的 200 多个国家销售。几乎每个人都认识可口可乐标识，这是有效营销的标志。它们销售的是消耗品，这意味着如果客户喜欢该产品，他们将会重复购买。相比之下，如果您购买一把剪刀或一件家具，通常可以使用数十年而无须更换。可口可乐公司还拥有强大的分销网络，包括超市和餐厅，如麦当劳等，这令初创公司几乎不可能取而代之。

的确，与过去几年相比，如今人们饮用的碳酸饮料和含糖饮料少了，但这对可口可乐公司影响不大，它还拥有维他命水（Vitamin Water）、达沙尼（Dasani）矿泉水、美汁源（Minute Maid）果汁以及魔爪能量（Monster Energy）和单杯咖啡公司克里格（Keurig）的大部分股份。只要您还在喝液体，那么有可口可乐公司足矣。最后，它受益于人口增长——世界各地每天都有更多它的客户出生。

巴菲特曾经这样评论可口可乐公司："如果你给我 1 000 亿美元，说要我夺走可口可乐公司在全球的软饮料领导地位，我会还给你，并说我做不到。"真的，1 000 亿美元？真是一条令人景仰的护城河！

表现出一致的盈利能力

如果公司没有在经济向上（被称为扩张）和向下（被称为衰退）中幸存下来，您就无法判断它到底有多顽强，或者，如巴菲特所说："在潮水退去前，你无法分辨谁在裸泳。"尽管这些公司最近出现了一些失误，可口可乐公司当然也属于这一类。此外还有冰雪皇后和卡夫亨氏，因为无论经济状况如何，人们都需要吃饭。甚至GEICO也可被列入这份清单，因为除了优步和来福车（Lyft），任何有车的人都需要开车，而GEICO则是较为便宜的汽车保险卖家之一。

寻找管理良好的公司

伯克希尔-哈撒韦公司拥有近400 000名员工，而其位于奥马哈的公司总部却只有25人，您可能会感到惊讶。仅靠数量比史努比·狗狗的腰围尺寸还小的团队，怎么能管得住这么多人？其诀窍在于，当巴菲特收购了一家公司时，基本上不会管它。他只在大局中发挥作用，例如公司资金该怎样投资等。这种做法的正式名称为资本配置（capital allocation）。巴菲特喜欢投资管理良好且到位的公司，他会让员工们做他们该做的事。这就是他在伯克希尔的工作方式。巴菲特和伯克希尔的精益求精、不刻薄的做事方式值得作为一个忠告。

巴菲特忠告三十五：
投资管理良好的公司。

您可能会问："什么是好的管理？"这很难准确定义，但随着时间的推移，好的管理会使销售额、收益和市场份额（即公司收入占行业总收入的百分比）增加。如果股票是公开交易的，它应该在历史上能跑赢市场和同行。正如我们前面提到的那样，良好的管理通常能够对盈利预期做出较低承诺并超额完成。换句话说，公告季度财务报表时的数据始

第六章　巴菲特的股票投资理论

终会超出预期。近年来，苹果、脸书、微软、亚马逊、摩根大通和谷歌（字母表）等公司都属于这一类。

零售业（即您当地的小型商店或大型购物中心里的商店）是一个"良好的管理可以产生重大影响"的领域。在巴菲特1995年致伯克希尔公司股东的信中，他幽默地说："购买没有良好管理的零售商，就像购买没有电梯的埃菲尔铁塔。"巴菲特用这个俏皮话来暗示许多零售商都会销售相同的东西，因此差异化的关键在于公司管理层是如何经营的。

好的管理对衰退行业无效。

确实有那些即使拥有了超人或钢铁侠［托尼·史塔克（Tony Stark）］也无法重塑盈利能力的公司。某些行业竞争激烈，需要大量持续支出才能生存。巴菲特喜欢引用的属于此类型的行业是航空业，尽管该行业在过去大约100年的整体收入增长强劲，但很少有航空公司能够持续盈利［西南航空公司（Southwest Airlines）是个重要例外］。

在巴菲特2007年致伯克希尔公司股东的信中，他写道："快速增长的生意是最糟糕的生意，因为它需要大量资金才能实现增长，然后赚很少或根本无法赚到钱。想想航空公司吧，这个行业自从莱特兄弟时代以来，就被证明持久的竞争优势是难以确立的。的确，如果基蒂霍克（Kitty Hawk）[1]有一位有远见的资本家，他会给继任者们帮个忙，把奥维尔（Orville）[2]干掉。"

有关莱特兄弟的笑话是巴菲特最广泛引用的笑话之一，让我们把第一句话记下来作为忠告。说到笑话，他还有另一个关于管理的笑话也值

---

[1] 美国地名，是莱特兄弟的飞机试飞地。——译者注
[2] 奥维尔是莱特兄弟中的弟弟。——译者注

得作为忠告，让我们用关于管理层权力限制的忠告三十七来结束对管理的讨论。

巴菲特忠告三十六：

快速增长的生意是最糟糕的生意，因为它需要大量资金才能实现增长，然后赚很少或根本无法赚到钱。

巴菲特忠告三十七：

在经济状况不佳的背景下，让才华横溢的管理者去管理公司，公司的声誉也不会改变。

买入有能力克服通货膨胀的公司

我们在本书的不同章节中都讨论过通货膨胀，它是衡量价格上涨的指标，或者用来衡量当收入持平时，生活水平会下降多少。当看到公司利润上升时，投资者会喜欢它。然而，如果一家公司努力提高价格，尤其是在高通胀时期，那么该公司的收入可能会承压，这对其股价不利。

巴菲特在1980年致伯克希尔公司股东的信中写道："在通货膨胀时期积累的巨大公司财富中，一定数量来自具有持久价值的无形资产与少量

第六章　巴菲特的股票投资理论

有形资产相结合的业务所有权。在这种情况下，名义上的美元收益会上升，而这些美元大部分可用于收购额外的公司。"

我们将为您简化这段引言，因为它在会计方面很重要。根据巴菲特的说法，两种类型的公司特别适合在通胀时期生存，甚至繁荣。第一类是拥有强大无形资产或品牌的公司。第二类是由所在行业中成本最低的生产商或销售商组成的公司。第一种公司的优势是相当明显的。销售受专利保护的产品的公司就是有关无形资产的一个例子。它通常具有提高价格的能力，因为它在市场上可能没有好的替代品。例如，如果有人需要通过某种专利药物来保持健康，那么他们可能不得不支付更高的价格。

人们通常会为更喜欢的品牌买单，例如在附近超市里出售的"无名"牌饼干，就不如与它类似的奥利奥（Oreo）或趣多多（Chips Ahoy）的销量好！巴菲特将伯克希尔旗下的喜诗糖果列为强势品牌类别。它们以美味巧克力和糖果而闻名。自1971年伯克希尔-哈撒韦公司收购喜诗糖果公司以来，喜诗的糖果几乎每年都能提价。此外，喜诗糖果公司也不需要投入大量资金来研发新产品，因为流行口味可能会改变，但巧克力经受住了时间考验。

GEICO公司是低成本汽车保险生产商或称销售商的一个很好的例子。从历史上看，大多数汽车保险都是通过分支机构网络来销售的。运营这个分支网络的成本相当高，因为您必须为办公室支付租金或购买所需房产，并为大量保险代理人以及许多其他项目支付费用。GEICO公司则主要通过邮件来销售汽车保险，后来则通过互联网进行销售，这在很大程度上避免了建立分支机构网络的成本。这种低成本架构使GEICO公司能够为其客户提供更低的价格，从而赢得优势。即便它不得不提高价格，也仍然是购买汽车保险的成本最低选项之一。让我们用一个忠告来总结本节中的概念。

巴菲特忠告三十八：
更喜欢有能力克服通货膨胀的公司。

关注具有良好长期前景的公司

产品和行业会随着时间的推移来来去去。在有汽车之前，马车是主要的个人交通工具，特别是如果您不住在铁路线附近，那么您的个人出行基本上是靠马车或驿马车来完成的。现在40岁以上的人可能是在打字机上学的如何打字，而不是在电脑或平板上。车载电话曾经很受欢迎，直到该业务被可以随身携带也可以连接到汽车上"免提"使用的手机所取代。

柯达（Kodak）通过创造用于多种相机的胶卷而一度成为世界上最强大的公司之一，直到数码摄影出现。因为将柯达变成强大集团的胶卷主要由化学品和塑料制成，而数字成像则采用完全不同的原理，它由一种被称为闪存的计算机芯片完成。由于成像方式的发展以及柯达公司的核心产品无法有效适应新技术，这家曾经的标志性公司在2012年宣告破产。

二十世纪上半叶，哈佛经济学家约瑟夫·熊彼特（Joseph Schumpeter）将某些行业取代或摧毁旧行业的趋势称为"创造性破坏"（creative destruction）。通常，创造新产品或服务的公司会受益，消费者也会受益，而依赖旧产品或服务的公司则会受到冲击，这种冲击有时甚至会是

第六章　巴菲特的股票投资理论

致命的。例如，沃尔玛公司的商业模式（即试图赚钱的方式）是以低价进行销售并由非常复杂的计算机化库存管理系统来提供支持。从二十世纪八十年代到千禧年，其对西尔斯和凯马特（Kmart）等零售商店产生了负面影响。西尔斯和凯马特最终合并，之后于2018年宣布破产。自二十世纪九十年代中后期以来，亚马逊公司低价在线销售种类繁多商品的商业模式不仅对沃尔玛公司，也对几乎所有其他零售商店产生了负面影响。"零售末日"（retail apocalypse）这个词准确地形容了一长串由于无法与亚马逊和沃尔玛竞争而破产的公司，这些公司包括玩具反斗城（Toys "R" Us）、永远21（Forever 21）、Payless ShoeSource、弗雷德（Fred's）、巴尼斯纽约（Barneys New York）、金宝贝（Gymboree）、克莱尔商店（Claire's Stores）、RadioShack、HH Greg等。迫于新冠疫情而关闭的许多零售店可能还会加速零售业末日的到来。

近年来，前哈佛经济学家克莱顿·克里斯坦森将熊彼特的理论应用于快速发展的科技领域。克里斯坦森使用"颠覆性技术"或"颠覆性创新"（disruptive innovation）来描述更好、更快或更便宜的产品或服务，这些产品或服务使公司有可能超越当前的市场领导者。例如，特斯拉公司对电动汽车的开创性发展使其市值超过了福特和通用这两家已经存在超百年的汽车公司的总和！

您可能会想："为什么政府允许公司受到负面影响，即使它没有被摧毁？"政府通常会允许这种现象发生，因为消费者通常会从较低价格和更广泛的商品选择中受益。世界上大多数经济体都是以资本主义经济体系为基础的，资本主义是一种意识形态或一套信仰，建立在资源私有制和追逐利润的基础之上。它类似于查尔斯·达尔文（Charles Darwin）的"适者生存"理论，该理论描述了自然界中许多领域的进化过程。近年来，将环境、社会和治理（environmental, social, and governance，ESG）因素加入公司目标而不是单纯关注利润的趋势越来越强。

因此，仔细思考公司和行业面临变化时的能力是一个重要的课题。毫不奇怪，巴菲特已经在这个问题上发表了看法。他在1987年致伯克希尔公司股东的信中写道：

剧烈变化和超额回报通常不会混合在一起。当然，大多数投资者的行为似乎恰恰相反，也就是说，他们通常会为那些听上去充满奇异特性的公司赋予最高市盈率。这种前景让投资者沉迷于幻想未来的盈利能力，而不是面对今天的公司现实。

什么样的公司能够提供更好地获得超额回报的机会？在一次采访中，巴菲特说："我寻找那些我认为我可以预测它们在10年、15年或20年后会是什么样子的公司。这意味着我会选择购买那些看起来或多或少在做当前业务的公司，除非它们的规模增长并且开展了更多国际业务……所以我专注于无变化……这并不是说我认为变化不能赚很多钱，我只是不认为我是那个能从中赚很多钱的人。"让我们也将这段话中的第一句作为忠告。

巴菲特忠告三十九：

寻找那些可以预测10年到20年后会是什么样子的公司。

第六章 巴菲特的股票投资理论

何时卖出

您可能读到的关于投资的大部分内容都集中在应该购买哪些证券上，关于何时卖出的文章却很少。毫不奇怪，巴菲特对这个话题有过一些评论。一些投资者说应在获利后卖出，巴菲特不同意："华尔街格言中最愚蠢的可能就是'您不会为获利而破产'这句。"巴菲特说，不能仅仅因为资产价格上涨了就卖出，尤其当你持有的是一家强大公司的时候。

在 1987 年致伯克希尔公司股东的信中，巴菲特更详细地阐述了应该何时卖出："需要强调的是，我们不会仅仅因为所持证券价格上涨或因为我们已持有很长时间而卖出。我们很乐意无限期持有任何证券，只要相关公司的预期股本回报率令人满意，管理层称职诚信，且公司未被市场高估。"让我们用一个忠告来总结这些思想。

> **巴菲特忠告四十：**
>
> **在公司基本面变糟时将它的证券出售，而不是仅仅因为它的价格上涨或您已持有了很长时间。**

当数码摄影开始流行时，柯达公司的商业基础发生了变化。西尔斯公司和凯马特公司在之前不得不应对沃尔玛公司的威胁，现在它们还必须应对来自亚马逊公司和其他在线竞争对手的威胁，其基本面已经发生了变化。在巴菲特的语境中，柯达公司、西尔斯公司和凯马特公司失去了它们的"护城河"。有时，如果巴菲特需要资金进行另一项他认为有更大上涨空间的投资，他会出售相关证券，例如，2017年，他出售所持有的 IBM 公司股票，并用部分回款增持了苹果公司股票，截至目前，这种互换已经为伯克希尔带来了巨大回报！

总结巴菲特的方法

本章涵盖了很多内容，这对于积累财富来说颇为重要，因为它列出了巴菲特在其投资方法中考虑的许多核心原则。请不要担心，我们将以总结巴菲特整体投资方法的几个忠告作为结尾。巴菲特在 1978 年致伯克希尔股东的信中写道："只有当我们发现①我们可以理解的商业模式；②具有良好的长期前景；③由诚信且称职的人经营；④价格非常有吸引力的公司时，我们才会兴奋地把大比例保险公司头寸调配过去。"

他在 1994 年写给伯克希尔股东的信中有过类似且更简洁的话："我们相信，我们的公式——以合理的价格购买具有良好经济基础并由诚信且有能力的人经营的公司——肯定会获得合理的成功。"

我们之前提到过，查理·芒格让巴菲特相信了买入伟大公司而不是买入平庸公司的价值。巴菲特在 1997 年致伯克希尔股东的信中写道："50多年前，查理告诉我，以合理价格买入一家出色的公司要比以低廉价格买入一家平庸的公司好得多。"

让我们用总结本节内容的两个重要忠告来结束本章。

巴菲特忠告四十一：

以合理的价格购买具有良好经济基础并由诚信且有能力的人经营的公司肯定会获得合理的成功。

巴菲特忠告四十二：

以合理价格买入一家出色的公司要比以低廉价格买入一家平庸的公司好得多。

本章巴菲特的忠告

- 巴菲特忠告二十九：谨防像极客那样用公式做决策。
- 巴菲特忠告三十：内在价值是评估投资价值的最佳方式。
- 巴菲特忠告三十一：在您的能力圈内进行投资。
- 巴菲特忠告三十二：时间是好生意的朋友，也是坏生意的敌人。
- 巴菲特忠告三十三：当变化缓慢时，不断地重新思考实际上是不可取的。但当变化很大时，只有付出巨大代价才能保住先前的假设。
- 巴菲特忠告三十四：宽阔的护城河对于长期的商业成功至关重要。

BUFFETT'S TIPS
巴菲特的金融课

- 巴菲特忠告三十五：投资管理良好的公司。
- 巴菲特忠告三十六：快速增长的生意是最糟糕的生意，因为它需要大量资金才能实现增长，然后赚很少或根本无法赚到钱。
- 巴菲特忠告三十七：在经济状况不佳的背景下，让才华横溢的管理者去管理公司，公司的声誉也不会改变。
- 巴菲特忠告三十八：更喜欢有能力克服通货膨胀的公司。
- 巴菲特忠告三十九：寻找那些可以预测10年到20年后会是什么样子的公司。
- 巴菲特忠告四十：在公司基本面变糟时将它的证券出售，而不是仅仅因为它的价格上涨或您已持有了很长时间。
- 巴菲特忠告四十一：以合理的价格购买具有良好经济基础并由诚信且有能力的人经营的公司肯定会获得合理的成功。
- 巴菲特忠告四十二：以合理价格买入一家出色的公司要比以低廉价格买入一家平庸的公司好得多。

第七章

会计基础知识：
公司成绩单

" 会计数字是商业语言,它对任何评估公司价值和跟踪公司进展的人都有巨大帮助。

——沃伦·巴菲特,1986年致伯克希尔-哈撒韦公司股东的信 "

第七章　会计基础知识：公司成绩单

导言

学生拿到的成绩单，是某段课程期间他在课堂上表现如何的衡量结果。在商业场合，公司也有类似的成绩单，它们被称为财务报表，我们在第一章中曾介绍过这个术语。理解公司"成绩单"是财务能力的重要组成部分，它可以帮助您洞察相关公司的运营方式及表现。也许有一天您会拥有自己的公司，谁说得准呢？之后您必须更详细地了解这些东西，因为这是您必须向您的投资者展示的。

为此，您需要花时间掌握会计和财务报表的基础知识。事实上，当一名青少年向巴菲特寻求财务建议时，巴菲特说："尽可能参加所有会计课程。"巴菲特在1986年致伯克希尔股东的信中，将会计称为"商业语言"，并表示他和他的商业伙伴查理·芒格将其用作评估公司的基础。以下为完整引言。

　　会计数字是商业语言，因此它对任何评估公司价值和跟踪公司发展的人都有巨大帮助。如果没有这些数字，查理和我就会毫无抓手：它们始终是我们评估自己和他人公司的起点。然而，管理者和所有者需要记住，会计计量只是商业逻辑的辅助手段，而不是它的替代品。

让我们用一个忠告来总结这些要点。

巴菲特忠告四十三：
尽可能参加所有会计课程。会计是商业语言。

机构有两种类型，营利性的和非营利性的。非营利性机构包括政府、慈善机构以及大多数学校和宗教组织，其目标通常与赚钱无关，例如，学校的存在主要是为了培养学生。非营利组织并不一定没有利润，如果这些非营利组织确实有利润结余，那么利润会再投资于该组织。

我们将在本书的后续章节中讨论慈善，因为它是巴菲特投资特点的重要组成部分，也是他财富的最终目的地，但现在，我们将关注那些试图赚钱的公司。这些都是营利性公司：苹果、脸书、迪士尼，当然还有伯克希尔-哈撒韦公司。这两类机构都有财务报表，但以追求利润的公司为例时，我们能更好地理解它们。

公司会销售某些东西——通常是产品或服务。让我们从一家销售产品的公司开始，因为它更容易可视化。沃伦·巴菲特首次做生意是（通过他的祖父）从超市购买了数包口香糖，然后以更高价格卖给他的朋友和邻居。如第一章所述，出售某商品的价格与出售该商品所涉及的全部成本之间的差额通常被称为利润或收益。如果这个数字是负数，即公司以低于制造成本的价格来销售产品，则被称为亏损。损益的概念和公司当前的财务状况是财务报表的主要内容。

第七章　会计基础知识：公司成绩单

损益表：一个时期的公司报告卡

大多数公司都是按季度来编制财务报表的，时间通常在 3 月、6 月、9 月和 12 月底。这些季度报表或季度报告（quarterly report）可以汇总为年度报表或年度报告（annual report）。报告中也会囊括财务报表以外内容，例如，我们经常提到的巴菲特写给伯克希尔－哈撒韦公司股东的信，但我们暂时不讨论那些非财务事项。美国金融市场的监管机构，即证券交易委员会（Securities and Exchange Commission，SEC），要求在证券交易所进行交易的公司都需要提交这些报告，SEC 将季度报告称为 10-Q，将年度报告称为 10-K。

大多数公司的年度报告覆盖的是 1 月 1 日至 12 月 31 日这个日历年度，但也有一些例外。计算财务报表时使用的年份被称为会计年度，对大多数公司来说，日历年度等于会计年度。但也有一个常见的例外：大学。大学通常将会计年度设定为从 7 月 1 日到次年 6 月 30 日，以使其与学年保持一致。

财务报表由公司经营人员也就是管理层来负责编制，但由会计师进行审计。审计的意思是检查或尝试验证数字是否准确，以及检查编制过程是否符合准则要求。在美国的证券交易所上市的公司遵循的规则被称为公认会计原则（Generally Accepted Accounting Principles，GAAP）。许多国际公司遵循一套略有不同的规则，称为国际财务报告准则（International Financial Reporting Standards，IFRS）。从技术上讲，只有特殊类型的会计师才能进行审计，这些"黑带"会计师被称为注册会计师（Certified Public Accountants），简称注会（CPAs）。他们必须通过一系列考试，并且必须参加一定数量的会计和大学课程才能称自己为注册会计师。

社会上有数以千计的会计师事务所，但大型上市公司的大部分审计业务都被四家大型会计师事务所垄断。毫不奇怪，在商业场合，它们被称为"四大"。也许您会参加《危险边缘》（Jeopardy）节目，我们将告诉您它们的名字：德勤（Deloitte）、安永（Ernst & Young，EY）、毕马威（KPMG）和普华永道（PricewaterhouseCoopers，PwC）。

苹果公司的损益表

我们要处理的第一个财务报表被称为利润表（income statement），它衡量公司在特定时期内的利润或损失，有时它也被称为损益表（profit and loss statement，P&L），您可以将损益表视为公司在某个时期（通常是一个季度或一整年）的成绩单。让我们来看一下苹果公司的简化版损益表，苹果公司是世界上最具价值、最赚钱、最酷的公司之一，这张报表被简化了，因为我们不希望您拥有会计学位后才能阅读本书。我们将探讨其 2019 财年的损益表，如表 7-1 所示。

表 7-1　苹果公司损益表（简化版）

2019 会计年度（十亿美元）	
营业收入	267.68
减：销售成本（cost of goods sold）（COGS） 毛利润	166.10 101.58
减：销售及行政开支 营业收入	35.43 66.15
加：其他 减：营业税（15.08%）	1.60 10.22
净收入	57.53

第七章　会计基础知识：公司成绩单

我们从被称为收入的首行数字开始。收入也有其他名称，例如销售额或净销售额。我们相信您会在人生中的某个时刻排队，将您不想要的节日礼物退货，例如众所周知的丑毛衣或水果蛋糕。如果是这样，您的行为也已包含在一些公司的净销售额中，即使您并未意识到。

就苹果公司而言，其收入来自其商品和服务的销售。更具体地说，它的收入主要来自其广受欢迎的苹果手机的销售，但也来自其他商品和服务，如苹果电脑（Mac）、苹果数字媒体播放应用程序（iTunes）歌曲、平板电脑（ipad）、应用程序、Beats 耳机和许多其他商品。苹果公司在 2019 会计年度的收入高达 2 676.8 亿美元。这甚至比某些国家全国产生的商品销售额还大！

经营一家公司需要付出成本，我们来看两个主要的成本项目。首先是生产产品的成本，例如苹果手机。会计师用销售成本这个正式名称来称呼它，商品销售成本通常使用其首字母缩略词"COGS"来表示，苹果公司 2019 财年的 COGS 为 1661 亿美元。会计师知道何时在财务报表中添加或减去某些内容，但我们会尽力让您轻松了解，如果我们在一个项目旁边写上"减"字，就是您需要从上面的数字中减去它，偶尔也会再加上一个下划线符号，这在会计中被称为单一会计下划线。因此，在我们的迷你苹果公司损益表中，您会看到"减去：销售成本"的字样。营业收入与销售成本的差额被称为毛利润。

以我们的苹果手机为例，苹果公司可能会为一部成本为 500 美元的手机收取 1 000 美元的费用，从而使每部手机的毛利润为 500 美元。这是一个好数字吗？确实是，但要更准确地回答这个问题，您应该将苹果公司的数据与其竞争对手的数据进行比较，例如三星（Samsung）和字母表（谷歌的母公司）公司的数据。您还应该将苹果公司某个统计数据的当前

BUFFETT'S TIPS
巴菲特的金融课

值与其前几年的数值进行比较。如果出售单部手机的毛利润在增加，那么用巴菲特的话说，这表明公司正在变得更强大，也是在建立自己的护城河，真是一个高效又娴熟的战斗机器！

会计师有时会使用另一种技术来确定特定数字的好坏。他们通常会将特定项目，例如毛利润，除以销售额。这些财务比率（用一个财务变量除以另一个）使跨公司或相同公司跨时间的比较变得容易，因为一切都以百分比来表示。因此，在这种情况下，如果苹果公司的毛利润与销售额的比率（被称为毛利率）高于三星公司，那么它在财务报表的这个层面就会被认为做得更好。财务报表中的"共同比"（common-sizing）一词是指将损益表上的科目除以销售额（即，将科目表示为以销售额为分母的百分比数值）以及将资产负债表（我们会在下一节中介绍）中的科目除以总资产。

但苹果公司也有其他成本，比如工资。您不会免费为一家公司全职工作，对吧？至少不会工作太久。苹果公司还必须支付其他费用，例如在商场里开设商店的成本，这通常被称为租金或租赁义务。苹果公司还必须留存一些资金用于开发新产品。您钟爱的苹果手机、平板电脑或手表在十多年前还只是人们眼中的一抹亮光而已。为开发新产品和服务而留出的资金会用于研究与发展（research and development），简称研发（R&D）。我们会用一个非正式名"开销"（overhead）来称呼所有这些成本，而会计师用于称呼这些管理费用的正式名称则是销售及行政管理费用（selling, general, and administrative），简称SG&A，这是我们之前提到的经营公司的第二个主要成本。

苹果公司在 2019 会计年度的 SG&A 费用为 354.3 亿美元。您可以通过对比来再一次判断这个数字是否够"好"。毛利润减去销售及行政开支

第七章　会计基础知识：公司成绩单

后被称为营业收入。这是公司在缴税和我们将简要讨论的其他项目之前所做的。会计师有时会使用冗长的内容来替代营业收入这个相对简化的概念，即息税前利润（earnings before interest and taxes，EBIT）。我们在此处将坚持使用营业收入的概念（稍后您可以感谢我们），营业收入是公司在正常业务过程中定期获取的收入，不包括向政府支付的税款和向债权持有人支付的利息。

坚持一下，我们已快到底线，就是字面意思的"底线"。还有一个名为"其他"的科目，这是一个包罗万象的科目，适用于公司常规业务之外的任何事项：它可能包括向商业纠纷支付或从商业纠纷中收取的款项，被称为其他业务支出，又可能包括与公司投资相关的利息收益（interest income），还可能包括公司贷款或债券的利息费用（interest expense）。在苹果公司的例子中，它拥有巨额现金和投资，2019会计年度的账面金额超过2 000亿美元，因此利息收益科目比其他各项都高，它的"其他"科目在2019财年的余额为16亿美元。

我们在第一章中提到了可怕的术语"税收"，大体上可认为它是用于资助政府的款项。税收不仅用于支付政治家的薪水，而且还用于理论上更重要的方向，例如武装部队（陆军、海军、空军、海军陆战队、海岸警卫队等）的各种开销、维护公路系统、警察和消防部门的开销，以及数以千计的其他方面。至少在通常情况下，如果公司盈利就无法避税。

政府从您的收入中扣取的百分比被称为税率，如果您赚了1 000美元，而政府收了100美元的税款，那么您的税率为100美元除以1 000美元，即10%。税款通常在联邦（如华盛顿特区）层面缴纳，部分在州（如纽约州）层面缴纳，少数在地方（如纽约市）层面缴纳。我们只将其统称为税收，不会讨论细节而让您厌烦。

BUFFETT'S TIPS
巴菲特的金融课

公司需要缴纳多少税？政府有提供特定信息的纳税表格或纳税税率明细单。联邦政府负责处理税务问题的部门是国内税务局（Internal Revenue Service，IRS）。您或公司赚取的每一笔收入可能都有不同的等级或税级（tax brackets），一般来说，赚钱越多，税率越高。当您赚了更多的钱而使税级增加时，它们被称为累进税率（progressive tax rates）。税率不仅因州而异，也因国家而异，一些地区或国家，如百慕大，不征收或只征收最低税率的所得税！苹果公司在全球许多国家销售产品，其2019财年的税率略高于15%，以美元计算，则它的纳税总额高达102.2亿美元！有这么多税收，世界各地的许多政府也应该成为苹果公司的忠实粉丝！

通过计算营业收入，加上其他收入，减去所得税，最终得到净利润（net income），这在财务和会计界被称为"底线"。苹果公司在2019财年的净利润为575.3亿美元，好样的苹果！令人景仰的A+级纳税大户！

巴菲特认为，一年的利润并无太大意义，尤其是对周期性公司（cyclical firms），或者利润随商业周期起伏巨大的公司而言。对公司在整个商业周期（通常持续五年以上）的财务利润分析被称为正常化盈利（normalized earnings）。巴菲特在1983年致伯克希尔股东的信中写道："我们从不把某一年的数字太当回事，毕竟，地球绕太阳一周所需的时间与商业活动获取回报所需的时间为什么要精确同步呢？相反，我们建议将不少于五年的分析结果作为衡量财务表现的粗略标准。"

在1998年致伯克希尔股东的信中，他表达了更为长远的思考：

我们给每个人一个简单的使命，像经营公司一样经营自己：①您拥有自己100%的股份；②它是您和您的家人拥有或即将永远拥有的世界上的唯一资产；③您至少在一个世纪内不能出售或合并它。

第七章 会计基础知识：公司成绩单

让我们用一个忠告来总结这些想法，然后将注意力转到公司的第二个主要财务报表，也就是资产负债表（balance sheet），它就像公司在特定时间点的照片。

巴菲特忠告四十四：

不要把某一年的数字太当回事，应在您的分析中关注五年或五年以上时期的数据。

资产负债表：公司自成立以来的成绩单照片

也许您或您的朋友们喜欢自拍并将照片发布到照片墙、Snap、脸书或其他网站上。嗯，其实公司也有一种自拍，即资产负债表，这是公司在某个时间点经营情况的快照或图片。与损益表一样，资产负债表也是由管理层按季度来编制的，并由外部会计师事务所每年审计一次，有时资产负债表也被称为财务状况表（statement of financial position）或财务情况表（statement of financial condition）。我们将坚持使用资产负债表这个叫法，因为它最常用，也传达了一些重要信息，也就是说，资产负债表必须保持平衡（balance）。这是需要记住的重要一点，我们稍后会给出平衡的定义，请稍等。

看待资产负债表的第二种方式是，看公司从成立到现在的经营总结果。在某些方面，这就是公司开办以来所有损益表的加总。根据这种观点，可以将其视为自您开始上学以来所有成绩的总和。在大学和大多数高中里，您的成绩总和被称为累积平均绩点，或简称 GPA，多数大学以 4 分制来计算您的 GPA，因此，GPA4.0 意味着您自入学以来在所有课程中都取得了 A，太美妙了！

让我们来看看 2019 年 12 月 31 日巴菲特的公司伯克希尔－哈撒韦的资产负债表。伯克希尔的会计年度和日历年度是相同的，即从每年的 1 月 1 日到 12 月 31 日。与损益表不同，资产负债表有两列，左侧和右侧，这种设置对您来说可能有点奇怪，但它有很长的历史，实际上可以追溯到 13 世纪末！伙计，那可是很久以前了！

很久以前，一位名叫阿玛蒂诺·马努奇（Amatino Manucci）的佛罗伦萨商人提出了资产负债表的概念。资产负债表因其设置方式——具有两列——也被称为复式记账形式（double-entry form of bookkeeping）。如果某个事项影响了资产负债表的一侧，那么它通常会对资产负债表的另一侧也产生相应影响，现在让我们来阐述一下所提到的"侧"是什么意思。

资产负债表左侧的各个科目加起来被称为资产（assets）或总资产（total assets），这又是一个会计术语。您可以将资产视为公司拥有的"资料"，现金、建筑物、房地产、产品，等等。资产负债表的右侧告诉您谁拥有"资料"的所有权，有时是个人或借给公司资金的银行，其他时候，可能是公司所有者，我们称为股东。资产负债表左侧的总和必须等于资产负债表右侧的总和，必须！如果不是，那准备资产负债表的人员或公司就像在考试中得 0 分一样，这种结果完全不可接受！

现在，回到伯克希尔的资产负债表，我们可以在表 7-2 中看到其简化版本。它有两列，所以它比损益表复杂一点，让我们从左边开始。左侧被称为总资产，总资产由流动资产和长期资产两部分组成，其中流动

第七章 会计基础知识：公司成绩单

资产（current assets）是现金或预计在一年（365天）内转为现金的东西，长期资产则是具有价值但一年内不太可能变现的东西。让我们来看看与伯克希尔的相关细节情况，更准确地说，是多家公司的情况。

表7-2 伯克希尔－哈撒韦公司资产负债表（简化版）

2019年会计年度（百万美元）

流动资产		流动负债	
现金及短期投资	127 997	应付账款	36 437
应收账款	53 362	**长期负债**	
存货	19 852	长期债务	99 425
长期资产		其他负债	257 076
房产、工厂和设备	180 282	—	
长期投资	284 674	所有者权益	424 791
其他	151 562	—	
总资产	817 729	**总负债加所有者权益**	817 729

流动资产

当您查看当前资产部分时，您会注意到三个科目，现金和短期投资（cash and short-term investments）、应收账款（accounts receivable）和存货（inventory）。您当然知道什么是现金，就是您钱包里的现金，收银机里的现金，支票账户里的现金以及其他一些东西里的现金。您要记住的要点是它非常安全，您可以依赖它，它至少和斯蒂芬·库里在篮球比赛中的罚球一样可靠。"现金为王"是金融界的一句流

— 165 —

行语，意思是如果您的现金充裕，您就拥有了很大主动权，尤其是在经济低迷时期。短期投资是指即将在一年内到期或兑付的投资，例如美国国库券或商业票据（commercial paper），即由信用评级较高的公司发行的短期债务，这些票据也几乎总是被认为非常安全。

应收账款（accounts receivable）是流动资产下的又一个科目。它有时也被称为应收账款净额（net receivables）。可能有点奇怪，但您确实对它颇为熟悉，即使您还不知道。对于个人而言，应收账款通常是通过信用卡进行的信贷销售。假设您从冰雪皇后商店那里买了大份装的奥利奥暴风雪，美味！如果冰激凌是用信用卡支付的，那么信用卡供应商（例如维萨、万事达、发现卡或美国运通等公司）需要一点时间，通常是一个月内，才能付给冰雪皇后或伯克希尔现金。在大多数情况下，这是一种相当安全的资产，除非公司破产，在伯克希尔这个例子中是不会发生的！

流动资产下的最后一个科目是存货，存货很容易被视为公司在客户购买之前出售的"资料"。在伯克希尔的例子中，它可能是尚未售出的冰雪皇后冰激凌，可能是其本杰明·摩尔（Benjamin Moore）商店中的一罐罐油漆，以及数以千计的其他商品。存货也可以是原材料或在制品，但考虑到产成品会更容易出售，它们可能会在一年内以某种价格卖出，并且可能具有一些价值。

长期资产

在资产负债表左侧往下看，可以找到长期资产（long-term assets）一栏，它指的是公司拥有的具有持久价值的东西，这些财产不太

第七章　会计基础知识：公司成绩单

可能在一年内变成现金。财产（property）、厂房（plant）和设备（equipment），或简称 PP&E，其意思差不多就是词义本身。首先，它由土地组成，伯克希尔拥有大量土地，其中最引人注目的可能是其铁路部门伯灵顿北部圣达菲（Burlington Northern Santa Fe，BNSF）。伯克希尔-哈撒韦公司在 2010 年以 265 亿美元的价格收购了这条铁路，我们很容易看出为什么这家公司会有护城河。美国并没有建造太多新铁路，尤其是那些跨越全国大部分地区的铁路。

　　BNSF 很庞大！它的运营跨越了 28 个州 32 500 英里[①]的轨道，拥有 8 000 多辆机车。对于许多产品，例如在美洲大陆中部发现的石油，通过铁路运输通常比用卡车装载运输更便宜。BNSF 的历史可以追溯到 1849 年，因此它是一家真正经得起时间考验的公司，这也是巴菲特许多投资的另一个特征。

　　厂房通常是指建在一块块土地上的建筑物，可以是工厂、仓库、办公楼、零售店和许多其他东西。伯克希尔拥有的冰雪皇后可能是您曾到访过的伯克希尔的长期资产"厂房"。伯克希尔还拥有油漆零售商本杰明·摩尔商店。如果您从最喜欢的运动队那里订购了气球或餐巾纸等东西用于举办派对，那么它可能来自隶属于伯克希尔的玩具和新奇事物部门的东方贸易公司。如果您住在西海岸，也许您去过伯克希尔的喜诗糖果店。要点找到了，厂房就是指完成工作的地方。如果公司拥有房地产，那么它最终会出现在资产负债表的 PP&E 部分。

　　让我们来开始处理以"E"开头的科目，也就是设备科目。设备也很容易可视化，它指的是生产公司销售的产品的机器，例如冰雪皇后的奶

---

① 1 英里 ≈1.6093 千米。——编者注

昔机或喜诗糖果的糖果制造机，它可能是一辆将伯克希尔的产品运送到零售店的卡车或者工厂里的叉车，甚至可能是伯克希尔员工使用的电脑。机器通常可以长时间使用，但终究会报废。我们拿一辆车来举例，它的轮胎花纹会磨掉，刹车会磨损，发动机会发生损耗，等等。公司使用称为折旧（depreciation）的会计术语来计算长期资产的这种损耗。资产寿命因各种项目而异，具体取决于它通常可持续使用的时间，例如计算机可使用3年，汽车可以开5年至7年，而建筑物可使用30年。到此为止了，我们不会讨论让您厌烦的细节。

接下来，我们来讲长期投资（long-term investments）。它代表伯克希尔对外部或第三方公司或证券的投资，例如伯克希尔持有苹果、可口可乐、富国银行和卡夫亨氏等公司的股票。尽管伯克希尔拥有这些公司价值数十亿美元的证券，但并不拥有它们的控股权（controlling interest）。控股权的意思是伯克希尔拥有经营公司的权力，这就是为什么这些投资被列在长期投资领域，而不是完全合并或并表（consolidated）到伯克希尔的常规财务报表中。换句话说，如果伯克希尔拥有可口可乐公司的控股权，那么这家饮料制造商的收入将部分或全部计入伯克希尔损益表的收入科目。由于它不拥有控股权，所以伯克希尔的持股体现在其资产负债表中的长期投资科目中。

伯克希尔资产中的"其他"科目包括很多，我们先来探讨被称为无形资产（intangibles）的类别。与专利（patents）、商标（trademarks）、版权（copyrights）和其他科目相关的无形资产通常归属到被称为知识产权（intellectual property）的科目或范畴。知识产权的管理原则是为防止别人窃取公司的想法或发明。例如，如果您能够开一家商店并命名为麦当劳，您将立即拥有一群了解并喜欢这种食物的顾

第七章　会计基础知识：公司成绩单

客。迪士尼、耐克、苹果和许多其他公司也是如此，但是您当然不能这样做，因为其他人拥有这些公司及其相关的知识产权。

伯克希尔公司的资产负债表左侧的总和达到了惊人的 8 177.29 亿美元，这就像很多面包挂在那里。我们已经讲完了资产负债表的一半，现在让我们转到资产负债表的右侧，它侧重于谁拥有索赔权或拥有资产。这些债权人基本上分为两个类别，首先是向公司借钱或向其提供产品或服务的组织或个人，这一群体通常被统称为债权人（creditors）。第二个类别是所有者，也就是我们熟知的股东，他们得到了支付所有欠债后剩下的资产，可以说像是肉汤，但在伯克希尔的报表上，我们看到剩下了很多资产。

负债

在日常使用中，负债（liability）这个词是指弱点。也许您听说过"阿喀琉斯之踵"这个说法，汤姆·布雷迪（Tom Brady）是一位知名的足球运动员，但他的责任是为进球而奔跑，在足球术语中称为"跑动"。美国男篮名人堂成员、外号"大鲨鱼"的沙奎尔·奥尼尔（Shaquille O'Neal）在罚球方面非常糟糕，以至于一些球队发明了一种试图击败他的策略，包括故意对他犯规，这样他就必须罚球，这种策略被称为砍鲨战术（Hack-A-Shaq）。到目前为止，我们应该清楚的是，几乎每个人和每件事都有责任。正如我们上面提到的，公司资产负债表上的负债意味着它欠某人的东西——外部供应商、员工、银行或许多其他债权人。与资产负债表的左侧一样，我们将把事情分为两类，短期和长期，短期或流动负债（current liabilities）加上长期负债（long-term liabilities）等于总负债（total liabilities）。

流动负债

流动负债是指公司在一年内到期的债务。应付账款（accounts payable）是应收账款的另一面，在这种情况下，伯克希尔接收了产品或服务，但尚未付款。广义的应付账款还包括支付公司员工的工资，即使是巴菲特也不是免费工作的！对于大多数公司，员工在收到薪水之前会工作两周或一个月，截至 2019 年年底，伯克希尔 - 哈撒韦公司的应付账款为 364.37 亿美元。

长期负债

长期负债是指欠债权人的资金，这笔钱是长于一年到期的。在伯克希尔的例子中，大部分负债是欠购买伯克希尔债券投资者的，总计 994.25 亿美元！还有一个名为 "其他" 的科目，在伯克希尔的案例中，这是一个巨大的数字，2 570.76 亿美元，所以让我们举一个可能属于这一类别的例子，伯克希尔 - 哈撒韦公司拥有一个大型保险部门作为其业务部门之一，如果您的汽车、财产或个人发生了不好的事情，保险会通过给钱来保护您。之前我们提到过 GEICO 公司，它是世界上最大的汽车保险公司之一，伯克希尔出售了许多其他类型的保险，其中就包括人寿保险。

人寿保险指在一个人死后向其在世的继承人（如配偶或子女）支付资金。许多公司为员工提供人寿保险作为一项福利或补贴（perk），这些员工中的大多数人都年轻且健康。我们在前面的内容中提到，当今地球上的大部分人将至少活到 100 岁，因此伯克希尔可能需要几十年才能支付人寿保险单上的死亡抚恤金（即长期负债），虽然它能定期收到保单付

第七章 会计基础知识：公司成绩单

款［被称为保险费（insurance premium）］。从保险单上支付的金额与保险公司收到的保费之间的差价中赚取的钱通常被称为浮存金（float），它不像根雪顶根啤那么美味，但您可以用它做很多事情，可以选择将其存入安全的银行账户并赚取利息。巴菲特和伯克希尔的浮存金往往更加激进，并将大部分资金都投资于股票和其他业务，截至2019年年底，伯克希尔的总负债总计高达3 929.38亿美元。

股东权益

现在我们来看看肉汤、糖衣或付账后剩下的东西。会计师称其为股东权益（shareholders' equity, stockholders' equity）或所有者权益（owners' equity）。这一科目还可以被称为资产净值（net worth）或账面价值（book value），就像巴菲特个人的身价约为800亿美元那样。无论对于公司还是个人，其计算都是小菜一碟，用总资产减去总负债即可。在伯克希尔的例子中，这是一笔4 247.91亿美元的巨款。当然，资产负债表还必须平衡，因此总负债和股东权益的总和必须等于资产负债表左侧或称总资产侧的8 177.29亿美元。

账面价值列在公司的资产负债表上，可以通过以下会计准则来衡量。我们在上一章中提到了"内在价值"这个词，这是对公司当前价值的估计，或者我们所说的目标价格。巴菲特在1993年致伯克希尔股东的信中区分了这两种价值，他写道："当然，重要的是每股的内在价值，而不是账面价值。账面价值是衡量已投入公司的资本（包括留存收益）的会计名称，内在价值则是对剩余存续期可以从公司中取得资金的现值估计。"

他在同一封信中继续用一个比喻，将账面价值描述为大学教育的成本，而内在价值则是衡量一个人在其职业生涯中将赚多少钱的指标。例如，一个成为工程师的大学生在他的一生中可能会比一个学习成为社会工作者的人赚更多的钱，即使他们的大学教育花费了同样多的钱。忠告三十已提到过巴菲特在评估公司价值时对内在价值的偏好，所以这里不再重复。

我们不想让您感到困惑，但还是得讲，股东的股权价值或账面价值不一定等于公司的市值，因为我们知道公司市值等于股票价格乘流通股数。例如，在我们撰写本书时，伯克希尔的市值略高于5 000亿美元，而其股东权益约为425亿美元，很多公司，如脸书、星巴克、特斯拉，甚至绝大多数公司都是如此。造成这种差异的一个原因是创建财务报表的规则往往偏于保守，它们以成本来记录资产。例如，如果您的祖父母或外祖父母于40或50年前在纽约市或旧金山购买了一套公寓，那么今天的房产价格可能会比他们支付的价格要高得多。所以当市场价值高于买入价或账面价值时，您就可以更好地理解这种差异。

巴菲特喜欢用营业收入与股东权益的比率来衡量公司业绩，考虑到股东在公司拥有的股本，这是衡量"物有所值"的指标，即股东从常规业务过程中获得的收益（营业收入）。他认为这个数字应该大于整个市场五年期的平均水平，公司不应该使用过多债务或财务技巧来实现这一目标。

巴菲特批评仅通过每股收益增加寻找公司的方法，一家公司可以仅靠复利而非管理技能就显得每股收益出现了增长。例如，其他条件不变，公司银行账户由于收到利息而使现金余额增加，进而推高了每股收益。他在1979年致伯克希尔股东的信中表达了这些想法："我们仍然认为，在所有以成本计量证券的情况下，营业收益（在证券收益或损失之前）与股东权益的比率是衡量单年经营业绩的最适当的方法……管理经济绩效的主要量度是在所使用的股权资本上实现高收益（没有不当杠杆、财务技巧等），而不是实现每股收益的持续增长。"

巴菲特的名言中有很多会计术语，我们用一个忠告来总结这些想法。

巴菲特忠告四十五：

对大多数公司来说，营业收益与股东权益的比率是衡量业绩的一个很好的指标。

在2009年致伯克希尔股东的信中，巴菲特更加深入地探讨了他喜欢的公司类型："事实上，迄今为止，对所有者来说，最好的公司仍然是那些资本回报率高、几乎不需要增量投资就可以实现财务增长的公司。"因此，像喜诗糖果这样的公司，其投资于业务的资金会产生相对高利润并且不需要大量新投资，就是他在这里所指的那种公司。相比之下，通用汽车或福特等汽车公司的利润率（profit margins）（即利润占销售额的百分比）相当低，这些公司还需要对新车型、发动机、变速器、电动汽车等进行投资，甚至是投资在诸如"未来一些年"的无人驾驶汽车之类的事情上。让我们用一个忠告来总结巴菲特的观点。

巴菲特忠告四十六：

迄今为止，对所有者来说最好的公司仍然是那些资本回报率高、几乎不需要增量投资就可以实现财务增长的公司。

关于现金流量表的快速讲解

第三个主要财务报表被称为现金流量表（statement of cash flows），用于衡量进出公司的现金。它分为三个部分，第一部分是经营活动产生的现金流（cash flow from operating activities，CFO），顾名思义，就是公司日常活动产生的现金。对伯克希尔公司来说，CFO 的某些要素可能来自销售保险、糖果或冰激凌；第二部分是投资活动产生的现金流（cash flow from investing activities，CFI），指的是用于长期投资的资金，例如 PP&E 以及收购或投资于其他公司。对伯克希尔公司来说，它可能包括新的发电厂、冰雪皇后或对苹果公司股票的投资；第三部分是筹资活动产生的现金流（cash flow from financing activities，CFF），这部分包括发行或回购股权、债务、支付股息等事项。现金流量表可以从损益表和资产负债表中得出，在此处我们不讲述它的财务细节，因为我们感觉您可能已经受够了讲会计的这一刻……仿佛度日如年。

总结

您可以相信公司发布的大约 99% 以上的财务报表都是准确的，我们所说的准确是指它们是根据公认会计准则编制的。经营公司的两个主要负责人，即首席执行官和首席财务官，必须亲自证明这些陈述是真实和准确的，否则他们就可能会入狱。顺便说一句，许多人因伪造财务报表而入狱，如果您想了解涉及世界通信公司（WorldCom）和安然公司（Enron）备受瞩目的财务欺诈案件，您可以查找伯纳德·埃伯斯（Bernie Ebbers）和杰夫·斯基林（Jeff Skilling）这两个名字。话虽如此，公司

第七章 会计基础知识：公司成绩单

将保持在公认会计准则范围内的同时，尽可能地对其财务业绩进行最佳"调整"，它们经常试图将尚未影响公司财务报表但可能会在未来导致坏消息爆发的信息悄悄写在脚注中。

巴菲特意识到高管们有时会利用他们的财务数据玩把戏，所以他在1988年致伯克希尔股东的信中写道："使问题更加复杂的是，许多管理层认为GAAP不是一个需要满足的标准，而是一个需要克服的障碍。他们的会计师经常会愿意帮助他们（'多少？'客户说，'等于二加二？'合作会计师回答说：'您想到的数字是多少？'）。即使是诚信且善意的管理人员，有时也会为了提供数字而稍微扩展GAAP，他们认为这样会更恰当地描述他们的表现。"在此，让我们给出一个对报告数字提高警惕的忠告。

巴菲特忠告四十七：
公司将尝试在其财务报告上进行最佳"调整"。您需要深入表面之下，才能真正了解公司正在发生的事情。

会计师可能看起来很像书呆子，但巴菲特拥抱他内心的"书呆子"，您也应该如此。他每天的大部分时间都在阅读财务报告。让您的财务投资井然有序是一件很酷的事情，这也是我们写这本书的主要目标之一。了解一些会计和财务报表的基本知识可以帮助您做到这一点，伯克希尔或巴菲特的A+资产负债表和损益表是一个值得追求的"加强目标"。

本章巴菲特的忠告

- 巴菲特忠告四十三：尽可能参加所有会计课程。会计是商业语言。
- 巴菲特忠告四十四：不要把某一年的数字太当回事，应在您的分析中关注五年或五年以上时期的数据。
- 巴菲特忠告四十五：对大多数公司来说，营业收益与股东权益的比率是衡量业绩的一个很好的指标。
- 巴菲特忠告四十六：迄今为止，对所有者来说最好的公司仍然是那些资本回报率高、几乎不需要增量投资就可以实现财务增长的公司。
- 巴菲特忠告四十七：公司将尝试在其财务报告上进行最佳"调整"。您需要深入表面之下，才能真正了解公司正在发生的事情。

第八章
巴菲特的投资组合与风险管理

> 第一条规则:永远不要赔钱。第二条规则:永远不要忘记第一条规则。
>
> ——沃伦·巴菲特,《沃伦·巴菲特的生活准则》

第八章　巴菲特的投资组合与风险管理

导言

把所有鸡蛋（或投资）放在一个篮子里对几乎所有人来说都太冒险了。篮子可能会掉下来，打碎所有的鸡蛋，同样，特定公司也可能会破产，可能会抹去您投资的全部或大部分价值，这真是悲剧！即使是柯达、通用汽车、安然、世通和雷曼兄弟等著名公司也破产了，它们的股价跌至了 0 美元。在第二章中，我们提到大多数人会分散他们的投资，或者将它们分散到不同的资产中，对大多数人来说，这是投资的基本要点之一。

投资组合指的是一篮子投资，但在本章和本书后续部分中，我们会主要使用术语分散化投资组合（diversified portfolio）来描述总体投资组合可能会出现的样子。但是，如何最好地分散您的投资，这在投资界被称为选择最优资产组合（optimal portfolio）。有一些方法，而且——毫不奇怪——巴菲特已经认真考虑过这个问题了，构建投资组合与风险密切相关，因为风险和回报是同一枚硬币的两个面。我们在第二章中强调了这一点，并以著名的关于掷硬币的圣彼得堡悖论为例进行了说明。是的，巴菲特也深入考虑过风险，事实上，他最幽默的名言之一就是关于风险的，他说："第一条规则：永远不要赔钱。第二条规则：永远不要忘记第一条规则。"

当然，除了在 FDIC 投保过的银行产品或高评级的短期政府债券外，您做不到投资其他东西能永远不会赔钱。但巴菲特的话清楚地表明了，投资者在投资任何资金之前都应该高度关注风险。这种思维模式值得作为一个忠告。

巴菲特忠告四十八：

第一条规则：永远不要赔钱。第二条规则：永远不要忘记第一条规则。（做任何投资前，先聚焦投资风险。）

为了进一步说明为什么不赔钱很重要，请您考虑以下关于从损失中恢复的难度的示例。如果您以100美元开始投资并损失了10%，那么您还剩下90美元，需要大约11%的后续回报才能让您拿回原来的100美元本金。但是，如果您损失了50%，即从100美元跌至50美元，那么您就需要在之后获得100%的回报才能实现盈亏平衡。用简单语言来说，您掉进的坑越深，就越难爬出来。巴菲特很清楚这一点，这也是他强调规则一和规则二的原因。

构建有效分散投资组合的关键：相关性

构建投资组合的方法有很多。您可以采取"霰弹枪"方式，随机挑选一堆不同的投资，这看起来并不明智，很多人在开始时选择将他们的投资组合赋予同等权重。例如，如果您有10 000美元要投资，您可能会投入10项不同的投资，每项1 000美元。行为经济学家实际上为这种方

第八章 巴菲特的投资组合与风险管理

法取了一个名字，即 1 比 N（1/N）启发式 [1 over N（1/N）heuristic]。启发式是人们用来解决问题的经验法则，即如果您有 10 个选择，那么您将在 1/N 启发式作用下每个选项中投入 10%，如果您有 20 个选项，那么您会在每个选项中投 5%。1/N 启发式并不坏，但它并没深入理解是什么导致了风险，至少根据我们接下来要讨论的一个指标不是。

相关性（correlation）是衡量两种资产是否会同时产生变动的术语。从数学上讲，它是一个介于 1 和 –1 之间的数字，如果两项投资的相关性为 –1，则当一项投资上涨时，另一项投资总是下跌。同样，如果一项投资下跌，另一项投资总是上涨。稍后，我们将为您提供两个投资示例，表明如果它们的相关性为 –1，则可以构建零风险的投资组合。

如果两项投资之间的相关性为 1，则一项投资本质上是另一项投资的副本，一个上升，另一个总是上升，同样，一个下降，另一个总是下降。正如您可能猜到的那样，这种类型的投资对降低投资风险并没有什么意义，如果两项投资之间的相关性为 0，则表示它们之间没有关系，当一个上升时，另一个可能会上升、下降或保持不变。相关性为 0 的两项投资可以有效降低风险，但不如 –1 好，让我们用一个例子来说明这个概念。

无风险的（理论）投资组合

为了说明两种负相关投资的作用，我们假设整个股票市场里只有两家公司。我们喜欢海滩，所以假设一家公司销售防晒霜，另一家公司销售雨伞。我们知道有些人购买雨伞是为了保护自己免受阳光照射，但现在假设大多数人购买雨伞是为了防止自己在下雨天被淋湿。

假设在阳光明媚的日子里，防晒霜公司会大赚一笔，我们假设由于其利润巨幅增长，股价上涨了30%。但在下雨天，来海滩的人并不多，该公司由于经营的固定成本（例如租金和工资）而损失了10%。但在下雨天，售伞公司在赚钱，为保持数字对称，我们假设它也可以赚30%。在阳光明媚的日子里，我们还假设排除试图遮挡阳光的人，由于售伞公司的经营成本以及购买雨伞的人不多，它损失了10%。

好的，我们已经准备好迎接点睛之笔了。让我们假设下雨或晴天的概率是相同的，都是50%。如果您把所有的钱都放在一家公司，那么无论是防晒霜公司还是售伞公司，您的财富完全取决于您无法控制的东西——天气，您要么赚30%，要么损失10%。但是，如果您将一半的资金投入防晒霜公司，将另一半的资金投入售伞公司，那么无论晴雨，您都可以保证从整体投资组合中获利。您与其在天气上掷骰子，不如在阳光明媚的时候用防晒霜公司赚钱，这足以抵消售伞公司的损失，而在下雨时，您在售伞公司获得的利润又超过了防晒霜公司的损失。总之因为有了投资组合，您就可保证利润风雨无阻！在这个虚构的例子中，防晒霜和售伞公司之间的相关性是负的。

构建最佳投资组合的艺术是找到彼此不同步变动的投资（数学上低相关性）。在实践中，许多投资具有正相关性，因为它们都在同一条经济船上——世界经济的一部分。但睿智地分散投资仍然可以显著降低风险。并非所有公司都步调一致，特别是如果它们来自不同行业且位于不同国家。伯克希尔-哈撒韦公司本身就是许多无关联公司的组合，也就是经济学家所说的集团公司（conglomerate）。汽车保险与电力公司、铁路、家具店或糖果店没什么关系，众所周知，这些只是伯克希尔众多被投公司的一小部分。

第八章　巴菲特的投资组合与风险管理

构建最佳分散化投资组合："商学院"方法

我们将首先介绍商学院教授的内容作为构建投资组合的最佳方式，因为本书的目的是提高您的理财能力，然后在后面的章节中，我们将介绍巴菲特喜欢的两种方法。构建最佳投资组合的"商学院"方法是由一位名叫哈里·马科威茨（Harry Markowitz）的年轻研究生在二十世纪五十年代创建的，由于本质上近年来对该方法只是稍做改进，所以60多年后它仍然属于"现代投资组合理论"的范畴。

马科威茨的方法很大程度上依赖我们刚刚介绍过的相关性概念，选择彼此之间相关性较低的投资有利于构建风险相对较低的投资组合。他还意识到，人们在做决定时会在事物之间进行权衡。例如，您可能会认为昂贵的法拉利汽车看起来很酷，但您可能买不起，所以在购买汽车时，您需要平衡"想要的"与"能负担得起的"。选择投资组合时，您必须平衡其风险与预期回报，我们使用"预期回报"一词，是因为实际回报只能在您构建投资后的某个时间点确定。

尽管过去是对未来的粗略指南，但在某些情况下，您不能依赖它，否则投资者只会选择过去涨幅最大的股票（例如，苹果、亚马逊、微软和伯克希尔）。未来的竞争、新发明和公司失误可能会导致其未来的回报与过去的回报有很大不同。巴菲特对这个话题有一段幽默的谈论，他引用了福布斯400强（Forbes 400），即美国最富有的人的年度名单，他说，"如果历史书是致富的钥匙，那么福布斯400强将由图书管理员组成。"这是标准投资免责声明的一个转折："过去的表现并不能保证未来的结果。"让我们把巴菲特的话作为一个忠告，以巩固这样一种观点，即一项投资未来的表现可能与过去的表现有很大不同。

> **巴菲特忠告四十九：**
>
> **如果历史书是致富的钥匙，那么福布斯 400 强将由图书馆员组成。（过去的表现并不能保证将来的结果。）**

马科威茨创造了"有效投资组合"（efficient portfolio）这个术语，在考虑到您愿意承担的风险的前提下，最大化投资组合的预期回报。由于风险和回报是同一枚硬币的两面，因此在给定您希望获得的预期回报的情况下，有效的投资组合也是使风险最小化的投资组合。如果您为给定的一组投资绘制出所有可能的有效投资组合，它会产生一条叫作有效边界（efficient frontier）的曲线（技术上是抛物线）。图 8-1 展示了有效边界。

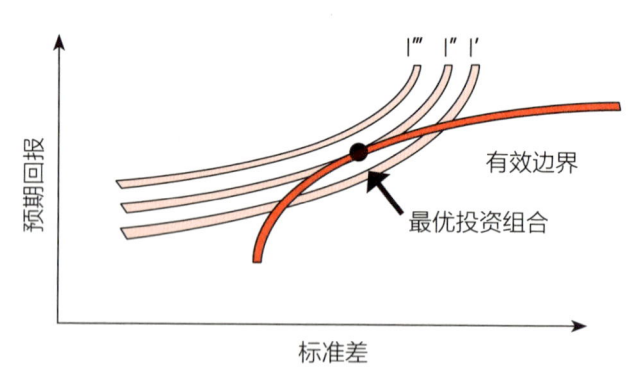

图 8-1 利用有效边界构建最优投资组合

您可以将有效边界视为良好分散化投资组合的菜单。低于有效边界的投资是低效的，并且被好的投资所支配。低效投资组合风险相同回报

第八章　巴菲特的投资组合与风险管理

更少，抑或回报相同的风险更高。我们可以用很多类比来解释这个概念，大多数人都会首先联想到食物。有效投资组合类似于中式自助餐的美食菜单（我们可以使用任何菜系，但自助餐听起来与"巴菲特"一词相似[①]，而且我们不希望您拼错巴菲特的名字，因此我们希望您能记住这一点）。中式自助餐中糟糕（或低效）的食物要么味道不好、不新鲜，要么不值得列入菜单。现在我们可以解决马科威茨接下来要解决的问题，也就是："对我来说，最佳的分散化投资组合是什么？"

继续我们的中式自助餐比喻，即使您喜欢中餐，您可能也不会吃掉菜单上的所有东西。同理，马科威茨使用一种方法来衡量您权衡事物的意愿，特别是风险和回报。衡量这种权衡的正式术语是经济学家称为**无差异曲线（indifference curve）**的东西。在构建投资组合时，它衡量您在风险和回报这两件事之间进行权衡的意愿，如果您期望获得更多的回报，那么您可能就会愿意承担更大的风险，同样，如果您的投资组合风险较小，那么您可能就会愿意获得较小的回报。最佳分散化投资组合将有效边界（良好投资组合的菜单）与您的无差异曲线（您喜欢的中式自助餐中的菜品）相匹配，后者衡量您权衡风险和回报的意愿。如图8-1所示，**最优投资组合**为两条曲线，即有效边界曲线和您唯一的无差异曲线之间的切点。

如果您觉得这种方法很有吸引力，那么在线上有一些免费软件可以帮助您构建最佳投资组合。大多数投资公司都拥有可以为其客户执行类似操作的软件。

---

① 自助餐的英文单词buffet与巴菲特的名字Buffett无论拼写还是发音都近似。——译者注

巴菲特的第一种投资组合构建方法：指数基金

巴菲特有两种选择投资组合的方法。他建议大多数人使用指数基金，例如标准普尔500指数，它由分布在各个行业的500只美国大型股票组成。我们之前曾提到过指数基金，并将它们的好处列为之前的忠告。它基本上是一篮子投资"买进，然后忘记"的买入并持有策略，收取最低费用。我们将在这里关注股票指数，因为它可能是年轻人的主要投资方式，但债券、房地产和其他资产的指数基金也有。如果股票指数投资组合对您来说风险太大，那么将其与其他指数基金混合应该会随着时间的推移帮助您降低投资组合的整体风险。

除了成本低、工作量小，股指基金还具备拥有美国一些最大和最成功公司的优势，例如苹果、字母表（谷歌）、埃克森美孚、星巴克、微软、伯克希尔－哈撒韦、强生等，这些大公司破产的可能性很小，而且许多公司还会支付股息。标准普尔500指数是一个价值或市值加权指数，这意味着规模较大、价值较高的股票（如微软）对指数回报的影响要大于较小的股票。

由于没有人可以高度确定应该何时进出市场，所以巴菲特进一步建议投资者随着时间的推移去定期购买指数基金，这种方法被称为 平均成本法（dollar cost averaging）。它保证您不会在市场高点或市场低点附近购买。这还和大多数人通常会采用的投资方式有关，即从薪水中取出资金并每隔几周或每月将其纳入退休计划。

第八章　巴菲特的投资组合与风险管理

巴菲特的第二种投资组合构建方法：专家模式

　　巴菲特推荐的第二种方法是针对"懂一些"（而不是什么都不知道）的投资者。了解某事是一个最小的障碍，因此我们将把选择自己投资的人称为以"专家模式"操盘的人，至少在他们的能力圈内。通过这个表达，我们的意思是，有人愿意在投资之前花时间和精力来了解一家公司的所作所为以及它的价值。采用这种方法进行投资还需要密切关注公司，以确保您购买股票的理由仍然成立。例如，在第六章中，我们谈到了护城河帮助公司抵御竞争者，如果公司的护城河正在被填平，那么可能是时候卖出了。巴菲特通常将他的大部分资产放在相对较少的一组股票中，华尔街人士通常称这是一种高置信度（high-conviction）或最佳选择（best-ideas）方法，它涉及将您的大部分资产投入相对较少的投资方向中，这会导致高度集中的投资组合，而不是广泛分散化的指数基金。

　　举例来说，伯克希尔公司在二十世纪六十年代曾遭遇难题，那时巴菲特将大约 40% 的投资者资产投资于单一股票——美国运通。四成对任何投资来说都是个大比例，所以希望您能理解，为什么我们将巴菲特创建投资组合的高置信度方法视为"专家模式"。在高度集中的投资组合中做出一些错误的决定可能会让自己掉进难以脱离的大坑中。

　　巴菲特一直以这种方式来运作，而不仅仅是在他年轻的枪手时代。大型投资经理（即管理超过 1 亿美元的投资经理）必须向美国证券交易委员会提交季度报告，这被称为 13-F 表格，详细说明他们的部分持股情况，有各种网站跟踪这些数据。例如，截至 2019 年年底，伯克希尔－哈撒韦公司 67% 以上资产仅投资 5 只股票：苹果（29.7%）、美国银行（13.5%）、可口可乐（9.2%）、美国运通（7.8%）和富国银行（7.2%）。

这些公司通常被认为是会支付股息且经营历史悠久的优质公司。这些属性是巴菲特旨在控制风险的一些标准，也包括他对所投资的每家公司的详细了解。请注意，在他的最高持股中，没有新上市公司、亏损公司或无悠久历史的公司。巴菲特认为，对以"专家模式"操盘的人来说，六只股票足矣。

巴菲特在一次给佛罗里达大学的学生演讲时说："如果您能找出六家优秀的公司，那就是你所需要的分散化，你会赚很多钱。而且我可以保证，买进第七个而不是用更多的钱买入第一个肯定是个可怕的错误，因为很少有人靠第七个最佳选择发财。但是很多人已经通过他们最佳选择发财了。所以，我想说，对那些真正了解公司所从事的业务的正常资本工作的人来说，六个就足够了。"让我们把那句话的精髓写成一句忠告。

巴菲特忠告五十：

六家优秀公司就是需要的所有分散化。很少有人靠他们的第七个最佳选择发财。但是很多人已经通过他们的最佳选择发财了。

在 1993 年致伯克希尔公司股东的信中，巴菲特扩展了他对分散化的看法："我们认为，如果投资组合的集中策略能够提高投资者对公司的思考强度以及他在购买该公司之前必须感受到的经济特征的舒适度，那么它可能会降低风险。"让我们也用一句忠告来总结。

第八章 巴菲特的投资组合与风险管理

> **巴菲特忠告五十一：**
> **如果投资组合集中可以提高您的思考强度和您对所拥有公司的舒适度，它可能会降低风险。**

构建投资组合的折中方案

如果您没有兴趣、时间或专业知识来遵循巴菲特的"专家模式"来构建自己的投资组合，那么折中方案可能是构建自己的分散化"迷你指数"。我们喜欢的一种方法是选择每个行业中市值最大的公司，我们称为"终结者组合"，以向数十年前阿诺德·施瓦辛格（Arnold Schwarzenegger）扮演的著名机器人角色致敬。这些公司就像施瓦辛格的角色一样，往往会在竞争中占据主导地位，例如，投资组合可能包括美国最大的石油公司埃克森美孚、最大的消费品公司苹果、最大的快餐连锁店麦当劳、最大的银行摩根大通等。这个"迷你指数"投资组合可能会获得近似于标准普尔500指数的回报，因为它可以占到标准普尔500指数市值权重的大约80%。您还可以通过密切跟踪这些龙头公司来提升自己（比如，您会自动获得拥有的每只股票的年度报告），并可能最终转变为"专家模式"。

如果您没有资金，那么您可以利用免费的模拟盘来练习投资。模拟盘允许您管理任何额度的"虚拟投资组合"（例如，100万美元虚拟资金）并跟踪结果，有几个投资模拟盘可供选择，单击"模拟盘"链接并从那里继续，您甚至可以根据不同投资策略设置多个虚拟投资组合，直至找到自己喜欢的方法。

分散化投资组合由多少股票构成

巴菲特认为分散化投资"毫无意义，如果你知道自己在做什么的话"。然而，大多数人难以驾驭高度集中投资组合的理念，这就提出了"怎样算是充分分散"的问题，它的答案取决于您的投资组合中包含了什么。

举例来说，对某投资者来说，单一标准普尔500指数基金可能就足以分散所持头寸，因为该单一投资持有了相当于500只股票。让我们来解决一个问题，对那些挑选自己的个股并且还没有准备好进入高度集中投资组合的巴菲特专家模式的人来说，什么才是足够的分散化。幸运的是，现在已经有很多关于这个话题的研究，在第二章中，我们曾提到过衡量风险的一种方法是查看资产收益的标准差。

数十年的学术研究显示，如果您的投资组合中只有一只股票，那么它的风险巨大，或者说在统计学上标准差大约是30%，但好消息是，随着您不断向投资组合中添加证券，风险会迅速降低。当您的投资组合中有10只股票时，研究发现风险会降低约40%；一旦您买入大约30只股票，您的风险就会降低差不多一半；一旦您买入超100只股票，风险就不会再降低了。再考虑到100只股票的跟踪难度太大，至此，回答我们在本节前面提出的问题，要持有一个分散化投资组合，30是您买入股票数量的一个很好的整数，如果您愿意承担更大风险，甚至15只到20只可能就足够了。

但是，我们强调这30只股票应该分散在多个不同行业（至少15个）。拥有30只科技股（或同行业的其他股票）不太可能会提供太多额外的风

第八章　巴菲特的投资组合与风险管理

险降低，因为证券之间的相关性可能很高。

"商学院"风险管理方法

巴菲特对商学院通常的风险课程教学持反对立场。为了更好地理解巴菲特的批评并提高您的理财能力，我们将介绍大多数商学院教学的主要风险和回报理论的精髓。它被称为资本资产定价模型（Capital Asset Pricing Model，CAPM），它是马科威茨理论的扩展，为了理解它，让我们从图 8-2 开始。

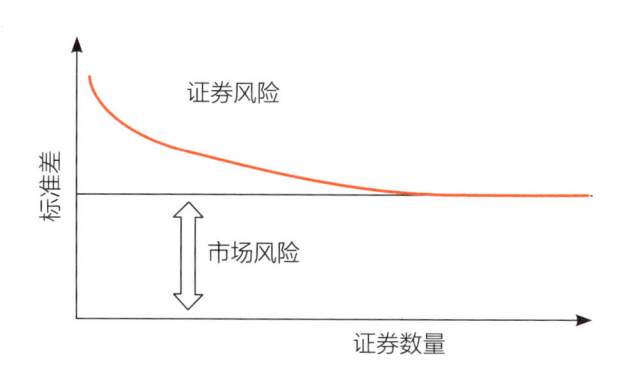

图 8-2　"商学院"风险管理方法示意

您纳入投资组合的股票越多，风险就降低得越多。我们仍然使用股票收益的标准差（即波动率）作为风险量度，随着您不断向投资组合中纳入越来越多的股票，可被分散的风险或公司特定风险会降低。请注意，即使您拥有市场上所有股票（例如，拥有数千只股票的指数基金），您仍然无法摆脱市场风险。观测这一点的一种简单方法是市场每天上涨或下跌。如果市场风险能够完全被分散，市场就永远不会下跌。但我们知道市场总是在上涨或下跌的，而且有时幅度还很大。

BUFFETT'S TIPS
巴菲特的金融课

　　学者们用希腊字母**贝塔（beta）**来指代市场风险，它也被称为系统性风险，因为它与经济体系有关。这是学者们认为很重要的观点。无法被分散的风险是唯一值得承受的风险（即，应该给您带来有价值的回报），即贝塔。根据该理论，当投资者购买股票时，公司特定风险应该是无关紧要的，因为如果您足够分散，它就会消失。

　　资本资产定价模型显示，任何股票的预期回报等于无风险利率加上股票贝塔值和我们稍后将介绍的另一个值的乘积。在实践中，无风险利率是与您所考察投资周期（例如，一年）期限相等的政府债券利率。平均而言，任何物有所值的投资都应超过无风险利率，否则没有人会投资它。我们刚刚介绍了贝塔，一个衡量市场风险的指标，并非所有股票都具有相同的贝塔值，整个市场的贝塔值为1，一些股票的贝塔值小于1，这些股票往往是大型、成熟的公司，或在波动性较小行业经营的公司，包括食品、饮料、公用事业和大型制药公司。也有些公司的贝塔值大于1，这些公司通常是小公司和波动性较大行业的公司，例如科技、生物技术、银行、汽车和一些零售商。

　　说回资本资产定价模型，除无风险利率、贝塔值外，还有另外一个因子，这个因子与市场心理有关，即投资者愿意在整个市场上承担多少风险，它被称为**市场风险溢价（market risk premium）**，是股票市场预期收益与无风险利率之间的差额。为了让这个概念不那么抽象，我们将加以具体说明。美国股市历史上每年回报率约为10%，而以国库券为代表的无风险利率历史上每年回报率约为3%，尽管当前它接近于0%，分析得出历史市场风险溢价约为每年7%。但是市场心理是善变的，正如我们在关于股票的章节中曾讨论过的市场先生和钟摆类比。有时人们会感到恐惧，市场风险溢价可能会飙升至约10%甚至更高，还有时候，人

第八章 巴菲特的投资组合与风险管理

们会因贪婪或自满，使这个数字缩小到 2% 或 3%，在这种情况下，人们投资股票不需要更多额外回报。市场上所有股票的市场风险溢价数相同，并且与个股贝塔值无关。

总而言之，资本资产定价模型显示，任何股票的预期回报等于无风险利率加上股票的贝塔值乘以市场风险溢价，它使得预期风险和回报之间的直线关系如图 8-3 所示。如果您倾向于量化，可在本书的尾注里查看完整的 CAPM 公式。

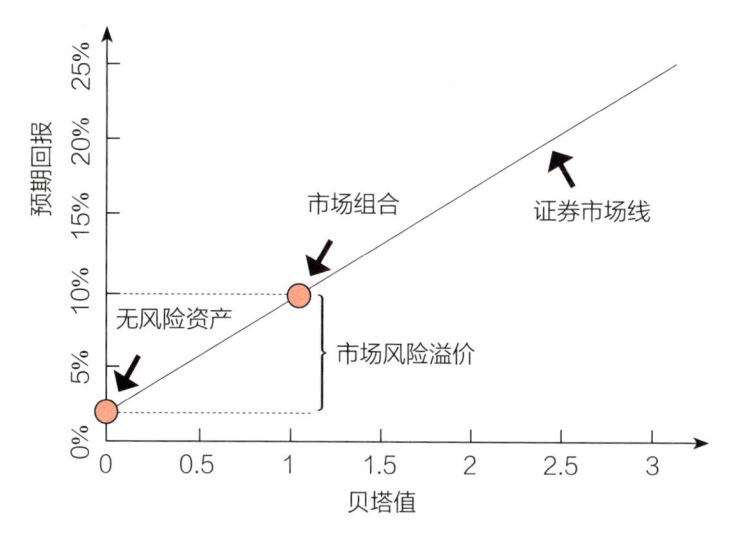

图 8-3　资本资产定价模型图

总结本节，在商学院的教学中，将贝塔（市场风险）视为衡量风险的主要方法，有时也会将其与我们曾在第五章中讨论过的内容结合起来，例如规模（即大盘股与小盘股）、风格（即成长型与价值型）以及近期价格走向，即趋势（momentum）。

— 193 —

巴菲特对"商学院"风险管理方法的批判

我们有充分理由去讨论贝塔和资本资产定价模型，尽管您可能发现它像泥土一样无趣。巴菲特对商学院在风险理论上的定义和教学是持反对立场的，我们谈到过其中的一些问题，现在再来讲讲他批判的细节。首先，回到第二章，我们注意到巴菲特对风险的定义——损失或受伤的可能性。我们还注意到他说，从长远来看，债券和现金比股票的风险更大，因为它们往往无法跟上通胀，尤其是考虑税后金额时。

但他在风险这个话题上有更多话要说，我们需要更深入地介绍具体的风险衡量标准，例如标准差和贝塔值，以便进一步理解他的批判。拥有一个高集中度投资组合，对应通常相应的高水平标准差，巴菲特并不担心，因为他认为标准差是一种有缺陷的风险衡量标准，他不会纠结于此。

他认为贝塔值也有缺陷，也不太将其当回事。在1993年致伯克希尔公司股东的信中，他写道："这些学者利用数据库和统计技能，精确计算股票的'贝塔'——它过去的相对波动率——然后围绕这个计算建立神秘的投资和资本配置理论。然而，在他们渴望用单一的统计数据来衡量风险时，他们忘记了一个基本原则：模糊的正确强于精确的错误。"

这最后一句话与我们之前关于"谨防像极客那样用公式做决策"的忠告类似，但由于它是对商学院所教内容的直接抨击，我们将把它批判的本质作为一个单独的忠告。

第八章　巴菲特的投资组合与风险管理

巴菲特忠告五十二：

贝塔不是风险。模糊的正确强于精确的错误。

巴菲特应对风险的方法

巴菲特应对风险的方法是关注公司经营什么以及它如何受到竞争的影响，或者我们称为护城河的力量。他认为，说可口可乐公司或吉列公司（现在由宝洁公司拥有）与一些新成立或财务状况不佳的"无信用公司"具有相同贝塔值就是具有相同风险，这很疯狂。这家公司，我们称为贝塔公司（Beta Inc.），可能没有可口可乐公司或宝洁公司的历史和护城河，因此不应该认为风险相同，他在1993年致伯克希尔公司股东的信中写道：

可口可乐公司或吉列公司的竞争优势即使对商业的不经意间的观察者来说也是显而易见的。然而，他们股票的贝塔值与许多具有很小或没有竞争优势的普通公司相似。我们是否应该从这种相似性中得出结论，在衡量商业风险时，可口可乐公司和吉列公司的竞争优势对他们没有任何帮助？或者我们是否应该得出结论，拥有一家公司的一部分——它的股票——的风险在某种程度上与其业务运营中固有的长期风险脱节了？我们认为这两个结论都没有意义，将贝塔等同于投资风险也是没有意义的。

他接着说："在评估风险时，一个纯粹的贝塔主义者会不屑于检查一家公司的产品、竞争对手在做什么，或者公司借了多少钱。他甚至可能宁愿不知道公司的名称，他珍爱的是其股票的价格历史。相比之下，我们会很乐意放弃了解历史价格，而是会寻找任何可以进一步了解公司业务的信息。"

让我们用另一个忠告来总结这些关于风险的观点。

巴菲特忠告五十三：

好公司的风险与公司生产的产品、竞争对手在做什么以及公司借了多少钱有关。

当您想买的东西价格下降时，您可能认为您的交易很划算，您购买产品或服务的买贵风险降低了。巴菲特说，同样的概念适用于投资，巴菲特在1993年致伯克希尔公司股东的信中说："举个例子，基于贝塔理论，与市场相比大幅下跌的股票——就像我们在1973年购买《华盛顿邮报》时所做的那样——在较低的价格比在较高的价格风险更大。那么，对以大幅降低的价格卖出整个公司的人来说，这种描述是否有意义？事实上，真正的投资者喜欢波动。"

这是来自奥马哈先知（Oracle of Omaha）的伟大建议，尽管很多人很难追随。为什么？当您拥有的股票价格下跌时，您的净资产减少，让您变得更穷，这引起了许多投资者的极大焦虑。为了让他们获得一些安慰，让我们把巴菲特名言的最后一句作为忠告。

第八章　巴菲特的投资组合与风险管理

巴菲特忠告五十四：
真正的投资者喜欢波动。

巴菲特谈黄金

　　黄金通常被认为是一种避险资产。也就是说，当股票快速下跌时，它通常会上涨，它通常与股票呈负相关，因此学术界通常喜欢它的分散化特性。那巴菲特怎么看待黄金？与比特币一样，巴菲特不是它的粉丝。巴菲特不相信黄金是一种生产性资产，我们的意思是：农场能生产食物，房地产能产生租金或当作住房，债券除归还本金外还能支付利息，股票能代表公司的所有权，通常会支付股息。但黄金呢？尽管它看起来不错，可以用来制作珠宝，但巴菲特认为它没有多大价值。他在2011年致股东的信中写道：

　　今天，世界黄金储量约为170 000吨。如果将所有这些黄金融合在一起，它将形成一个边长约68英尺[①]的立方体（想象一下，它很适合放在棒球场内）。按每盎司[②]1 750美元（我写这些内容时的黄金价格）来计算，它的价值将是9.6万亿美元，我们称这个立方体为标的A。

　　现在让我们创建一个成本相同的标的B。为此，我们可以购买美国所有的农田（4亿英亩[③]，年产值约2 000亿美元）外加16家埃克森美孚公司（世界上最赚钱的公司，年收入超过400亿美元）。在购买这些之后，

---
① 68英尺约等于20.73米。——译者注
② 1盎司约等于0.028千克。——译者注
③ 4亿英亩约等于1 618 742.56平方千米。——译者注

我们将剩下大约1万亿美元用于流动资金（在这次购买狂潮之后感觉无处用力）。你能想象一个拥有9.6万亿美元的投资者会选择标的A而不是标的B吗？

一个世纪后，这4亿英亩的农田将生产出数量惊人的玉米、小麦、棉花和其他作物——无论货币是什么，它们都将继续生产出宝贵的资源。埃克森美孚公司可能已经向其所有者提供了数万亿美元的股息，并且还将持有价值数万亿美元的资产（请记住，您拥有16家埃克森美孚公司）。170 000吨黄金的大小将保持不变，仍然无法生产任何东西。你可以抚摸立方体，但它不会有回应。

这是一个很长的引述，但下次当一些末日预言家告诉您应该把一大笔钱用来投资黄金时，您值得记住这一点。让我们用一句忠告来总结他对黄金的看法。

> **巴菲特忠告五十五：**
>
> **黄金是一种非生产性资产，因此，尽管黄金具有分散化特性，但它不应成为您投资组合中有意义的一部分。**

总结巴菲特对风险的看法

风险不是一个易于掌握的概念，但它是您的财务和个人福祉最重要的课题之一。总结巴菲特的观点，风险是投资在税后基础上的表现无法

第八章 巴菲特的投资组合与风险管理

跑赢通胀，或投资于您不了解的、管理不善、债务过多、没有竞争优势或被高估的公司。

他在 1993 年致伯克希尔公司股东的信中更正式地阐述了这些，这是一段很长的引述，但请再坚持一下，因为您终于到达了本章结尾，外加，您在投资教科书中是无法找到这些等式的。巴菲特认为，风险由以下因素决定：

1. 可以评估公司长期经济特征的确定性；

2. 可以评估管理层的确定性，包括其实现业务的全部潜力和高效使用其现金流的能力；

3. 管理层可以信赖的确定性，将来自公司收益回报给股东而不是自己；

4. 买入公司的价格；

5. 未来税收和通货膨胀水平将决定投资者的购买力回报从他的总回报中减少的程度。

尾注：资本资产定价模型

下面列出了主要的资本资产定价模型等式（通常称为证券市场线），以 IBM 公司为例。

$$E(R_{IBM}) = R_f + \beta_{IBM} \times [E(R_{mkt}) - R_f] \quad (8-1)$$

公式显示，IBM 公司的预期回报等于无风险利率加上 IBM 公司的贝塔值和市场风险溢价的乘积。根据资本资产定价模型的说法，理论上，所有公司的无风险利率和市场风险溢价都是相同的，因此不同资产的预期收益差异也基本上都可以归结为贝塔值的差异。

第八章 巴菲特的忠告

- 巴菲特忠告四十八：第一条规则：永远不要赔钱。第二条规则：永远不要忘记第一条规则。（做任何投资前，先聚焦投资风险。）
- 巴菲特忠告四十九：如果历史书是致富的钥匙，那么福布斯400强将由图书馆员组成。（过去的表现并不能保证将来的结果。）
- 巴菲特忠告五十：六家优秀公司就是需要的所有分散化。很少有人靠他们的第七个最佳选择发财。但是很多人已经通过他们的最佳选择发财了。
- 巴菲特忠告五十一：如果投资组合集中可以提高您的思考强度和您对所拥有公司的舒适度，它可能会降低风险。
- 巴菲特忠告五十二：贝塔不是风险。模糊的正确强于精确的错误。
- 巴菲特忠告五十三：好公司的风险与公司生产的产品、竞争对手在做什么以及公司借了多少钱有关。
- 巴菲特忠告五十四：真正的投资者喜欢波动。
- 巴菲特忠告五十五：黄金是一种非生产性资产，因此，尽管黄金具有分散化特性，但它不应成为您投资组合中有意义的一部分。

第九章

公司 101：您应该知道的公司

> 我对下一个极具吸引力的想法的反应时间将被削减到不到50年。
>
> ——沃伦·巴菲特,1989年致伯克希尔-哈撒韦公司股东的信

第九章 公司 101：您应该知道的公司

导言

想象一下，如果您遇到一个不知道勒布朗·詹姆斯（LeBron James）是谁，或者没听说过泰勒·斯威夫特、Jay-Z、汤姆·布雷迪、碧昂丝、凯蒂·派瑞（Katy Perry）、迈克尔·乔丹（Michael Jordan）、韦恩·格雷茨基（Wayne Gretzky）、Lady Gaga、泰格·伍兹、德雷克这些如雷贯耳的名字，或者您喜欢的超级巨星的名字的人，您可能会说或想："你是火星来的吗？一直住在石头下吗？"是的，要具备理财能力，您应该了解当今世界经济中的许多关键公司和商界人士，是那些人和公司帮助塑造了我们所生活的世界，这就是本章和下一章的全部内容。在本章中，我们将重点关注世界上许多重要公司的股票。在下一章中，我们将重点关注一些领袖级企业家。让我们开始吧！

道琼斯工业平均指数：最古老的分散化美国股市指数

在考虑世界上一些最重要的公司时，我们认为一个好的起点是查看蓝筹公司。在考虑蓝筹公司时，大多数金融专业人士首先想到的是道琼斯工业平均指数或道琼斯指数。道琼斯指数是美国最古老的分散化股票市场指数。

我们之前将股票市场指数定义为一篮子股票或股票组合。指数通常有某种主题，道琼斯公司现在归新闻集团（News Corp）所有，是《华尔街日报》的出版商，这是美国乃至全世界阅读量最大的商业报刊。无论如何，早在1889年，就有一个人，查尔斯·道（Charles Dow），与别人共同创办了这家如今享誉国际的报纸。

关注或投资股市的人通常会问几个重要问题。第一个问题，他们可能会问："今天股市表现如何？"时间周期——今天、本周、本月、本年——可以是任何范围，但要回答这个问题，您需要一个股票市场指数，回答这个问题是查尔斯·道在1896年为他的报纸创建道琼斯指数的主要原因之一。

第二个问题——道琼斯指数或别的市场指数都没有完全回答——"我的投资组合表现如何？"，要严谨回答这个问题，您应该计算投资组合的表现并将其与市场表现进行比较，假设两者具有相似的风险。在这里，我们谈论的是相对表现，比如考试的评分曲线，假设您参加了一场非常难的考试，平均分是70，如果您得到80，您可能会很高兴。相反，如果平均分是90，您得到80，您可能会失望。如果您不关心自己相对于他人的表现，那这对您有好处！巴菲特会说您正在遵循您的内在记分卡（忠告八），遵循您自己的信念体系，而不是别人的想法。

让我们在股票的背景下深入研究市场表现的概念。如果您的投资组合上涨了15%，市场上涨了10%，那就太好了。假设投资组合具有相似的风险，您的投资组合回报与市场回报之间的差值被称为阿尔法（alpha）系数。如果不是近似的风险水平，即不是"同等意义上"的比较，则必须做出一些调整，该内容不会在这里讨论。如果您的投资组合上涨了15%，而市场上涨了20%，那么也许您做得不够好，在这种情况下，您的阿尔法系数为 −5%。

第九章　公司 101：您应该知道的公司

道琼斯指数如何计算

从表面上看，计算非常简单。您可以认为是将道琼斯指数中 30 只股票的价格相加，然后除以 30，小菜一碟！几乎就是这么简单。原本道琼斯指数中的股票只有 12 只，但 1928 年增加到大家熟知的 30 只，从 12 只增加到 30 只是有必要做的一次调整，再加上另外两项调整共同形成了当今的道琼斯指数。

有时，有些股票会从指数中被剔除。为什么？部分原因是指数中的公司被收购。部分原因是道琼斯指数的编制人员将一些公司剔除并用新公司取而代之，这种情况并非没有，但确实不常见，通常因为市值缩小或不再被视为蓝筹股。自 1896 年以来，道琼斯指数的调整不到 60 次，谈不上变动巨大（每两年不到一次），但仍然会进行一些调整。例如，道琼斯指数中曾经有过名为美国糖业公司（American Sugar Company）、美国皮革公司（U.S. Leather Company）和拉克利德油气公司（Laclede Gas Company）的股票。最近的调整发生在 2020 年 8 月 31 日，当时安进（Amgen）取代辉瑞（Pfizer），霍尼韦尔（Honeywell）取代雷神科技（Raytheon Technologies），赛富时（Salesforce）取代埃克森美孚。

巴菲特曾提到过一些曾经伟大但现已步履蹒跚的公司，他在 2014 年致伯克希尔股东的信中写道：

我的继任者将需要另一种特定能力：抵抗商业衰退的 ABC，即傲慢（arrogance）、官僚作风（bureaucracy）和自满（complacency）。当这些公司的癌症转移时，即使是最强大的公司也会步履蹒跚。可以证明这一点的例子很多，但为了不得罪人，我只挖掘遥远过去的案例。在其辉煌岁月里，通用汽车、IBM、西尔斯公司和美国钢铁公司（U. S. Steel）在巨大行业顶端稳坐钓鱼台。他们的实力似乎是坚不可破的，但是我在前文强烈反对的破坏性行为最终导致这些公司都陷入了其首席执行官和董事长不久前还认为绝不可能的危险程度。它们一时的强大财务实力和它们历史上的盈利能力被证明并没有抵御风险的韧性。

让我们用一个忠告总结一下关于公司逐渐失去实力的引言。

巴菲特忠告五十六：

回避那些容易受到商业衰退 ABC，即傲慢、官僚和自满影响的公司。

调整道琼斯指数计算方式的第三个原因是所谓的股票拆分（stock split）。我们将在下一节中更详细地给出定义，现在您将其理解为把 10 美元钞票换成两张 5 美元钞票即可，这只能算是没有现实经济价值的一种会计技巧。我们知道您急于知道为什么公司会这样做，答案将在下一节揭晓。目前需要了解的关键点是股票价格下降了以及流通股数量增加了，尽管对公司没有实质影响。

通过查看一些基本数字，很容易看出道琼斯指数为什么需要进行调整。当前[1]，道琼斯指数在超过 27 000 点的高位波动，同时，除了伯克希尔－哈撒韦——目前不是道琼斯指数的成员，美国没有任何公司的股价

---

[1] 指撰写本书时。——编者注

第九章　公司 101：您应该知道的公司

超过 2 700 美元，那么道琼斯指数中 30 只股票的价格加起来除以 30 怎么会得出 2 700 这样的数字呢？这可归因于我们提到的三个原因，但主要是因为股票拆分。

道琼斯指数是价格加权指数（price-weighted index），意思是价格较高的股票（例如近年来的维萨）在指数中的权重高于价格较低的公司（例如可口可乐）。以学校做类比，在确定班级的总成绩时，考试通常比小测验更重要，在当前例子中，高价股票（如维萨）就像您的考试成绩，而低价股票（如可口可乐）就像您的小测验成绩。

更常见的指数类型是价值加权（value-weighted）或市值加权指数（market cap-weighted index）。标准普尔 500 指数可能是最常见的价值加权指数，此种计量方式下，股票在指数计算中的权重不是由其每股价格决定的，而是由每股价格乘流通股数（市值的定义）决定的。例如，微软最近的市值超过 1.6 万亿美元，它在价值加权指数（如标准普尔 500 指数）中的权重是市值仅为 16 亿美元的公司的 1 000 倍以上。继续使用成绩类比，微软相当于一场重要的期末考试，而 16 亿美元的股票相当于一项微不足道的家庭作业。

本节的最后一个知识点：一个点（point）意味着一美元的变化，或者别的所使用货币的一单位变化。如果一只股票上涨 2 个点，在美国这意味着 2 美元，在德国，就意味着 2 欧元，在英国，是 2 英镑。当然，它也可能会下跌，该术语也适用于道琼斯指数或标准普尔 500 指数等市场指数。

比如，5 个点的变动可能有意义，也可能没有意义。如果伯克希尔 - 哈撒韦公司（A 类）股票下跌 5 个点，这几乎只能算是个取整误差，但如果是像可口可乐这样的股票（目前在每股 50 美元附近交易）将是一个很大的变动。所以要记住的一点是，股票、投资组合或指数价格的变化百分比很重要，因为它与您的财富变化方式最密切相关。

股票拆分的含义

正如我们在一分钟前提到的，股票拆分是一种会计把戏或噱头，它本质上是将一张 10 美元钞票换成了两张 5 美元钞票。显然，您拥有的总额（本例子为 10 美元）并无改变。这就是为什么它只是会计把戏。让我们对股票进行类似计算，假设您拥有 100 股价值 50 美元的股票，100 股乘 50 美元等于 5 000 美元。

经过股票拆分，公司指定拆分的比例，最常见的是一拆二，在我们的示例中，在一拆二之后，您将拥有 200 股股票（2 乘 100），但股价将减半，即 50 美元除以 2，从每股 50 美元降至每股 25 美元，您所持头寸的价值，每股 25 美元乘 200 股，仍是 5 000 美元。

如果您的股票价值不变，为什么还要经历所有这些麻烦？嗯，这主要是由于投资者心理。如果您在大街上问典型投资者："你更愿意持有 100 股股票还是 200 股股票？"几乎每个人都会说 200 股，而懒得关注单股股价产生的影响。表面上看，您拥有更多股票听起来更富有，但我们知道，如果股票价格在一拆二之后减半，您并没有真正变得更富有。一些天真的人还认为，由于股票现在的价格是 25 美元，而昨天是 50 美元，所以它更便宜、更划算。这种思维是有缺陷的，因为重要的是公司的内在价值（即未来现金流的现值）或当前盈利的倍数，而不是实际价格。

事实上，我们可以证明伯克希尔-哈撒韦公司（A 类）股票每股价格 300 000 美元很便宜，而许多以每股 10 美元或更低价格交易的股票价

第九章　公司 101：您应该知道的公司

格昂贵。怎么证明？与未来现金流的现值或当前盈利的倍数相比，伯克希尔的交易价格可能较低，而 10 美元股票可能以高估值出售，或者几乎没有盈利前景。

除利用投资者心理外，很多公司拆分股票的理由还有什么？您会看到拆分股票的公司所给新闻稿中使用的一个短语是"增加市场流动性"。我们已经多次讨论过这个概念，复习一下，流动资产是一种可以快速以公平市场价格出售的资产，公司可能认为，通过拆分其股票，较低股价可使更多投资者能够触及它，这可能会增加交易量并减少交易成本。许多年前，当投资者必须购买整手（round lot）股票时，这可能是正确的，整手意味着 100 股或更多，少于 100 股的交易单通常被发送到碎股柜台（odd lot desk），它可撮合少于 100 股的交易单。如今，没有必要为了降低交易成本而购买整手，对于最多 1 000 股的所有买卖交易，大多数经纪公司都会向您收取固定费用，例如 10 美元。事实上，许多经纪公司，如嘉信理财（Schwab）、富达投资和罗宾汉（Robinhood），已经采用了 0 美元佣金结构，这使得这种区别在现在变得不再那么重要。此外，一些经纪公司有能力帮助客户买入 1 股的一部分。

我们不想过分离题，不过确实有一个叫作反向拆分（reverse split）的概念，即您拥有的股票数量减少了，但每股价格却上涨了。例如，如果您拥有 1 000 股以每股 1 美元交易的股票，在十并一反向拆分后，现在您将拥有 100 股以每股 10 美元交易的股票。总价值，即价格乘股票数量，仍然是 1 000 美元。为什么上市公司要这样做？大多数交易所要求股票至少为每股 1 美元才能继续在交易所上市，尽管这仍然是一种会计把戏，但股票价格在反向拆分后通常会下跌，因为它给出了公司正处于某种困境的信号，不再在交易所进行交易的公司相当于把坏孩子赶出学校，几乎在任何情况下这都不是一个好主意。

股票类别及巴菲特对股票拆分的观点

巴菲特对股票拆分进行过深入思考，正如您可能猜到的那样，联想到伯克希尔的股价，他对股票拆分不感兴趣。在给伯克希尔 1983 年的股东信中，他写道："如果我们拆分股票或采取其他关注股票价格而不是商业价值的行动，我们吸引来的买家群体将不如退出的卖家群体……出于非价值原因购买的人很可能出于非价值原因出售，他们在市场中的存在将加剧与公司基础业务发展无关的不稳定价格波动。"由于股票拆分大致是一种会计技巧，因此基本没有价值。让我们用一个忠告来总结他的评论。

巴菲特忠告五十七：

出于非价值原因购买的人很可能出于非价值原因出售，这往往会加大价格波动性。

由于伯克希尔的股价在没有拆分的情况下大幅上涨，有些投资者甚至连一股都买不起，于是股票集资人开始涌现，他们向投资者出售伯克希尔股票的一小部分，集资人赚取丰厚的销售费或佣金。巴菲特不喜欢这种模式，因此他决定创建伯克希尔－哈撒韦的 B 类股票，以使较小的投资者更容易买到这些股票。您可能会想："什么是 B 类股票，为什么公司会发行它们？"我们很高兴您有所疑问。

第九章 公司 101：您应该知道的公司

大多数公司股票只有一个类别，这些公司的一股股票赋予其持有人对发送给股东投票的公司事项的一票表决权，公司股东经常投票决定谁应该被任命为经营公司的董事会成员，他们选择审计公司财务报表的会计师事务所以及许多其他项目。一小部分公司有两种股份类别，两者的主要区别在于对公司事务的投票权，字母表/谷歌和安德玛等公司有两个股票类别，拥有两个股份类别为创始人或他们的继承人提供了一种保持公司控制权的方式，即使他们的所有权份额低于 50%。

在巴菲特的例子中，他创建伯克希尔 B 类股票不是为了维持对公司的控制，他和他的密友拥有伯克希尔的大部分股份，相反，他这样做是为了抵御筹资人的计划，这些筹资人牺牲小投资者的利益赚取大笔费用。因此，1996 年，他创建伯克希尔－哈撒韦公司的 B 类股票，目前该股票的售价为 A 类股票的 1/1 500，B 类股票除了价格和投票权，其他一切都是一样的，投资者有权分享 A 类股票所拥有的相同业务和相关利润，若伯克希尔支付股息，A 类和 B 类将按百分比获得相同份额的股息。

拥有至少一股伯克希尔 B 类股票的一个好处是，您将被邀请参加年度伯克希尔－哈撒韦股东大会，该大会在财经媒体上被称为"资本家的伍德斯托克"。每年有数万人亲自参加，还有数百万人在线观看由雅虎直播的会议记录。在新冠疫情暴发之后，2020 年的会议被改为全虚拟会议。伍德斯托克可能早在您出生之前就已经存在，它是可追溯至 1969 年夏天的史诗般的音乐和艺术节，其中有一群未来的"名人堂"式乐队，包括吉米·亨德里克斯（Jimi Hendrix）、谁人乐队（The Who）、桑塔纳乐队（Santana）、杰弗森飞机（Jefferson Airplane）（后称星际飞船）、克罗斯比（Crosby）、斯蒂尔斯（Stills）、纳什和杨（Nash & Young）、斯莱和斯通一家乐队（Sly and the Family Stone），以及感恩而死乐队（Grateful Dead）。

当然，持有伯克希尔股票的另一个优势是拥有由巴菲特及其同事管理的出色公司。

当前道琼斯工业平均指数的成分股票

我们现在进入重头戏，简要探讨道琼斯指数当前的 30 只股票，然后简要探讨其他一些全球蓝筹股。过去和现在的道琼斯指数股票挑选者都希望获得各种公司的组合，就像经济中有各种各样的公司一样。我们将按板块排列公司，股票市场是由个股组成的，这些股票汇总或组合成一个行业（industry），行业组成板块，然后这些板块汇总到全体或整体市场。例如，科技是一个板块，由包括计算机软件、计算机硬件和计算机服务在内的行业组成。在本节中，我们将介绍道琼斯指数的板块，但您应该注意，标准普尔 500 指数的分类略有不同，在此我们不涉及。

道琼斯指数中的原材料股票

原材料板块是指涉及大宗商品的股票，例如石油、天然气、农作物和化学品。

雪佛龙（纽约证券交易所代码：CVX）

雪佛龙（Chevron），原为雪佛龙·德士古（Chevron Texaco），是世界上最大的能源公司之一。石油业务分为三个主要部分，上游部分发现并钻探石油和天然气，中游部分精炼或清洁和运输从地面或海洋中提取的（脏）原油，中游部分主要由炼油厂和管道组成，下游部门包括在零售或

第九章 公司 101：您应该知道的公司

消费者层面销售石油和天然气产品。例如，开市客（Costco）在其部分门店销售汽油，属于下游板块，但在上游或中游没有任何业务。在所有三个领域都活跃的公司，例如雪佛龙，被称为全产业链。您知道后可能会感到惊讶，我们使用的许多产品（至少部分）都由石油制成，包括塑料、蜡烛和俏唇（ChapStick）润唇膏。

陶氏化学（纽约证券交易所代码：DOW）

陶氏化学（Dow Chemical），顾名思义，是一家化工公司，与道·琼斯无关。早在 2015 年陶氏化学就与另一家大型化学公司杜邦（DuPont）合并。先选入道琼斯指数的是杜邦，而不是陶氏化学，但猜猜怎么着？陶氏和杜邦在 2019 年拆分为三个公司，第三个组成部分现在被称为科迪华（Corteva）。我们知道，这有点疯狂，这个故事留到以后再讲。化学品通常由石油制成，可出产大量下游产品，如清洁剂和杀虫剂等。

道琼斯指数中的消费者和公司服务股票

顾名思义，消费者和公司服务板块的公司向消费者和公司销售商品或服务。您可能与该板块的消费公司互动最多，因为该板块包括餐馆、服装零售商和百货公司。

家得宝（纽约证券交易所代码：HD）

家得宝（Home Depot）是世界上最大的家居装修零售商。您可以在家得宝找到您家所需的几乎任何东西，其在全球拥有 2 200 多家门店，主要分布在美国、墨西哥和加拿大。它还与房屋建筑相关的公司和承包商开展大量合作，这些公司和承包商在家中安装或维修物品。它的主要竞争对手是劳氏公司（Lowe's），它也在一定程度上与沃尔玛和亚马逊竞争，可能亚马逊无法有效竞争的少数产品之一是水泥，其运费往往超过产品本身的价格！

麦当劳（纽约证券交易所代码：MCD）

麦当劳是快餐业的先驱之一，也是世界上最大的连锁餐厅之一。麦当劳是最早将流水线技术应用于食品销售的餐厅之一。快餐以物美价廉、出餐速度快而著称，但通常不被认为是有营养的食品。快餐行业有一个相对新兴的细分行业，被称为快休闲。快休闲公司供应食物很快，顾客通常不会给小费，而且食物往往比麦当劳、汉堡王、哈迪斯（Hardee's）和温迪（Wendy's）提供的更有营养。小辣椒墨西哥餐（Chipotle）和潘娜拉面包（Panera Bread）是您可能遇到的两家最著名的快休闲公司。

沃尔玛（纽约证券交易所代码：WMT）

按年销售额衡量，沃尔玛是世界上最大的零售商。您可能会惊讶地发现它是日用杂货和持久消费品行业的最大销售商，它甚至是美国最大的钻石销售商之一。钻石？真的吗？对一些人来说，尤其是在乡村地区，逛沃尔玛几乎是当地唯一的消遣，沃尔玛的主要竞争对手是塔吉特（Target）、开市客和亚马逊。

巴菲特最大的遗憾之一是在沃尔玛早期增长时没有购买其股票。这是他能理解的生意，而且与伯克希尔成功的零售子公司内布拉斯加家具市场和波仙珠宝店相比，沃尔玛业务规模更大。他在1989年致股东的信中写道："内部拉斯加家具市场和波仙珠宝店遵循完全相同的成功模

第九章　公司 101：您应该知道的公司

式：①在一个地区提供拥有无与伦比深度和广度的商品；②相较而言运营成本最低；③在进货方面最精明，做到这点的部分原因是进货量巨大；④毛利率和销售价格远低于竞争对手；⑤为会员提供友好且及时的个性化服务。"对股东和企业主来说，这段引言中有一些重要的思想，所以我们将把它作为我们最详细的忠告之一。

> **巴菲特忠告五十八：**
>
> **成功的零售模式通常包括：①在一个地区提供拥有无与伦比深度和广度的商品；②相较而言运营成本最低；③在进货方面最精明，做到这点的部分原因是进货量巨大；④毛利率和销售价格远低于竞争对手；⑤为会员提供友好且及时的个性化服务。**

道琼斯指数中的消费品股票

消费品板块与上面所讨论的消费者和商业服务行业存在一些交叉，两者主要差异在于"服务"和"商品"的不同。像沃尔玛这样的消费服务公司销售许多其他公司的产品，相比之下，像耐克这样的消费品公司，虽然可能会有一些直营店，但大部分产品都是通过其他公司销售的，比如 Foot Locker、迪克体育用品（Dick's Sporting Goods）和 DSW。

苹果公司（纳斯达克股票代码：AAPL）

苹果公司是世界上最赚钱、最具价值的公司之一，以其手机产品闻名。苹果公司最初是个人计算机业务的先驱之一，它还创造了许多其他广受欢迎的产品，例如便携式数字多媒体播放器iPod、平板电脑和苹果手表。对，我们知道大多数人认为苹果主要是一家科技公司，但研究公司把它放在消费品领域，因为它向消费者销售大部分产品，尤其是苹果手机。苹果公司的股票是世界上最有价值的股票之一，目前市值超过2万亿美元！

目前伯克希尔－哈撒韦公司最大的股票头寸投在了苹果公司，尽管巴菲特历来回避科技股。他表示自己不了解这个行业，但他认为苹果公司的客户忠诚度高，同时苹果公司有能力利用这种高忠诚度提价并让客户购买新版本产品。在接受美国消费者新闻与商业频道（CNBC）采访讨论苹果公司和苹果手机时，他说："在智能手机市场上，你不能像在电器或别的商品领域那样通过价格来打动消费者，消费者想买苹果手机，他们不想要最便宜的产品……对生活已离不开它的人们来说，这是一个非常、非常、非常有价值的产品，对从8岁到80岁的人都是如此。"我们认为可就此总结一个忠告。

巴菲特忠告五十九：

购买那些客户离不开的产品的公司的股票。

第九章　公司 101：您应该知道的公司

可口可乐（纽约证券交易所代码：KO）

几乎每个人都知道可口可乐，它是全世界最知名的品牌之一。可口可乐是世界上最大的非酒精饮料公司，业务遍及 200 多个国家。旗下品牌包括可口可乐、健怡可乐、雪碧、Tab 无糖汽水、Fresca 酒精饮料、Dasani 矿泉水、Powerade 运动饮料和美汁源果汁。它的主要竞争对手是百事可乐，令人惊讶的是，它的大部分利润来自休闲食品，如乐事薯片、多桃氏墨西哥玉米片（Tostitos Tortilla Chip）和多力多滋（Doritos）。关于百事可乐多说一句：它是佳得乐（Gatorade）的制造商。可口可乐和百事可乐的较小竞争对手包括吉百利·史威士（Cadbury Schweppes）和胡椒博士集团（Dr Pepper Snapple）。

可口可乐一直是巴菲特最成功的投资之一。自 1988 年首次购买以来，他已从中赚到超过 100 亿美元。但他在 1989 年致股东的信中讲述了一个极为吸引人的故事，即他应该早点购买该股票，他写道：

"我确信我在 1935 年或 1936 年买到了我的第一瓶可口可乐，可以肯定的是，我在 1936 年开始以 6 瓶 25 美分的价格从（祖父的）巴菲特父子（Buffett & Son）家庭杂货店购买可口可乐，然后再以每瓶 5 美分的价格卖给邻居们。在这次实践高利润零售的过程中，我观察到了该产品非凡的消费者吸引力和商业可能性。

"在接下来的 52 年里，随着可口可乐席卷全球，我持续关注到这些品质。然而，在此期间，我小心翼翼地避免买入其哪怕一股股票，并将我的大部分净资产分散买入有轨电车公司、风车制造商、无烟煤生产商、纺织公司、兑换券发行商等（如果你认为这是我编造的，我可以提供它们的名字）。直到 1988 年夏天，我才真正意识到可口可乐股票的价值。

"事实上，如果我头脑清醒的话，我会在1936年说服祖父卖掉杂货店，并将所有回款买入可口可乐股票。我已吸取教训：我对下个极具吸引力决策的反应时间会被削减至不到50年。"

这个幽默故事中有一个重要的启示，我们将把它作为一个忠告。

巴菲特忠告六十：

如果您看到一个非常诱人的机会，请迅速采取行动。

耐克（纽约证券交易所代码：NKE）

耐克（Nike）是世界上最大的运动鞋公司。乔丹气垫鞋和耐克勒布朗联名款是它最受欢迎的产品，匡威（Converse）在2003年也被耐克收购，耐克还销售各种运动服装和装备，包括T恤、短裤、钉鞋和运动衫。其以吸引人的营销口号如"Just Do It"，以及他们的名人代言人，包括迈克尔·乔丹、勒布朗·詹姆斯、泰格·伍兹、锡安·威廉姆森（Zion Williamson）、玛丽亚·莎拉波娃（Maria Sharapova）和克里斯蒂安·罗纳尔多（Christian Ronaldo）而闻名。耐克的主要竞争对手是阿迪达斯（Adidas）、彪马（Puma）和安德玛。

宝洁公司（纽约证券交易所代码：PG）

宝洁公司是世界上最大的消费品公司之一，它销售很多您能在超市找到的用品，一些主要品牌包括象牙香皂（Ivory Soap）、封面女郎（Covergirl）、海飞丝（Head and Shoulders）、奇尔（Cheer）、汰渍（Tide）。

第九章　公司101：您应该知道的公司

它的主要竞争对手是联合利华（Unilever），一家总部位于荷兰的公司，其业务遍及全球。

沃博联（纳斯达克股票代码：WBA）

沃博联（Walgreens Boots Alliance）主要以其美国连锁药店沃尔格林（Walgreens）和杜安瑞蒂（Duane Reade）闻名。如果您没有去过它们的任何一家商店，它们可能会被视为销售保健品、化妆品和便利用品的零售店。名称中的Boots Alliance与沃尔格林在2014年并购的国际药店有关。合并后的公司规模庞大——在全球经营着大约1 500家商店。

迪士尼（纽约证券交易所代码：DIS）

迪士尼是一家大型媒体和娱乐公司。您可能知道它的主题公园、电影和迪士尼加（Disney+）视频点播服务。您是否还知道他们拥有娱乐与体育电视网（ESPN）和美国广播公司（ABC）？近年来，它收购了其他一些电影公司：皮克斯（Pixar）（电脑动画电影的制作商）、漫威（漫画书和相关电影的制作商）、卢卡斯影业（Lucas Film）（星球大战和印第安纳·琼斯系列的创作者）以及福克斯（Fox）的电影电视业务，它还拥有另一家提供视频订阅服务的公司葫芦（Hulu）的多数股权。

道琼斯指数中的金融股票

金融股票不言自明，该板块包括银行、信用卡公司、保险公司、投资管理公司和投资银行公司。

美国运通（纽约证券交易所代码：AXP）

前面我们讨论信用卡和借记卡时提到过美国运通，并讲述了巴菲特在它遭受色拉油丑闻影响时买入其股票的故事。美国运通最初从事快递、汇票和旅行支票业务。美国运通是信用卡奖励计划的先驱之一，发卡机构为您提供不错的优惠，例如免费机票和购物现金返还。它还为许多公司及其员工提供信用卡，用于与公司相关的小额费用支出。

高盛（纽约证券交易所代码：GS）

我们之前提到高盛是为举例说明巴菲特在2007—2009年全球金融危机时期将格言——"别人贪婪时我恐惧，别人恐惧时我贪婪"付诸实践。高盛是世界上最大且最负盛名的金融公司之一，对许多已经或希望在华尔街工作的人来说，高盛的职位是他们的梦想。高盛有点像金融界的新英格兰爱国者队、纽约洋基队或金州勇士队，也就是说，它们总是能获胜。高盛拥有大型投资银行、投资管理和证券交易部门，以及一家发展中的在线零售银行。

摩根大通（纽约证券交易所代码：JPM）

摩根大通是世界上最大的金融公司之一，它于1871年由J.皮尔庞特·摩根创立，我们将在下一章讨论这个人。它为世界各地的个人和机构提供传统银行和投资银行的组合服务。大通是它的零售部门，负责接受存款、提供贷款和发行信用卡等业务。它还有一个大型投资银行部门和一个财富管理部门，主要面向拥有1 000万美元或以上资产的个人，我们希望您通过遵循本书中的讲解有一天能跨过该门槛！

第九章　公司 101：您应该知道的公司

旅行者（纽约证券交易所代码：TRV）

旅行者（Travelers）是美国最大的保险公司之一，也许您见过它著名的红伞商标。它提供各种各样的保险产品，汽车保险可能是大多数人购买的第一个保险产品，您一生中可能会使用的其他类型的保险产品包括房主保险（以防您的房屋发生意外）和人寿保险（在投保人过世后为其继承人提供资金，希望从现在起很长很长一段时间内都用不到它）。

维萨（纽约证券交易所代码：V）

我们在第三章讨论过信用卡，维萨是世界上最大的信用卡公司。您可能不知道它主要的赚钱模式，假设您在梅西百货花 20 美元买了一件衬衫，然后用您的维萨信用卡付款，梅西百货没有从此次销售中拿到全额 20 美元，而是拿到其中的 97% 或 98%（19.4 美元或 19.6 美元）。您可能会说，维萨几乎什么也没做就获得了数十亿美元销售额的 2% 到 3%？事实上，它在幕后做了很多事情，包括赔偿卡片丢失或被盗的客户，以及维护金融支付系统的一些"通道"。

道琼斯指数中的医疗保健股票

医疗保健股票包括提供健康保险、开发处方药、销售和分销处方药的公司，以及销售从胰岛素泵到人工心脏等各种医疗设备的公司。

安进（纳斯达克股票代码：AMGN）

安进（Amgen）是世界上较大的生物技术公司之一。顾名思义，生物技术公司使用技术来研发新药，这与传统的用试管和试错式药物研发的方法不同。由于道琼斯指数中有几只医药股，我们将为您提供美国食品药品监督管理局（FDA）批准程序的快速入门，该程序分为三个阶段：第一阶段旨在确保药物相对安全，当然，几乎所有药物都有副作用，第一阶段的主要目标是确保药物对大多数人的副作用不会比疾病更严重；第二阶段目标是确保药物对大多数人有效，正式名称为药物功效测试；第三阶段是在更大人群样本和糖丸（安慰剂）设置下测试该药物。如果是双盲实验，则患者和医生都不知道谁得到了真正的药物，服用真药的患者应该比服用糖丸的患者有更好的效果。您可能会感到惊讶，但确实只有不到0.1%的药物能研发成功并进入市场！

强生（纽约证券交易所代码：JNJ）

强生是世界上最大的医疗保健公司之一。它由三个主要部门组成：消费者部门，销售创可贴和泰诺等产品；医药部门，销售处方药；医疗器械部门，销售人造髋关节、膝关节和旨在保持血管畅通的心脏支架等产品。

默克（纽约证券交易所代码：MRK）

默克（Merck）是另一家销售医药产品的大型医疗保健公司，主要是处方药品种。有个事实您可能不知道：一种药物从实验室测试阶段到最终成为获美国食品药品监督管理局批准的产品并推向市场通常需要十多年时间，这就是专利通常持续长达20年的原因之一，否则，公司就没有动力去做所有这些烧钱的研发工作。

联合健康集团（纽约证券交易所代码：UNH）

联合健康集团（UnitedHealth Group）是美国最大的健康保险提供商。

第九章　公司 101：您应该知道的公司

健康保险向可能为您提供治疗的医生、医院和药剂师支付费用。许多人从公司获得医疗保险作为福利（benefit），一种非现金收入，老年人通常通过政府的老年人医疗保险（Medicare）获得医疗保健服务，还有其他一些重要的由政府资助的医疗保健计划。医疗保健通常不是免费的，即使您从雇主那里获得健康保险作为福利计划的一部分，也并不免费，您通常必须支付部分账单，这被称为自付额（co-pay），对许多人，尤其是老年人来说，医疗保健是他们最大的开支之一。

道琼斯指数中的工业公司股票

工业公司通常制造某种设备或制造其他产品的投入品。例如，通用电气最主要的产品之一是飞机发动机，为了让能让您在天上转圈，劳斯莱斯（Rolls-Royce）也涉足飞机发动机业务，劳斯莱斯甚至不再生产同名汽车，十多年前，它把商标卖给了宝马，没错，劳斯莱斯是宝马生产的！

波音（纽约证券交易所代码：BA）

波音（Boeing）是最大的商用飞机制造商之一，大多数人乘坐的喷气式飞机由它生产。也许您乘坐过波音 737、747 或它的新型梦想客机。它的主要竞争对手是欧洲公司空中客车（Airbus）。波音公司还拥有庞大的国防业务，是参与生产航天飞机的主要公司之一。

卡特彼勒（纽约证券交易所代码：CAT）

卡特彼勒是世界上最大的土方设备制造商，它的产品就是您在许多建筑工地看到的那些设备，例如起重机、挖掘机、推土机和压路机，其设备配饰黄色和黑色，很有辨识度。如今，大部分建设是在美国以外的世界各地进行的，尤其是在中国和印度，卡特彼勒大部分销售都在美国以外，使之成为一家真正的全球化公司。

霍尼韦尔（纽约证券交易所代码：HON）

霍尼韦尔的产品种类繁多，无法一一详述，大多数消费者都是从调节家中温度的恒温装置了解到它的。该公司还大量涉足航空航天、国防、监控、消防和软件行业，例如，该公司与谷歌之家（Google Nest）展开了一系列无线设备的竞争，所涉及的这一领域被称为"物联网"。霍尼韦尔在离开大约10年后，于2020年重返道琼斯指数。与伯克希尔－哈撒韦公司一样，霍尼韦尔被认为是一家集团公司，或者说是一家业务跨越一系列不相关行业的公司。

3M 公司（纽约证券交易所代码：MMM）

3M 公司最初被称为明尼苏达矿业和制造公司（Minnesota Mining and Manufacturing company）。它已不再从事采矿业务，现被认为工业公司，您几乎肯定知道它们的一些产品，胶带和便利贴。是的，这就是 MMM。在新冠疫情暴发期间，它的 N95 口罩一度脱销。除了胶带或黏合剂，它还有许多其他业务，包括汽车、医疗、安全、电子和能源。

道琼斯指数中的科技股

科技板块涵盖多个行业，包括计算机硬件、软件和服务。关于道琼斯指数，要记住的一件事是，该指数中包含的公司都有数十年的历史，

第九章　公司 101：您应该知道的公司

所以尽管脸书公司近年来取得了成功，但它还没有被纳入该指数。由于道琼斯指数是价格加权指数，因此伯克希尔 – 哈撒韦公司（A 类）、字母表和亚马逊等公司的超高价股票不太可能被纳入道琼斯指数，除非拆分股票，后两家公司的创始人对巴菲特和伯克希尔的经营表示钦佩，因此我们认为它们不太可能很快被纳入。我们知道巴菲特不会拆分伯克希尔的股票，尽管我们确实认为其 B 类股票有可能成为道琼斯指数的候选标的。

英特尔（纳斯达克股票代码：INTC）

英特尔是世界上最大的计算机芯片制造商之一。华尔街称计算机芯片制造商为半导体公司。英特尔以其中央处理器（CPU）芯片而闻名，其芯片为全球大多数笔记本电脑和台式电脑提供算力，英特尔还拥有杀毒软件制造商迈克菲（McAfee）。英特尔最近收购了另一家名为汽车之眼（Mobileye）的芯片公司，该公司生产的计算机芯片可能有助于为许多无人驾驶汽车提供算力。

国际商业机器公司（纽约证券交易所代码：IBM）

国际商业机器公司是世界上最大的计算机制造商之一。它专注于大型计算机，就是曾经填满整个房间的那种计算机。也许您看过热门电影《隐藏人物》（*Hidden Figures*），如果看过，您就可以知道几十年前 IBM 的计算机是什么样，IBM 已有超 100 年的历史，计算机是在二十世纪的四五十年代发明的，在那之前它卖的是什么？答案就在 IBM 的全名中，它出售商业机器，如收银机等。它还拥有大量信息服务业务，帮助世界各地的许多公司运营全部或部分计算机部门。当一家公司将曾经由自己完成的事情（如信息服务）分包出去时，它被称为外包（outsourcing）。

IBM还通过其沃森产品重新关注人工智能（AI）软件，该产品类似于Siri、Alexa和其他语音激活助手。作为摆脱增长乏力困境的一步棋，IBM于2019年收购了红帽（Red Hat），一家专注于Linux等基于云的开源软件公司。

微软（纳斯达克股票代码：MSFT）

微软是世界上最大的计算机软件公司，它最出名的是计算机操作系统Windows和MS Office。MS Office最近更名为Microsoft 365，一个高效软件程序包，包括Word、Excel和PowerPoint。微软还生产X-box游戏机，它是索尼PlayStation和任天堂Switch的竞争对手。几年前，微软收购了诺基亚的手机部门，但它在与苹果的iPhone和三星的Galaxy系列手机的竞争中还没有取得什么进展。它还拥有Skype，一个可以让您在世界各地免费拨打电话的软件程序，以及领英（LinkedIn），一个以工作为导向的网站，我们将在第十五章职业介绍中谈到它。过去几年微软股票上涨在很大程度上归功于其云计算部门即智能云的成功。

赛富时公司（纳斯达克股票代码：CRM）

赛富时的代码为公司所提供服务的类型提供了线索。具体来说，CRM是客户关系管理（Customer Relationship Management）软件的首字母缩写。例如，如果您致电您的手机提供商，他们可能会在您的账户中记录您上次致电的时间、您拥有的手机类型、您的服务计划特点、等等。salesforce是将其软件保存在云端的先驱，使移动用户可以通过智能手机或笔记本电脑轻松访问它。它的产品作为软件即服务（SaaS）订阅模式的一部分出售。它还于2019年收购了Tableau，一家数据可视化产品出众的公司。最后，

第九章　公司 101：您应该知道的公司

该公司的名字就是全小写字母，感谢您提示我们语法使用应该规范。

道琼斯指数中的电信服务股票

电信服务是指帮助实现通话、连接互联网或用于为这些行业提供支持设备的公司。

思科系统公司（纳斯达克股票代码：CSCO）

思科（Cisco）是旧金山市（San Francisco）的缩写形式，旧金山位于思科加利福尼亚州硅谷总部附近。思科以销售网络设备而闻名，这些设备组成互联网主干网络。我们不想让技术细节烦您，但得提到思科最早销售的产品之一被称为因特网路由器，当您访问网页时，路由器是帮助将网页从网站的计算机服务器发送到您的计算机、平板电脑、手机或其他互联网查看设备的装置。近年来，该公司变得更加多元化，销售一系列硬件、软件和安全产品。

威瑞森（纽约证券交易所代码：VZ）

威瑞森（Verizon）曾经是 AT&T 的一部分（说来话长），并且是美国最大的手机供应商。它还拥有一个名为 FIOS 的大型有线电视网络。近年来，威瑞森已扩展到互联网业务。几年前收购了美国在线（AOL），最近又收购了雅虎，世界上访问量最大的网站之一。

以上是被纳入道琼斯指数的 30 家蓝筹公司，我们简要介绍了它们的一些竞争对手，还有很多更重要的公司，接下来让我们简要讨论一下美国以及世界其他地区的一些主要公司。

一些美国蓝筹股票

由于道琼斯指数是一个由蓝筹股组成的老牌指数，因此其遴选委员会对任何新增都倾向于保守。他们不想挑选如流星划过或昙花一现然后就沉寂的股票。我们还提到过若新纳入高价股票将导致道琼斯指数失真的问题，例如伯克希尔－哈撒韦公司（A类）。

FANG 股票——它们不咬人

让我们从被称为 FANG[①] 的股票开始。FANG 是 Facebook、Amazon、Netflix 和 Google（现在正式名称为 Alphabet）的首字母缩写。

脸书是一家领先的社交媒体公司，每天有超过 10 亿的活跃用户使用。社交媒体是一个电子平台，使人们能够分享想法、评论、图片、视频、职业兴趣等。脸书是您与朋友保持联系的便捷方式。脸书还拥有照片墙，一家照片共享和社交媒体公司。脸书还拥有 WhatsApp，这是一款可以让您可以近乎无成本发信息和打电话的应用程序，WhatsApp 也拥有超过 10 亿活跃用户。

我们在本书中多次提到亚马逊。除了购物，很难描述这家公司以多少种方式触动您的生活。它最流行的消费产品之一是 Echo，表面上它是一个扬声器，但实际上是一个虚拟助手，随着 AI 扩展其功能，您将能够使用 Echo 播放音乐、查看天气或购买物品等。与微软一样，亚马逊的主要盈利能力也来自其云计算部门即亚马逊网络服务（Amazon Web Services）。它还通过在 2017 年收购全食超市（Whole Foods）以一种有意

[①] 在英文中，fang 有尖牙、毒牙的意思，所以作者说"它们不咬人"。——译者注

第九章　公司 101：您应该知道的公司

义的方式扩展到杂货领域。

奈飞（Netflix）是观看电影、电视节目、教育视频和其他资源的绝佳方式，它通过邮件租用 DVD 开始其业务。如今，它的主要业务涉及视频内容的在线流媒体。它可能是世界上最大的互联网带宽（即流量）用户。奈飞用户经常使用一种被称为狂欢的功能，过去，当电视节目播出时，您必须每周观看一集，而通过狂欢观看，您可以在一个周末观看整季。越来越多的消费者正在"切断"传统有线电视供应商的服务，转而使用奈飞等视频流媒体服务，以满足娱乐需求。如果您正在寻找电视节目想添加到您的狂欢观看列表中，请考虑巴菲特最喜欢的《绝命毒师》（*Breaking Bad*）。

每个人都知道谷歌是世界上最受欢迎的搜索引擎。它也拥有"油管"（YouTube），并且正在开发其他一些很酷的项目，如无人驾驶汽车。谷歌地图是世界上最受欢迎的导航应用程序，如果您更喜欢瓦兹（Waze）作为您的导航应用程序，它也归谷歌所有。由于谷歌所做的不仅仅是搜索，因此该公司决定将自己重新命名为字母表公司，但谷歌仍然是核心。

特斯拉是另一家当今登上许多财经新闻头条的公司，尽管它不是 FANG 股票的成员。它开启了电动汽车发展的大门，这些汽车令人印象深刻，以至于《消费者报告》（*Consumer Reports*）对它的 Model S 车型给出了有史以来最高的评价。我们有必要向一家拥有快如法拉利，操控如保时捷的汽车的公司致敬，尽管它在创造持续盈利方面面临一些挑战。华尔街显然相信其潜力，因为它的市值比福特、通用、大众和戴姆勒（梅赛德斯）的总和还要大！另外，它还与领先的太阳能屋顶供应商太阳城市（SolarCity）合并。其首席执行官埃隆·马斯克（Elon Musk）的愿景是与他的另一家公司 SpaceX 一起殖民火星，现在还只能算是伟大设想阶段！我们将在下一章"商业名人录"中再次提到埃隆·马斯克。

中国的新兴巨头

以国内生产总值衡量，中国目前是全球第二大经济体，并有把握在我们有生之年超越美国和欧盟。我们将简要提及中国科技公司"三巨头"——阿里巴巴、百度和腾讯。拥有TikTok的第四家大型科技公司字节跳动还未上市，并可能部分出售给甲骨文公司。阿里巴巴就像中国的易贝加亚马逊再加贝宝。它不仅拥有向消费者销售产品的平台，而且还拥有强大的公司对公司（business-to-business，B2B）平台。B2B是什么意思？假设您有一家销售T恤的公司，您的公司可能需要另一家公司来批量生产T恤，这就是阿里巴巴的用武之地，通过搜索其网站，您也许可以找到一家以便宜价格生产您的T恤的公司，然后，您可以专注于生意的其他方面，例如营销和寻找存放T恤的地方，这一过程叫作分销（distribution）。阿里巴巴还有一个电子支付系统，类似于我们在第三章中讨论过的贝宝，它被称为支付宝，是阿里巴巴金融部门蚂蚁金服的一部分。

百度类似于中国的谷歌或字母表，是中国领先的搜索引擎。另外，它还拥有无人驾驶汽车和其他人工智能项目，这些项目可能会刺激其接下来的增长。我们还想提一下腾讯，腾讯目前已成为中国领先的社交媒体公司，主导着中国即时通信市场。也许腾讯最有价值的部分是它的应用程序微信，微信也兼作支付系统，就像支付宝一样。我们毫不怀疑，在未来几十年里，您会听到更多关于这三家公司的消息。

第九章　公司 101：您应该知道的公司

一些国际能源巨头

能源是经济中最重要的产业之一。我们大多数人将能源用于运输（汽车、卡车、飞机、火车等）和采暖（天然气、取暖油和煤炭）。沙特阿拉伯国家石油公司（Saudi Aramco，简称"沙特阿美"）主要由统治沙特阿拉伯的王室拥有，几乎拥有沙特阿拉伯的所有油田，它在我们讨论过的中游和下游领域也占有很大的市场份额。沙特政府在 2019 年将一小部分沙特阿美的股票出售给投资者，并计划用这笔钱来帮助开发新产业，这些产业在石油最终耗尽时可能会蓬勃发展，该公司在 IPO 后不久，该股达到约 2 万亿美元的峰值，成为当时世界上市值最高的股票。如今，该公司的市值接近 1.75 万亿美元，这个数字甚至让巴菲特羡慕不已。

其他主要的国际能源公司包括俄罗斯天然气工业股份公司（主要由俄罗斯政府拥有）、英国石油公司（BP）、荷兰皇家壳牌公司（一家英荷合资公司）、中国石油（中国）、巴西石油公司（巴西）、道达尔公司（法国）和埃尼集团（意大利）。我们还应该提到美国能源巨头埃克森美孚。我们在本章前面提到，它在 2020 年被剔除出道琼斯指数，并被 salesforce 取代，这主要是为了在苹果完成一拆四股票拆分后增加该指数中的科技股权重。

一些全球消费巨头

我们在本章前面提到，联合利华是一家总部位于荷兰的消费品公司，与美国的宝洁公司最为相似。联合利华的一些最知名品牌包括 Breyer's（冰激凌）、Ben & Jerry's（冰激凌）、Dove（肥皂）、Hellmann's（蛋黄酱）、立顿（茶）、凡士林和 Q-Tips（棉签）。您可能对全球主要汽车公司有所了解，福特、通用汽车和特斯拉都来自美国，丰田、本田和尼桑都来自日本，戴姆勒（奔驰）、宝马、保时捷和大众都来自德国，Stellantis 是菲亚特、克莱斯勒和标致合并后公司的新名称，Stellantis 的一些子品牌包括吉普、道奇、Ram、阿尔法·罗密欧和玛莎拉蒂，塔塔汽车是一家重要的印度汽车制造商，该制造商还拥有捷豹和路虎，中国重要的汽车公司有上汽、东风、一汽、长安、比亚迪、奇瑞和吉利，有朝一日可能会在全球范围内广为人知，吉利在中国以外打开了知名度，主要是因为收购沃尔沃和莲花。说到汽车，您可能不再需要买一辆了，优步和 Lyft 在全球大部分地区提供拼车服务，两者的股票都是公开交易的股票。优步和房屋租赁公司爱彼迎被称为"共享经济"的领导者。

一些全球金融服务公司

我们提到了一些大型美国金融公司，例如摩根大通和高盛，它们都在道琼斯指数中。它们在美国的主要竞争对手是美国银行、花旗集团、富国银行和摩根士丹利。一些海外竞争对手包括中国银行和中国工商银行、德国德意志银行、瑞士联合银行（UBS）和瑞士信贷以及英国巴克莱银行。贝莱德和先锋领航（Vanguard）是世界上最大的两家资产管理公司，主要为其客户经营共同基金和交易所交易基金。两者都管理着超过 6 万亿美元资产。

恭喜，您现在已经掌握了许多重要上市公司情况！当然，目前还有很多私有公司，例如富达投资（金融服务）和嘉吉（Cargill，农业服务），它们也很重要。关注商业媒体或财经网站，如雅虎金融、谷歌金融、彭

第九章 公司 101：您应该知道的公司

博社和 MSN 投资者频道，您可以及时了解这些公司以及不可避免地出现的新公司。

本章巴菲特的忠告

- 巴菲特忠告五十六：回避那些容易受到商业衰退ABC，即傲慢、官僚和自满影响的公司。
- 巴菲特忠告五十七：出于非价值原因购买的人很可能出于非价值原因出售，这往往会加大价格波动性。
- 巴菲特忠告五十八：成功的零售模式通常包括：①在一个地区提供拥有无与伦比深度和广度的商品；②相较而言运营成本最低；③在进货方面最精明，做到这点的部分原因是进货量巨大；④毛利率和销售价格远低于竞争对手；⑤为会员提供友好且及时的个性化服务。
- 巴菲特忠告五十九：购买那些客户离不开的产品的公司的股票。
- 巴菲特忠告六十：如果您看到一个非常诱人的机会，请迅速采取行动。

第十章
商业101——过去和现在的商界领袖名录

> 我所在的上层中产阶级社区,所有家庭的生活水平通常都比老约翰·D. 洛克菲勒在我出生那年的水平要好。
>
> ——沃伦·巴菲特,2015 年致伯克希尔-哈撒韦公司股东的信

第十章　商业 101——过去和现在的商界领袖名录

导言

在上一章，我们介绍了道琼斯工业平均指数中的公司和其他您应当有所了解的公司，这样才能被认为具有理财基础，否则，商界人士可能会认为您是一个刚从火星回来的人，或者说一个对商业和金融市场一无所知的人。本章重点介绍您应该了解的一些重要商界领袖（既有过去的也有现在的）。了解这些先生和女士的身份将使您更好地了解我们当今经济是如何形成的以及它可能会走向何方。19 世纪和 20 世纪的著名哲学家乔治·桑塔亚纳（George Santayana）说："不能铭记历史的人注定会重蹈覆辙。"这也是您在本章不要走神的另一个原因。

我们将本章分为两大部分，过去的商业领袖和现在的商业领袖，类似于商界"名人堂"。这一切与巴菲特有什么关系？好吧，巴菲特了解或评论过我们将要讨论的许多商界领袖，其中很多在世商界人士也签署了捐赠誓言。本章中有一些非常有价值的内容，我们将把它们转换为巴菲特的忠告。让我们开始吧。

过去的商业领袖

亚历山大·格雷厄姆·贝尔

亚历山大·格雷厄姆·贝尔（Alexander Graham Bell）通常被认为是第一部电话的发明者，尽管围绕这一说法存在一些争议。贝尔创立了贝尔电话公司，最终演变为 AT&T，该公司一直主导着美国的通信行业，直到 1982 年被美国政府下令拆分。摩托罗拉的马丁·库帕（Martin Cooper）被认为是手机的发明者，如果您想知道的话。

罗斯·布鲁姆金（B 夫人）

我们在本书多次提到罗斯·布鲁姆金。她将内布拉斯加家具市场（NFM）打造成全国最大的家具店，并最终将她的生意卖给了伯克希尔。她一直工作到 103 岁，并且是 NFM 最好的销售人员之一，除了经营公司，巴菲特认为她是有史以来最有才华的公司高管之一。几十年来，巴菲特每年会见数百名大学生——约翰去过几次——并将参观 NFM 作为行程的关键部分。巴菲特在 2013 年致股东的信中写道："有抱负的公司管理者应该认真审视那些使 B 夫人取得令人难以置信成功的普通但罕见的特质……如果他们吸收了 B 夫人的教导，他们就不再需要从我这里学什么了。"这是一个非常有力的背书。让我们使用 B 夫人最著名表述之一的"便宜卖，说真话"作为下一个忠告，巴菲特会赞成的。

巴菲特忠告六十一：

便宜卖，说真话。（由 B 夫人提供）

第十章　商业101——过去和现在的商界领袖名录

安德鲁·卡内基

安德鲁·卡内基（Andrew Carnegie）被称为钢铁大王和慈善家。在金融家摩根（下文讨论）的帮助下，他持有的钢铁股份最终合并为美国第一家价值10亿美元的公司美国钢铁公司。他的慈善事业造就了世界各地数以千计的图书馆，以及排名靠前的位于宾夕法尼亚州匹兹堡的卡内基·梅隆大学（当时称为卡内基理工）。

华特·迪士尼

华特·迪士尼（Walt Disney）以漫画家的身份开始了他的娱乐行业生涯，米老鼠是他最著名的创作。他不仅发展了非常成功的电影业务，而且还大举进军主题公园业务，迪士尼乐园于1955年在加利福尼亚州开业，从那时起，世界各地又开设了几个更大的迪士尼主题公园和度假区。迪士尼可能是与家庭娱乐联系最紧密的人，事实上，G级或PG级的娱乐形式让孩子和成人都感到愉悦。正如我们上一章中提到的，迪士尼公司股票是道琼斯指数的成分股。

托马斯·爱迪生和杰克·韦尔奇

托马斯·爱迪生可能被认为是有史以来最伟大的发明家，他获得了灯泡、留声机（电唱机）、电影摄影机和其他1 000多项物品的专利。他在金融家摩根的帮助下创立了一家公司，后来发展成为通用电气。在2018年被移除前，该公司100多年来一直是道琼斯工业平均指数的30只股票之一。爱迪生和于2020年辞世的另一位通用电气高管杰克·韦尔奇（Jack Welch）被认为在有史以来最成功的公司高管之列，后者在2000年退休时前已将通用电气打造成为全球最有价值的股票之一。

亨利·福特

亨利·福特（Henry Ford）并没有发明汽车［通常认为此荣誉归属于戴姆勒/梅赛德斯-奔驰的卡尔·本茨（Karl Benz）］，但他使用流水线技术（assembly-line techniques）大规模生产汽车，意思是每个工人负责为汽车安装单个或少量零件，例如轮胎。福特的T型汽车平民也买得起，这彻底改变了世界交通，很大程度上说是福特让"马车鞭子"（即马车）退出历史舞台，造福了世界各地的马匹。

凯瑟琳·格雷厄姆

凯瑟琳·格雷厄姆（Katharine Graham）是财富500强公司华盛顿邮报的首位女性首席执行官。从1971年到1991年，在她领导《华盛顿邮报》期间，其股票回报率为3 315%，而道琼斯指数仅上涨227%。格雷厄姆在帮助巴菲特提高社交技能方面发挥过重要作用，向他介绍了世界各地商界和政府领导人的"名人录"。巴菲特强烈建议阅读格雷厄姆的《个人历史》(Personal History)一书，该书详细介绍了她在丈夫自杀后被迫经营《华盛顿邮报》的个人故事，包括她作为高管被质疑，以及她最终的胜利，看起来像是一部很棒的人生电影，却都是真实的。

威廉·伦道夫·赫斯特

威廉·伦道夫·赫斯特（William Randolph Hearst）曾一度经营着世界上最大的报纸和杂志业务。从19世纪后期到20世纪50年代初期，他一直活跃于商业领域。在20世纪20年代的某个时间，四分之一美国人会阅读赫斯特的某份报纸。他的组织还出版了今天仍然很受欢迎的杂志，包括《时尚》(Cosmopolitan)、《时尚芭莎》(Harper's Bazaar)和《好管

第十章 商业101——过去和现在的商界领袖名录

家》(Good Housekeeping)。他的报纸所载报道并不总能达到最高标准，经常被评论家认为是"黄色新闻"(yellow journalism)，即一种基于猜测且真假参半的报道方式。他最著名和最受批评的名言之一是："你提供照片，之后我将提供战争。"其报纸上的许多文章就像《国家询问报》或TMZ[①]加上《华盛顿邮报》的组合，但他的报纸也进行一些严肃新闻报道，例如在许多情况下揭露腐败。经典电影《公民凯恩》(Citizen Kane)大致描写了赫斯特的人生兴衰。

史蒂夫·乔布斯

史蒂夫·乔布斯是苹果公司的联合创始人〔与史蒂夫·沃兹尼亚克(Steve Wozniak)一起〕，该公司在引领个人电脑时代方面发挥了重要作用，在苹果公司之前，大多数计算机都用于商业目的，并且大到需要占用一个房间。苹果公司在普及当今大多数计算机中使用的图形用户界面(GUI)方面也发挥了重要作用。GUI依赖于图标或图片，而不是记忆并键入命令。长话短说，乔布斯于1985年被苹果公司（董事会）解雇，但他于1997年重新领导公司。如果您很想知道完整的故事，有一部关于这段故事的非常好的阿什顿·库彻电影（《乔布斯》，2013年），另一部电影（《史蒂夫·乔布斯》，2015年）并没有那么好，至少在乔布斯家族看来不好。乔布斯领导了包括Mac、iPod、iPad和iPhone在内的一系列革命性产品的研发，并帮助苹果公司一度成为世界上最具价值公司，如果这还不够，他还创立并领导了动画电影工作室皮克斯，并在2006年以74

---

① TMZ，即tmz.com，为一个美国网站，其所展示内容通常被认为具有八卦属性。——译者注

亿美元价格将其卖给了迪士尼。

英格瓦·坎普拉德

英格瓦·坎普拉德（Ingvar Kamprad）是宜家卖场的瑞典创始人，宜家是一家大型、高品质的折扣家具店。和巴菲特一样，坎普拉德也喜欢节俭、简单和热情。例如，宜家的大部分家具都是未经组装的。这不仅可以降低价格，还可以让装有家具的盒子相对平坦，运输成本较低，宜家卖场能够拥有大量库存。客户可以将他们的家具装进小轿车、运动型多用途汽车（SUV）或皮卡车拉走，而无须等待数周获得配送。宜家的目标是让家具组装相对容易，减少客户对"需要组装"这句话的恐惧。和巴菲特一样，坎普拉德经常被列为世界上最富有的人之一，并且过着相当简朴的生活，例如，尽管身为亿万富翁，坎普拉德的1993年产沃尔沃汽车开了长达20年，他在跳蚤市场购物，并在旅行时乘坐长途汽车，最后一项甚至巴菲特都做不到！

雷·克罗克

雷·克罗克（Ray Kroc）没有创立麦当劳，这一荣誉属于麦克唐纳兄弟莫里斯（Maurice）和理查德（Richard）。正如电影《创始人》(*The Founder*)中所描述的那样，克罗克最终在一些争议中将它买下。然而，克罗克帮助普及了快餐业，并将麦当劳打造成世界上最大的连锁餐厅。大多数麦当劳餐厅都是特许经营（franchised）的，而不是自营的。特许经营的意思是独立所有者遵循公司（本例中是麦当劳）建立的业务规范，并向公司（本例中还是麦当劳）支付销售额的某个比例。麦当劳也从房地产赚取了很多收入，因为特许经营商通常向麦当劳支付其商店的

第十章 商业101——过去和现在的商界领袖名录

租金。麦当劳在这方面涉及金融知识的一个要点：了解一家公司的商业模式就是了解它赚钱的方式。与迪士尼一样，麦当劳也是道琼斯指数30只股票之一。

雅诗·兰黛

如果您曾经路过百货公司的化妆品或香水柜台，您一定见过雅诗·兰黛（Estee Lauder）的一些产品。雅诗·兰黛创立了以她的名字命名的化妆品和香水公司。她是《时代》杂志1998年评选的20世纪最具影响力的20位商业天才名单中唯一的女性。有一段时期，她是世界上身价最高的白手起家的女性。她尤其以营销技巧见长，推广了现在普遍的做法，即购买化妆品或香水产品附赠免费礼物。

J. P. 摩根

我们在本书的前面提到J. P. 摩根是今天被称为摩根大通公司的创始人。他与大富翁游戏中的银行家非常相似。美国中央银行美联储成立于1913年，在此之前，如果出现经济衰退——通常会产生恐慌，政府依靠摩根等强大的银行家来拯救国家，摩根因结束1907年的恐慌而广受赞誉。他还在通过合并和筹集资金创建当时世界上一些最大的公司方面发挥了关键作用，摩根在我们之前提到的三家公司的创建过程中发挥了重要作用：AT&T、通用电气和美国钢铁公司。欧洲的罗斯柴尔德银行王朝可能是唯一可以与摩根在巅峰时期所拥有的权力相媲美的一个家族。

约翰·D. 洛克菲勒

我们提到过约翰·D. 洛克菲勒，他可能是现代历史上最富有的人，

第五章引用了他乐见分红的名言。洛克菲勒创建了当时世界上最大的公司，当时被称为标准石油公司，该公司控制了美国大部分石油产业，特别是在炼油方面，直到它被迫拆分为 34 家独立公司。今天仍然存在的主要标准石油成分被称为埃克森，标准石油的其他"兄弟姐妹"还有美孚（后与埃克森合并）、雪佛龙和阿莫科（Amoco）。

巴菲特对约翰·D. 洛克菲勒和大多数美国人今天享受的生活水平有着深刻的思考，他说，由于科技、医疗保健、农业等方面的进步，即使是美国中产阶级，在许多方面的生活都比可能是有史以来最富有的人要好。我们拥有更好的医疗保健、汽车、电话、食品、飞机、计算机、电视和成千上万的其他物品，这些物品要么在洛克菲勒时代不存在，要么质量较差。

巴菲特在 2015 年致股东的信中写道：

在我的上层中产阶级社区，所有家庭的生活水平都比我出生时的老约翰·D. 洛克菲勒要好。他无与伦比的财富无法买到我们现在司空见惯的东西，无论哪个领域——仅举几例——交通、娱乐、通信抑或医疗服务，洛克菲勒当然有权力和名声，但他不能像我现在的邻居那样生活。

根据巴菲特的说法，随着时间的推移，不断改进的商业和创新体系为公民带来了收益，这解释了为什么现在大多数人有幸比世界上第一位亿万富翁生活得更好。巴菲特还在 2015 年的同一封信中写道："240 年来，看空美国都是一个可怕的错误，现在不是开始这样做的时候，美国商业和创新的金鹅将继续产下更多更大的蛋。"让我们用一个忠告来总结巴菲特对洛克菲勒和美国经济体系的深度思考。

第十章　商业101——过去和现在的商界领袖名录

> **巴菲特忠告六十二：**
>
> **随着时间的推移，不断改进的商业和创新体系为其公民提供了收益，并使许多人能够比约翰·D. 洛克菲勒（也许是现代最富有的人）生活得更好。**

科尼利厄斯·范德比尔特

拥有"船长"（Commodore）绰号的科尼利厄斯·范德比尔特（Cornelius Vanderbilt）于19世纪航运和铁路行业发了大财。根据估算，他的净资产折合成现在的美元有超过2 000亿美元，比巴菲特、盖茨和贝佐斯还要多。在汽车和高速公路出现之前，铁路是帮助推动经济发展的主要交通方式，而范德比尔特是他那个时代最大的铁路大亨。

山姆·沃尔顿

山姆·沃尔顿（Sam Walton）是世界上最大的零售商沃尔玛的创始人。是《财富》杂志在名为财富500强的年度榜单中按收入排名美国500强公司。尽管微软、亚马逊、苹果和其他公司拥有更大的市场，但沃尔玛在过去几年中一直位居榜首。并非太久以前，沃尔玛还是一家位于阿肯色州本顿维尔的小型公司。该公司的名称来自沃尔顿的部分姓氏以及沃尔玛在公司成立时的更大竞争对手凯马特。当沃尔玛于1962年成立时，西尔斯还是一家规模更大的公司，并且是道琼斯指数30只股票之一。沃尔玛帮助开创了"超市"概念，并为客户提供各种低价商品。当然，它也是今天的道琼斯指数30只股票之一。

小托马斯·沃森

从20世纪50年代到70年代，小托马斯·沃森（Thomas Watson Jr.）帮助IBM成为世界上最强大的计算机公司。在苹果公司引发个人计算机革命后，IBM在向公司和政府以及个人销售计算机方面取得了巨大成功。IBM今天仍然拥有大量业务，但此后在技术领域被微软、脸书和字母表（谷歌）所取代，它仍然是道琼斯指数的成分股。沃森在学生时代遇到了一些困难，但得益于其父亲老托马斯·沃森（Thomas Watson Sr.）的影响力，他还是被布朗大学录取。巴菲特喜欢引用沃森的一句话："我不是天才，但我在某些方面很聪明，而且我持续经营那些聪明的方面。"这与巴菲特的能力圈理念稍有不同，也是我们认为值得给所有非天才的一个忠告。

> **巴菲特忠告六十三：**
>
> **您不必是天才才可以取得成功，每个人都在某些方面很聪明，要持续经营那些聪明的方面。（由小托马斯·沃森提供）**

现任商界领袖

完全主导自己行业的公司难以遇到，可能一生中也只能遇到几个。即将归入或已经归入这一类别的公司包括二十世纪五十年代至七十年代的IBM、二十世纪八十年代至今的微软、二十世纪八十年代至二十一世

第十章 商业101——过去和现在的商界领袖名录

纪头十年早期的英特尔（直到智能手机开始崛起）、2006年至今的谷歌和2012年至今的脸书。阿里巴巴和腾讯在当今中国各自行业中也拥有非常高的地位。

伯纳德·阿尔诺

伯纳德·阿尔诺（Bernard Arnault）是酩悦·轩尼诗–路易·威登集团（Moët Hennessy-Louis Vuitton SE，LVMH）的董事长兼首席执行官。如果您想炫耀您的财富，穿一些路易·威登的产品是一种方法，因为它可能是世界上最重要的奢侈品公司。除了路易·威登之外，他们的热门品牌还包括克里斯汀·迪奥、芬迪和唐·培里侬（Dom Pérignon）。路易·威登正在为收购蒂芙尼（Tiffany）而战，蒂芙尼是世界上最卓越的珠宝公司之一。阿尔诺目前身价超过800亿美元，这使他成为世界上最富有的人之一。

玛丽·巴拉

玛丽·巴拉（Mary Barra）是通用汽车的首席执行官，通用汽车是世界上历史最悠久、规模最大的汽车公司之一。通用汽车的品牌包括凯迪拉克、雪佛兰、别克和吉姆西（GMC）卡车。玛丽·巴拉因其处理危机的方法而备受推崇。当她接任通用汽车首席执行官时，她遭遇危机，该公司承认掩盖了数十万辆汽车点火开关故障的问题，点火开关故障可能会导致汽车发动机在行驶时熄火，进而安全气囊无法在发生事故时弹出，至少有100人死于通用汽车的严重机械故障。巴拉公开承认问题，道歉并召回了3000万辆汽车，从而使通用汽车能够从该事件脱身继续前进，尽管处置不及时，但提供了一个关于如何处理产品召回的案例。

在2005年致股东的信中，巴菲特就如何处理危机提出了一些建议，他写道："一旦出现问题，就要及时采取行动，无论是在人事方面还是在业务运营方面。"巴拉一接任通用汽车首席执行官就实践了巴菲特的建议，这个建议当然值得作为忠告。

巴菲特忠告六十四：
一旦出现问题，就要及时采取行动，无论是在人事方面还是在业务运营方面。

处理错误的更好方式是尽量防止其发生。卡特里娜飓风于2005年摧毁了路易斯安那州的新奥尔良地区。这是有史以来袭击美国的最严重飓风之一，风暴造成超过1 800人丧生，估算损失超1 250亿美元。接近或低于海平面的地区通常用一种防洪墙保护，这种被称为大堤的防洪墙能抵御水涌，当卡特里娜飓风席卷该市时，新奥尔良显然失败了。巴菲特在2005年致伯克希尔股东的信中写道："在卡特里娜飓风之前，考虑并改进新奥尔良防洪堤可靠性的时机已经到来。"

巴菲特建议您应该意识到自己犯某些错误或面临某些风险的可能性，然后您应该提前考虑应对方案以减小负面影响。例如，您可能倾向于冲动购买您不需要的东西，倾向于将所有资金投入到单一的风险投资中，或者处于可能导致麻烦的境地。请遵循您的内在记分卡，尝试抵制可能因同侪压力而产生的错误。如果您容易冲动购买，请尽最大努力确保您可以快速退货而不受损失。在任何买入之前，请尝试为有价值的投资类型制订书面计划，并制定可减少损失的风险管理策略。

第十章　商业101——过去和现在的商界领袖名录

杰夫·贝佐斯

我们在本书中多次讨论过亚马逊。这家令人难以置信的公司的创始人是杰夫·贝佐斯。亚马逊最早是在互联网上销售书籍，并宣传自己是"世界上最大的商店"。最终，亚马逊扩展业务，在他们的网站上销售几乎任何东西，随着收购有机杂货店全食，亚马逊也开始涉足实体零售业务——在华尔街被称为实体店。它还开始推出自己的品牌亚马逊商店，尝试一些很酷的技术，例如无收银员商店，让您避免排队，这是每个人在购物过程中最不喜欢的部分。亚马逊还通过其网络服务部门为世界上许多访问量最大的网站提供支持，例如奈飞。它开发的家庭播放器Echo/Alexa能够回答您的许多问题，很可能在您的有生之年成为真正的虚拟助手。

巴菲特盛赞杰夫·贝佐斯是当代最出色的公司高管。他称赞贝佐斯建立了能让客户满意的生意。在与一群小企业主交谈时，他说："贝佐斯每天都致力于通过快速交货、更低的价格来使他的客户感到满意，不惜一切代价……而且直到今天，他一直在考虑如何使他的客户满意。"让我们把这个理念变成一个忠告。

> **巴菲特忠告六十五：**
>
> **如果您是公司老板，请设法使客户感到满意。如果您是投资者，请购买令客户感到满意的公司。**

理查德·布兰森

理查德·布兰森（Richard Branson）是商人，一位亿万富翁，他以两件事而闻名：他的维珍品牌业务和冒险壮举。让我们先从冒险部分开始，因为它更令人兴奋，在1991年，他创造了乘坐热气球飞越太平洋的纪录。他还在一次独自旅行中穿越了大西洋，并创造了穿越英吉利海峡的纪录，英吉利海峡是分隔英国和法国的水域，他乘坐两栖车辆（即可以驾驶和浮动的东西）穿越过去。他目前还拥有维珍银河（Virgin Galactic），该公司的目标是在外太空运载乘客。他的公司包括维珍唱片（Virgin Records）、维珍移动（Virgin Mobile）（一家手机公司）和维珍大西洋航空（Virgin Atlantic Airways）（一家航空公司）。布兰森在获得令人难以置信的商业成功之前，年轻时曾与阅读障碍和成绩不佳做斗争。据最新统计，他的净资产超过40亿美元。

迈克尔·布隆伯格

迈克尔·布隆伯格（Michael Bloomberg）最知名的身份可能是纽约市前市长，他在2002年至2013年期间主政纽约市。他还在2020年争夺民主党总统候选人提名，但未能入选。作为商业信息和媒体公司彭博有限合伙企业的创始人，他赚取的50多亿美元财富的大部分来自该公司。在大多数华尔街交易柜台上都可以找到"彭博机"（Bloomberg Machine），彭博电视/广播是流行的商业频道/电台，彭博机提供了一种在一个平台上获取数据、新闻以及进行分析和消息传递的有效方式。它还可以作为许多客户进行交易的工具，尤其是在债券市场。如果有一天您到华尔街工作，我们打赌您的办公桌上一定有一台彭博机或在您的

第十章　商业101——过去和现在的商界领袖名录

部门中至少有一台用于共用。迈克·布隆伯格的故事也树立了坚持不懈的典范，在创办同名公司之前，他在华尔街投资银行所罗门兄弟公司的工作因公司业务放缓而被解雇（即被要求离开）。

谢尔盖·布林、拉里·佩奇和桑达尔·皮查伊

谢尔盖·布林（Sergey Brin）和拉里·佩奇（Larry Page）是谷歌（字母表）的联合创始人。在谷歌出现之前，有很多搜索引擎，如雅虎和MSN搜索/必应（Bing），以及现在看来有些晦涩难懂的名称，例如AltaVista、Excite、Info-seek和Ask Jeeves。谷歌赢得了竞争，因为它拥有最好的产品，布林和佩奇在斯坦福大学读研究生时创办了这家公司，互联网革命提供了一个很好的范例，显示年轻人真的可以改变世界。桑达尔·皮查伊（Sundar Pichai）目前是字母表的首席执行官，也是值得在未来几十年关注的人物。

巴菲特最大的投资遗憾之一是没有买入谷歌的股票，尽管他是该公司搜索引擎的忠实用户。尽管巴菲特通常远离科技类股票，但他明白谷歌具有自然垄断（natural monopoly）的属性。自然垄断指的是产品只有一个卖家，优势自然产生（即通过公司产品的质量及其商业头脑），而不是靠政府监管。当然，谷歌并不是唯一的搜索引擎，但它在美国拥有大约80%的市场份额，已经足够接近垄断地位。

巴菲特在2017年的股东大会上说："想象一下，每点击一次，加利福尼亚某处的收银机就会响一声，因此，它过去和现在都是一项非凡的业务，它具有自然垄断的某些特征。我的意思是，当我使用计算机时，我很容易成为它的用户。"让我们把巴菲特在谷歌上的投资失误转换为一个忠告。

巴菲特忠告六十六：

买入具有自然垄断地位的公司。

肖恩·卡特、碧昂丝·诺尔斯-卡特、肖恩·库姆斯和安德烈·杨

肖恩·卡特、碧昂丝·诺尔斯-卡特（Beyoncé Knowles-Carter）、肖恩·库姆斯（Sean Combs）和安德烈·杨（Andre Young）最初是音乐家。您可能更了解他们的"艺名"，分别是Jay-Z、Beyoncé、P Diddy（或Diddy或Puff Daddy）和Dr. Dre。与Jay-Z结婚的碧昂丝·诺尔斯-卡特非常有名，提起碧昂丝，不用称呼全名，就知道是她。就像雪儿（Cher）或麦当娜（Madonna）一样。这些艺术家的大部分钱是在商界而不是通过销售唱片赚来的，这可能会让您感到惊讶。所有人都在成为亿万富翁的道路上，而有些人，比如Jay-Z，已经是了。

Jay-Z的商业帝国包括唱片公司（Roc-A-Fella Records）、服装系列（Rocawear）、体育机构（Roc Nation Sports）、酒精饮料公司（D'Ussé cognac和Ace of Spades Champagne）以及基于订阅的音乐流媒体服务（Tidal）。Jay-Z确实至少有一次与巴菲特会面，听取了奥马哈先知关于建立成功公司的建议。碧昂斯是另一位非常成功的音乐家（天命真女成员，后单飞）、女演员（出演《王牌大贱谍之金盟友》）和商人。她拥有两个服装品牌House of Deréon和常春藤公园（Ivy Park）的所有权以及音乐流媒体服务平台Tidal。她还拥有非常成功的香水系列Heat，并为百事可乐、美国运通、任天堂、欧莱雅和许多其他公司代言。

肖恩·库姆斯不仅从成功的音乐事业中，更重要的是从他的商业利益中赢得了商界荣誉。库姆斯是或曾经是服装和香水系列（Sean John）、

第十章 商业101——过去和现在的商界领袖名录

唱片公司（Bad Boy Records）和烈酒公司（Cîroc Vodka）的所有者。2014年，Dr. Dre以30亿美元的价格将他与别人共同创立的耳机公司Beats卖给了苹果，从而获得了他最大的商业成功。他的唱片公司，目前被称为余波娱乐（Aftermath Entertainment），这家公司在一些超级音乐巨星的成功中发挥了重要作用，例如史努比·狗狗、埃米纳姆（Eminem）和柯蒂斯·杰克逊（50 Cent）。

蒂姆·库克

蒂姆·库克（Tim Cook）是苹果公司的董事长兼首席执行官，苹果公司是地球上最强大的公司之一。在蒂姆·库克的领导下，苹果公司一度成为世界上最具价值的公司，市值超过2万亿美元，他负责公司的运营（即日常经营和各种琐事），并在史蒂夫·乔布斯身患绝症后被任命为负责人。

杰米·戴蒙

摩根大通董事长兼首席执行官杰米·戴蒙（Jamie Dimon）可能是当今巴菲特之外最知名的金融服务公司高管，戴蒙带领他的公司度过了2008年至2009年的经济衰退，也许比世界上任何其他银行高管都要好。然而，戴蒙并非一帆风顺。在第十五章中，我们将讨论职业、人脉和良师指导，良师是提供建议并对您的职业有帮助的人，戴蒙有个多年的良师桑迪·威尔（Sandy Weill），但最终两人发生冲突，被后者解雇。然而，戴蒙最终走出低谷并带领摩根大通达到新高度。像巴菲特一样，他每年都会给他的股东写一封事无巨细的信，很多人会阅读。

杰克·多尔西

杰克·多尔西（Jack Dorsey）可能是当今最接近史蒂夫·乔布斯的人，他是一位高管，经营着他创立的两家非常知名的公司，推特（Twitter）和Square。推特当然是非常成功的社交媒体平台，在一些方面已经取代了报纸，特朗普总统是这项服务的忠实拥护者，他的推文经常扰乱金融市场。Square生产允许小供应商接受信用卡付款的硬件/软件产品。多尔西还因在2020年捐赠10亿美元来抗击新冠疫情并支持其他一些有价值的公司而登上新闻头条。

比尔·盖茨、保罗·艾伦和史蒂夫·鲍尔默

比尔·盖茨通常位列世界上最富有的人之列——最近一次统计是超过1100亿美元，与巴菲特和我们名单上的另一个人亚马逊的杰夫·贝佐斯并列。盖茨是微软的联合创始人之一，另一位联合创始人是一位低调的亿万富翁，名叫保罗·艾伦（Paul Allen），他于1982年不再从事在微软的日常工作。如果您是一名体育迷，您可能知道保罗·艾伦是职业橄榄球大联盟的西雅图海鹰队和职业篮球联赛的波特兰开拓者队的老板，他于2018年去世。史蒂夫·鲍尔默（Steve Ballmer）是微软的早期员工之一，在比尔·盖茨辞去公司日常管理职务后担任首席执行官多年，他目前是职业篮球联赛洛杉矶快船队的老板。

比尔·盖茨是沃伦·巴菲特的好朋友，巴菲特自愿将大部分钱捐给比尔·盖茨的慈善基金会。我们将在关于慈善事业的最后一章进一步讨论这个巨额而慷慨的礼物。他们共同创立了我们在第一章中提到的慈善组织，即捐赠誓言。

第十章　商业101——过去和现在的商界领袖名录

里德·黑斯廷斯

里德·黑斯廷斯（Reed Hastings）是大型在线视频服务公司奈飞的联合创始人。许多家庭已经退出了他们的有线电视提供商（"剪线钳"），这使得奈飞在娱乐行业中成为一股不断增长的力量。对于许多人来说，奈飞、谷歌的油管和亚马逊的会员视频（Prime Video）就是他们的电视。奈飞最初的商业模式是通过邮件出租DVD，但现在他们的大多数客户都通过互联网传输流媒体内容。据传说，黑斯廷斯创立奈飞源于他因未及时返还租赁的电影[《阿波罗13号》（Apollo 13）]而支付滞纳金让他很不爽。下面就是正史了，创造更棒或更对客户更友好的产品是许多公司成功的秘诀，奈飞已将业务扩展到制作原创电影和电视节目，使其成为迪士尼、AT&T/时代华纳和其他媒体公司的竞争对手。

凯莉·詹纳和罗宾·芬蒂

凯莉·詹纳（Kylie Jenner）利用她和她家人的社交媒体作为关键营销引擎建立了一个化妆品帝国。在大型化妆品公司科蒂（Coty）收购詹纳化妆品业务的多数股权后，她成为历史上最年轻的在职亿万富翁。与Jay-Z、Beyoncé、P. Diddy和Dr. Dre类似，中间名和艺名蕾哈娜（Rihanna）可能是您更熟悉的罗宾·芬蒂（Robyn Fenty）的名字，她利用自己音乐才能获得的名声到商界发展，和詹纳一样，蕾哈娜的化妆品和时尚业务也蒸蒸日上。据报道，她在30岁出头时拥有至少6亿美元的净资产，即使根据通货膨胀进行调整，这个数字也远远超过巴菲特同龄时的水平。

菲尔·奈特

菲尔·奈特（Phil Knight）是耐克的联合创始人、前董事长兼首席执行官，耐克是世界上最大的运动鞋和服装公司之一。如果您想知道耐克这个名字的来源，耐克是古希腊的胜利女神，在我们看来，对于一家运动公司来说，这是一个很酷的名字。

读完本书后，我们强烈建议您阅读菲尔·奈特引人入胜的自传《鞋狗：耐克创始人菲尔·奈特亲笔自传》(*Shoe Dog: A Memoir by the Creator of Nike*)，得知这家公司远非一夜成名，您可能会感到惊讶和鼓舞。菲尔·奈特最初作为日本运动鞋的进口商起家，他在田径比赛时，把鞋放在汽车后备厢出售。最终，他将这家运动鞋经销商（当时称为Blue Ribbon Sports）改造为耐克，当然，我们知道故事的结局——巨大的成功！

马云、马化腾和李彦宏

马云、马化腾和李彦宏分别是中国三大科技公司阿里巴巴、腾讯和百度的联合创始人。我们在上一章关于当今全球经济中的重要公司中简要提到了这些公司。按国内生产总值衡量，中国目前是世界第二大经济体，仅次于美国。由于中国拥有大约14亿人口，并且正在使用领先的技术发现，以及为其公民提供教育机会，因此它有可能在未来几十年内在经济总量上超过美国。这三位先生，通过他们的公司，正在影响中国未来一些年的发展方向。

鲁珀特·默多克

鲁珀特·默多克（Rupert Murdoch）是澳大利亚出生的新闻集团创始人兼联合主席。他是最成功的新闻和媒体专业人士之一，净资产超过150亿美元。您可能最了解新闻集团的福克斯电视频道和二十一世纪福克斯电影部门。正如我们在上一章中提到的，该业务的大部分娱乐部分都卖

第十章　商业 101——过去和现在的商界领袖名录

给了迪士尼。在欧洲和亚洲，他们还因其天空（Sky）有线电视公司而闻名，该公司现在归康卡斯特（Comcast）所有。新闻集团也是世界上最大的报纸出版商之一，其最著名的刊物是《华尔街日报》，它还发行了许多其他受欢迎的报刊，如《纽约邮报》和《太阳报》。房地产爱好者可能还知道新闻集团是热门网站 realtor.com 的所有者。

埃隆·马斯克

埃隆·马斯克作为贝宝的创始人之一首次在商界广为人知，贝宝是我们在第三章讨论电子支付时提到的一家公司。如今，马斯克更为人所知的是特斯拉的联合创始人兼首席执行官，这是一家开创性的电动汽车公司。马斯克还是 SpaceX 的创始人，该公司为机构和政府客户向太空发射火箭和卫星。SpaceX 有一个更加雄心勃勃的目标——殖民火星！别笑，您可能在有生之年看到它的发生。马斯克和贝佐斯可能是当今世界上最有远见的两位商业领袖，他们接替了我们在本章前面讨论过的已故的史蒂夫·乔布斯的衣钵。

阿曼西奥·奥尔特加

阿曼西奥·奥尔特加（Amancio Ortega）是跨国服装公司蒂则诺纺织（Inditex）的西班牙创始人，他也是世界上最富有的人之一，拥有 650 亿美元净资产，与巴菲特、盖茨和贝佐斯相当。飒拉（Zara）可能是奥尔特加帝国中最著名的零售服装连锁店。奥尔特加对商业世界的贡献属于"快时尚"的范畴。不，这不是前奥运短跑运动员尤塞恩·博尔特（Usain Bolt）的服装。它是指将新闻头条中的衣服（例如，穿着某种服装的明星）快速导入商店。快速，我们的意思是飒拉可以在短短一周内开发出一种新产品并将其纳入商店销售，而大多数公司需要几个月的时间。

霍华德·舒尔茨

霍华德·舒尔茨（Howard Schultz）是世界上最受欢迎的咖啡连锁店星巴克的创始人和前董事长/首席执行官。舒尔茨帮助开发了"星巴克体验"——一个适合休闲、社交和工作的好地方。在米兰之行中受到意大利咖啡店的启发后，他提出了这个概念，相比之下，在许多餐馆，大多数人只是吃完就走。大多数星巴克门店都有 Wi-Fi 和时髦装修，营造出舒适氛围。这种优良氛围使得星巴克的咖啡即便卖高价，依然能获得回头客。

奥普拉·温弗瑞

奥普拉·温弗瑞（Oprah Winfrey）曾经是这个星球上最受关注的脱口秀主持人。她的节目《奥普拉·温弗瑞秀》(The Oprah Winfrey Show)主导屏幕 20 多年的时间——这是人们在刷剧之前看的主要节目。她通过成为媒体和销售大亨将自己变成了亿万富翁。她最初是脱口秀公司的员工，但后来变得如此成功和强大，以至于她最终成立了自己的公司 Harpo Productions（Harpo 是 Oprah 的倒写），拥有脱口秀节目。

当 2011 年她从日常脱口秀节目中退休时，她已主持过一系列电视特别节目，以及聚焦于发展她的媒体帝国，包括杂志（《奥普拉杂志》[O, The Oprah Magazine]）、网站（Oprah.com）、卫星广播电台（Oprah radio）和有线网络（Oxygen），还有两个她帮助启动，并联合制作的非常受欢迎的脱口秀节目[《菲尔博士》(Dr. Phil) 和《奥兹博士秀》(The Dr. Oz

第十章 商业101——过去和现在的商界领袖名录

Show）]。还没完，她还是备受推崇的每周新闻节目《60分钟》的撰稿人，并且是体重管理服务公司慧俪轻体国际（Weight Watchers International）大约10%股权的所有者。

马克·扎克伯格和谢丽尔·桑德伯格

马克·扎克伯格是脸书的联合创始人、董事长兼首席执行官，脸书是全球最大的社交媒体公司，拥有超过12亿的日活用户。他在哈佛的宿舍里开始创业，后来随着事业的腾飞而辍学。相隔一两代人的比尔·盖茨做过扎克伯格同样的事情。大体上，我们不会鼓励您辍学，但如果您正在成为亿万富翁，我们会竖起大拇指。在上一章中，我们提到脸书还拥有照片墙、脸书信使（Facebook Messenger）和WhatsApp。

谢丽尔·桑德伯格（Sheryl Sandberg）是脸书的首席运营官，负责公司的日常运营。在2008年加入脸书之前，她是谷歌的一名高管。桑德伯格加入公司时，脸书每年亏损数千万美元。如今，它每年赚超过150亿美元。她还是畅销书《向前一步》（*Lean In: Women, Work, and the Will to Lead*）的作者。这是一本广受好评的书，它在事业成功方面提供建议，尤其是对女性。

当然，过去和现在还有很多其他重要的公司高管，但这份名单为您提供了一个良好的开端。一个有趣的练习可能是仔细阅读彭博亿万富翁指数、福布斯400强和诺贝尔奖获得者的名单，这些先生和女士的故事可能会启发您。还有其他值得一提的人，例如化名中本聪的比特币发明者，他/她/他们的身份目前未知。

本章巴菲特的忠告

- 巴菲特忠告六十一：便宜卖，说真话。（由 B 夫人提供）
- 巴菲特忠告六十二：随着时间的推移，不断改进的商业和创新体系为其公民提供了收益，并使许多人能够比约翰·D. 洛克菲勒（也许是现代最富有的人）生活得更好。
- 巴菲特忠告六十三：您不必是天才才可以取得成功，每个人都在某些方面很聪明，要持续经营那些聪明的方面。（由小托马斯·沃森提供）
- 巴菲特忠告六十四：一旦出现问题，就要及时采取行动，无论是在人事方面还是在业务运营方面。
- 巴菲特忠告六十五：如果您是公司老板，请设法使客户感到满意。如果您是投资者，请购买令客户感到满意的公司。
- 巴菲特忠告六十六：买入具有自然垄断地位的公司。

第十一章
节俭如巴菲特：
省钱之道

" 太多时候，大额财产最终会控制它的主人。

——沃伦·巴菲特，捐赠誓言
"

第十一章 节俭如巴菲特：省钱之道

导言

韦氏词典将"节俭"一词定义为节约，还有一个关联定义，即"经济管理"。什么意思呢？就是要谨慎、明智，不乱花钱，这并不是小气或吝啬这些几乎总是被负面看待的含义。不久前，巴菲特给自己的汽车配了个性化车牌，他没有开劳斯莱斯或其他超级显摆的汽车，相反，他开着一辆品质不错但略显低调的林肯城市轿车，为商务出行人士提供汽车服务的公司经常使用城市轿车。知道他的车牌写的是什么吗？您猜到了！节俭。本章会讨论您可以做些什么来省钱，在整个叙述中适时给出巴菲特的观点。谨记，如果您不能把钱省出来，就永远无法让其增值并最终为您的财富添砖加瓦。

量入为出是本书的基调之一，但这并不是说您必须过贫民窟或僧侣的生活，我们希望您更智慧地使用资金。您可能还记得沃尔玛的一个著名口号："省钱，生活更美好。"我们认为这是花钱的正确心态。我们知道巴菲特把他几乎所有钱都捐给了慈善机构，足以证明他并不小气或吝啬。

在本章中，我们将讨论很多可以省钱的办法。至少在一个方面，对您的净财产来说省钱比赚钱更重要，如果赚钱，您必须为大部分收入纳税，通常是25%或更多，相比之下，省钱直接到达"荷包"，赚一块是一块，全部纳入钱袋。我们将讨论真实公司的产品或服务，以使讨论具有可操作性。我们与所提及的任何一家公司都没有任何关系，但经常使用它们的一些产品或服务。为了更容易理解，我们将把它们分解成一些更小的类别，并为您提供一堆网站和应用程序，在您读完这本书之后，您可能想好好参考一下，当然，欢迎您多次阅读本书。

我们将从您可以做的一些免费小事开始，然后逐渐发展到一些高成本的事项。汽车、房屋和读大学是高成本的重大事项，我们将在其他章节中专门介绍，因此，在这里只蜻蜓点水式涉及它们，但我们在任何维度考虑都不会忘记它们。

您的图书馆：免费书籍、杂志、报纸、音乐、电影等

如果您正在阅读或收听这本书，我们希望您是爱书的。您通过哪种媒介（在屏幕上阅读、阅读实体书或听书）接收信息无关紧要。我们是有声读物的忠实粉丝，可以在开车或坐车时、列车上、家中或几乎任何地方收听内容。亚马逊听书（Audible）是亚马逊旗下的一家公司，是有声读物的领先提供商，还有有声读物网（audiobooks.com）、苹果 iTunes 和其他提供商，赛阅（OverDrive）是许多图书馆使用的应用程序，可免费下载各种数字格式的书籍。

我们在前文中提到，巴菲特读完高中时阅读了 100 多本书，超出了学校的要求。他说："到 10 岁时，我已读过奥马哈公共图书馆中每一本有关投资的书，有的读了两遍。你需要用各种相互竞争的想法填满大脑，然后思考哪些是有价值的。"这是一个很好的建议，值得作为忠告。

第十一章　节俭如巴菲特：省钱之道

> **巴菲特忠告六十七：**
>
> **多多读书。你需要用各种相互竞争的想法填满大脑，并决定哪些是有意义的。**

我们知道巴菲特是一个超级富有的人，但我们在上一章提到了另一位**大亨**（即非常富有的商人），钢铁大亨安德鲁·卡内基。如果根据通货膨胀和卡内基在世时的经济规模与现在相比进行调整，他甚至比巴菲特更富有，据估计，他的身家超过3 000亿美元！

当卡内基决定成为一名慈善家时，他的主要目标之一是建立覆盖世界各地的图书馆网络，而且他真的实现了设想！在1883年至1929年间，他捐资在全世界建造了2 500多个图书馆，大部分位于美国。接受图书馆的城镇也必须做出贡献，比如，它们通常会捐出建图书馆的土地，建成后以自有资金运营。

卡内基在年轻的时候很喜欢读书，而且意识到书籍中所讲的知识可以帮人们实现梦想。卡内基是从英国的苏格兰地区移民到美国来的，并努力以自己的方式成长为世界上最富有的人之一，他通常被称为钢铁**巨头（baron）**，他创办的主要公司美国钢铁公司至今仍然存在。卡内基相信以绩效为基础的经济制度，通过这种制度，受过良好教育并努力工作的人获得成功的机会也会增加，有人将这种信念称为**知识民主化（democratization of knowledge）**，您可以将谷歌归入该阵营。

谷歌创建了一个在线虚拟图书馆，包含许多以电子或称数字形式免费提供的书籍。他们的计划是把所有已出版的书扫描并上传到网络，当然，要得到出版商的许可。一本书的作者拥有版权，获得版税，这是工作报酬，版权规则略有不同，但多数是在作者离世后持续70年，因此，如果一个作者在20岁时写了一本书，并且活到100岁，那么版权将持续80加70年，也就是总共150年！谷歌目前扫描了超过2 500万本书，估计目前全球共有1.3亿本书，他们希望在不久的将来让其全部上线。

当今，图书馆除了书籍外，还有很多东西可以免费借，他们有电影、音乐光盘、报纸、杂志，甚至还有互联网接入服务。以我们家为例，我们经常从纽约公共图书馆借电影，有大量热门电影可供选择，只是可能无法及时借到您的心仪之选。

免费教育课程：可汗学院、Coursera

我们都听过"眼见为实"的说法，有各种各样的学习方法，许多人是视觉型学习者，通过观察来学习效果最好。两个流行的免费视频学习网站是可汗学院和Coursera。我们将简要介绍这两个网站，这些网站可以在您的手机、笔记本电脑、个人电脑、平板电脑和许多其他设备上查看。

可汗学院由萨尔曼·可汗（Salman Khan）于2006年创立，那之前的几年，他通过互联网远程辅导他的一个表弟，他最终决定将他的辅导变成一项非营利性业务。可汗最初在金融服务业工作，但他真正的热情所在和使命召唤是教学，因此，他辞去了高薪的金融工作，将自己的教育事业提升到了一个新的水平。可汗学院的座右铭是"随时随地为任何人提供免费的世界级教育"。目前它提供数以千计的免费课程，涵盖从小学到高中的大部分课程。它还提供初步学术评估测试（PSAT）、SAT、ACT和大学预修课程（AP）的预备课程。

可汗学院为什么不收费还能制作所有这些内容？因为该公司获得了

第十一章　节俭如巴菲特：省钱之道

比尔·盖茨基金会、谷歌、AT&T、卡洛斯·斯利姆（Carlos Slim）基金会和其他机构的大额资金支持。卡洛斯·斯利姆也是世界上最富有的人之一，他靠着墨西哥的多个公司发家。

可汗学院的课程可以在油管上找到，也可以通过可汗学院自己的网站（KhanAcademy.org）找到。如果您对互联网不熟悉，.org（组织的）通常意味着运营该网站的公司是非营利组织，.gov 代表政府网站，.edu 代表传统教育网站，常见的 .com 代表商业或营利性网站。

好奇大学课程是什么样的吗？那么，您应该打开 Coursera.org 看看。Coursera 免费接入 3 000 多门大学课程，这些课程来自世界各地顶尖大学，包括美国的耶鲁大学、宾夕法尼亚大学、斯坦福大学、杜克大学、约翰·霍普金斯大学、罗格斯大学以及中国的复旦大学等。我们认为这是一种很酷的方式，学生们可以远程参加真正的大学课程，并在没有考试压力的情况下学习。当然，您不仅能通过观看 Coursera 的视频来获得学位，还可以学到很多东西。他们确实提供授予学位的课程，但通常需要一些费用。有几个 Coursera 竞争对手值得关注，包括 Udacity 和 edX。对于非大学课程的免费、简短、教育性和创意讲座，我们推荐 TED.com 上提供的 2 500 多个（技术、娱乐、设计）讲座，许多 TED 演讲也可以在油管上找到。

提供免费物品的网站

谁会免费赠送东西？很多人都会！有时他们正在搬家，想扔掉不需要的东西，还有时候，他们购买了新物品，例如电视，并想脱手旧物品。不仅是个人会扔东西，有的机构也会，图书馆偶尔会赠送旧书，为新书腾地方，教堂经常向教区居民赠送物品，此外，他们经常开办施粥处养活穷人。营利性公司会赠送产品（例如"免费试用装"），因为他们希望您试用他们的产品并成为回头客，他们也可能试图引诱您免费获得一些东西，并希望您能以正常价格购买另一件商品。

在<u>第三章</u>中，我们讨论了免费提供储蓄和支票账户的银行。免费赠送东西属于<u>损失引导（loss leader）</u>策略的范畴。也就是说，公司赠送的一项产品（例如，食品的免费赠送装）给公司带来了损失，但如果客户以全价购买另一项产品（例如，一顿正餐），那么公司最终可能会转亏为赚，这种策略也属于<u>交叉销售（cross-selling）</u>的范畴。这意味着消费者一旦拿到当前产品，公司就会尝试向客户出售另一种产品。大多数信用卡不收取年费，但银行可以通过向每月未全额还款的客户收取利息来赚钱。希望读完这本书后，您不要成为被收割的那个人！银行也可能会尝试通过其信用卡客户的支票账户、抵押贷款和理财产品，以及其他一些可能的交叉销售机会来赢利。

也许最受欢迎的免费获取网站是克雷格分类（Craigslist.org），这个网站是由一个姓克雷格的人创办的。克雷格分类是使用最广泛的在线<u>分类</u>网站。分类广告是指某人试图出售某物的广告。有时是他们正在寻找一些什么，例如在"需要帮助"的广告中填补工作岗位的人。分类广告最初出现在报纸上，但越来越多地出现在互联网上。其他流行的可以帮您获得免费物品的网站包括脸书市场、FreeStuff.com、FreeSamples.org、口碑经纪公司网（BzzAgent）和 WomanFreebies.com。我们发现了几十个提供免费物品的网站，包括一些由大公司赞助的网站，比如美国塔吉特百货赞助的。

第十一章　节俭如巴菲特：省钱之道

免费活动

几乎不用说，省钱的一种方法是做一些您觉得很有趣又几乎免费的事情。例如，您可以和朋友一起出去玩、看电视、听音乐、做运动，以及去公园或海滩散步、训练、锻炼，到朋友家打台球、打牌、玩棋盘游戏等。

我们意识到在某些情况下您可能需要设备或必须购买棋盘游戏，但随着时间的推移，分摊到数月甚至数年的成本非常小。例如，搜索亚马逊，我们发现一副新的单车扑克只需 4 美元，您可以在车库销售中找到价格不到一半甚至更低的二手牌，一副纸牌应该可以使用 5 到 10 年。现在价格便宜的物件，同样可能在 10 年甚至更长时间里让您玩得不亦乐乎。

顺便一提，巴菲特是纸牌游戏桥牌的忠实粉丝，他认为这是一个与投资有相似之处的游戏，即根据非完全信息和别人行为做出决策。它还涉及团队合作，因为游戏的大多数变化都涉及两个人的两个团队。他有时用 T-Bone 手柄在线玩桥牌，以下是他关于打桥牌价值的一段话：

"您必须查看所有事实。您必须从所见所闻中得出论断。随着更多论据的出现，您必须放弃关于手里牌的不正确理论。如果您获得新信息，您必须对可能的情形变化持开放态度。您必须与合作伙伴合作，尤其是在防守方面。"

亚马逊：世界上最大的商店

转向节俭但不那么自由的类别，我们觉得有必要从亚马逊开始，这家公司不需要介绍，只要不是生活在山洞里，几乎所有人都听说过亚马逊，这个名字与亚马孙河有关，它通常被认为是地球上最大的河流之一。亚马逊确实有大量的产品可供选择，而且许多产品都以极具吸引力的价格出售，此外，网站上有数以百万计的客户评论，通常每个评论都能有一个独立的看法，可以帮助您了解商品的情况。

亚马逊的创始人杰夫·贝佐斯最初在网上销售书籍，但最后想要创建世界上最大的商店，他成功了，至少就他公司的市值而言成功了。亚马逊的股票市值高于沃尔玛（1.5万亿美元对3850亿美元），尽管沃尔玛在年收入方面仍然领先（5420亿美元对3320亿美元）。股市投资者预测亚马逊的高增长会持续，远超沃尔玛，可能这种认知解释了两者的市值差异。

几乎任何有互联网或手机连接的人都可以使用亚马逊网站，将近一半的美国家庭都是亚马逊会员，包括我们的家庭。亚马逊高级会员（Prime）每年119美元，作为学生的一个优势是会得到亚马逊给的特权，6个月的免费会员资格，后续每年59美元。支付会员费用之后，亚马逊高级会员资格能得到很多"免费"的好处。

也许主要的好处是亚马逊直营产品有免费且快速的运输。他们还与科尔士百货（Kohl's）有合作，您可以在一些科尔士百货的店退回在亚马逊购买的商品。亚马逊还销售来自外部供应商的产品，这些供应商希望对接到数百万人浏览的亚马逊网站平台，但这些外部或第三方供应商通常不提供免费送货服务。您可能想知道为什么亚马逊会允许第三方供应商使用其网站，好问题！它可以从第三方供应商的销售中分得一杯羹，而无须库存，运费也由第三方供应商负责。从本质上讲，亚马逊是在收费向这些供应商出租其相当于市场上货架的空间。对于供应商来说，这也往往是双赢，因为如果没有这种安排，他们将永远无法触及数以百万

第十一章　节俭如巴菲特：省钱之道

计的亚马逊客户。

　　成为亚马逊高级会员的好处还包括可获得免费视频、音乐和书籍。您可以每月下载一本有声读物，尽管选择范围不如他们的（付费）子网站亚马逊有声读物大。亚马逊高级会员有大量的电影和原创节目可供选择，尽管我们认为它还赶不上奈飞。亚马逊高级会员还可以将无限数量的照片和不超过 5GB 的视频文件上传到云端，这是一种在互联网中存储信息的方式。高级会员还有一个好处是可以参与预售活动，这在假日购物季可能会特别方便。

　　亚马逊甚至测试了用无人机运输订单商品。它还没有为黄金时代（prime time）做好准备——是的，双关语①。我们热情期待他们的亚马逊 Go 商店，可以购买商品而无须排队等待收银员或自助扫描。

比较购物者工具：您最好的新朋友

　　网上有很多东西，您如何找到想买东西的最优惠价格？这就是比较购物者网站发挥作用的地方。我们可以把它想象成一个搜索引擎，专注于以最优惠的价格找到您想要的东西。毫不奇怪，谷歌或者说字母表是该领域的主导公司之一。他们的比较购物工具称为谷歌购物（Google Shopping）。让我们看一个例子来说明它是如何工作的，假设您正在寻找一个健身记录器，乐活三代（Fitbit Charge 3）。通过在谷歌购物的搜索框中输入该短语，我们得到以下分析，如图 11-1 所示，该产品的价格范围从 86.00 美元至 149.99 美元不等，对于相同的特定产品，差异约为 75%！

---

① prime time 此处可同时指代"黄金时代"和"高级会员时间"。——译者注

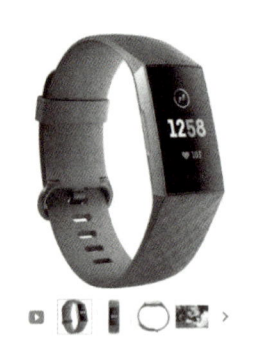

图 11-1　谷歌购物乐活三代搜索结果

来源：谷歌购物。

  这些比较购物者工具中的大多数还提供该产品买家的评论，并告诉您在您家附近哪些实体店有该商品的库存，其他领先的比较网站包括价格抓取者（PriceGrabber）、易贝、商超齐拉（Shopzilla）和维基买货（wikibuy）。

  巴菲特是谷歌的忠实用户，希望在购物上省钱，他在 2007 年致伯克希尔股东的信中写道："很久以前，本·格雷厄姆告诉我：'价格是指你支出的，价值是指你得到的。'无论我们谈论的是袜子还是股票，我都喜欢在降价时购买优质商品。"这是个好建议，值得记录下来作为忠告。

巴菲特忠告六十八：

价格是指您支出的，价值是指您得到的。在降价时购买优质商品。（得益于本·格雷厄姆的协助）

第十一章　节俭如巴菲特：省钱之道

以货易货：把手机换成保时捷敞篷车

以货易货（Barter）是指不用现金作为中介交易产品或服务。您在小时候也许曾与朋友交换午餐，或者在学校与同学或与兄弟姐妹随机交换节日礼物，这就是以物易物。

自有记载的历史开始以来，易货贸易就一直在进行。最终，货币（硬币、纸币和电子形式）取代了易货交易，成为获取物品的主要手段，但易货交易仍然存在。易货交易的一个问题是，它需要经济学家所说的需求的双重巧合（double coincidence of wants）。也就是说，两个人都必须想要对方拥有的东西。可能很难想象我们会与金·卡戴珊（Kim Kardashian）、詹妮弗·劳伦斯（Jennifer Lawrence），甚至沃伦·巴菲特进行交易，我们会有什么他们想要的吗？

但在您认为易货交易是浪费时间之前，请考虑一下这个令人难以置信的例子。（那时）17岁的史蒂文·奥尔蒂斯（Steven Ortiz）用手机交换了一部手机，最终把它变成了一辆保时捷敞篷车！这是令人景仰的交易！年轻的奥尔蒂斯先生从一部实际上是朋友赠送的手机开始。因此，某种意义上说，他白手起家，拥有了一辆保时捷！让我们继续这个故事，他将手机换成了苹果音乐播放器（iPod touch），用iPod touch换了一辆越野车，用越野车换成了苹果笔记本电脑（MacBook Pro），MacBook Pro最终换成了1987年的丰田4Runner，随后用丰田换成了另一款SUV，这是一辆经典的1975年福特Bronco，1975年的Bronco被换成了2000年的保时捷Boxster。我们省略了故事的一些环节，但所有人都知道史蒂文在两年内进行了14次易货交易，最终将他的（免费）手机变成了一个优秀座驾，这一定让他的高中同学羡慕不已。

有一个我们熟悉的例子更加极端，一个男人用一个红色的回形针开始交换，最终得到一套房子！这是真事！凯尔·麦克唐纳（Kyle MacDonald）是一个年轻人，他在一些朋友和外部宣传的帮助下完成了这一令人难以置信的壮举。他经营一个真实记录此次经历的网站，在这里您可以阅读所有相关信息，毫不奇怪，他写了一本书《一个红色回形针》（One Red Paperclip），记录他的奥德赛（odyssey）[①]。

我们关于易货交易的观点是，它可能是一种省钱的选择，尽管这需要时间和需求的双重巧合。有许多易货网站，史蒂文·奥尔蒂斯使用Craigslist.org 上的易货板块将他的手机变成保时捷 Boxster。一些比较流行的易货网站，包括 swap.com、优换（http://www.u-exchange.com/barterusa）、交易方（http://www.tradeaway.com/）和 SwapRight.com。

定期吃一顿低成本的饭菜

让我们谈谈节省食物花费，我们不会建议您绝食（即不吃饭），我们会将此类建议留给您的医生或营养师，但我们可以建议一种省钱的方法，也许一周一天（七天中有一天，即一周 14.3% 的时间）或更多天考虑吃不贵的饭菜，这并不意味着挨饿，而是说要观察您为填进肚子的食物所花的钱。一个典型的例子是年轻企业家们经营着一家初创公司，其饮食中包含大量的拉面和通心粉配奶酪，一份 12 包拉面（每包 3 盎司）在沃尔玛网站上的售价为 1.94 美元，一份 3 包卡夫通心粉配奶酪（每包 14 盎司）售价 6.48 美元。

[①] 奥德赛常用于指代带有多次变化和幸运的一段流浪或航行等。——译者注

第十一章　节俭如巴菲特：省钱之道

事实上，巴菲特通常会在大多数日子里去麦当劳得来速吃早餐。如果他感觉市场很繁荣，他会花 3.17 美元买培根、鸡蛋和奶酪饼干，在股市下跌且他感觉生活不那么蒸蒸日上的日子里，他会花 2.61 美元买两个香肠馅饼，在一部关于巴菲特生平的 HBO[①] 纪录片中探讨了这个真实的故事。

对于更健康的食物，您可以考虑鸡蛋、燕麦片、麦片或米饭。并且，坚持使用沃尔玛的价格，因为它是美国最大的杂货卖家，我们发现一打 A 级鸡蛋的售价为 0.90 美元。一罐 42 盎司的燕麦片（每罐 30 份）售价 3.88 美元。一盒肉桂味烘烤麦片（每盒装 11 份）售价 2.98 美元。对于含糖量较低的东西，一盒家乐氏玉米片（每个容器 12 份）售价 3.64 美元。您可能想以每加仑（1 加仑 ≈ 3.79 升）3.00 美元（每个容器 16 份）的价格在麦片中添加牛奶。结束我们的廉价主食示例，我们发现一袋 5 磅（1 磅 ≈ 0.45 千克）重的优质白米只需 2.67 美元。了解了这些食品的价格，我们认为您已经准备好参加综艺节目《这个价就对了》(*The Price is Right*)！

如果时间和财力足够，您甚至能以最低的成本种下种子，拥有自己的迷你菜园。美国的开国元勋之一托马斯·杰斐逊将农业视为"最珍贵的艺术"。当然，除了撰写《独立宣言》，他最著名的话之一是："我完全是一个农民，无论灵魂还是肉体，从未承认对任何其他方面有任何情感。"尽管托马斯·杰斐逊在务农方面并不成功。

最便宜的饮料是自来水，它也是最健康的一种，大多数地方的自来水应该都没问题。事实上，在很多社区，大部分出售给消费者的瓶装水

[①] 全称为 Home Box Office，一家总部位于美国纽约的有线电视频道。——译者注

与自来水的来源相同，通常是湖泊或山泉。如果您对自来水的质量不太满意，您可以花 20 美元左右购买一个过滤器，至少可以使用一年。

购买自有品牌和通用商品

我们提到了亚马逊和沃尔玛，让我们再增加几家折扣店，主要集中在食品上。我们为您展示奥乐齐（Aldi）和开市客。奥乐齐是一家折扣超市，起源于德国，在全球拥有超过 10 000 家门店，它在美国拥有 1 900 多家商店，可能是少数在特定商品上通常比沃尔玛便宜的零售店之一。奥乐齐有一个姊妹连锁店缺德舅（Trader Joe's），它以低于全食超市的价格销售许多有机食品，至少在全食被亚马逊收购之前是这样。

奥乐齐销售一些名牌产品，例如佳得乐（Gatorade），但它们也销售"无名"商品。以佳得乐为例，"无名"品牌是一种含有类似成分的运动饮料，但有一个您可能不认识的名称，例如 SportsAde，向任何使用该名称的真实公司道歉。

当一家公司在由外部公司生产的产品上贴上自己的标签时，它被称为自有品牌（private label）。有时，自有品牌意味着通用，尤其是在销售药品的情况下。沃尔玛在其销售的一些商品上使用自有品牌 Sam's 和 Equate。奥乐齐使用自有品牌，例如 Clancy's 和 Friendly Farms。开市客商店中的许多商品使用自有品牌柯克兰（Kirkland）。一个粗略的经验法则是，自有品牌产品的成本至少比品牌产品低 20%。例如，近期在沃尔玛，一提 12 罐的山姆可乐以 2.17 美元的价格出售，而 12 罐可口可乐售价是 4.28 美元，差不多是成分几乎相同产品 2 倍的价格！是的，我们知道巴菲特是可口可乐的忠实粉丝和股东，他每天喝 5 罐！

第十一章　节俭如巴菲特：省钱之道

　　开市客以批量销售商品而闻名，它可能会卖一盒 24 包而不是 1 包口香糖，不是卖 1 片剃须刀，而是可能会卖整包 26 片。按单价计算，价格更便宜，但如果您不是一段时间内使用大量该物品（例如一年内总是嚼口香糖），则多买可能没意义。开市客还以优惠的价格出售一些非批量商品，自二十世纪八十年代中期以来，他们以仅售 1.50 美元的热狗和苏打水以及仅售 4.99 美元的完整烤鸡而知名。

　　开市客需要支付会员费才能加入——单人每年 60 美元，但是通常您可以为整个家庭获得会员权限，从而使花费更划算。从事同一生意的其他公司，有时称为仓储会员店，包括沃尔玛的山姆会员店和 BJ 批发俱乐部，分别收取 45 美元和 50 美元的会员年费。所有这些"批发俱乐部"都出售食品以外的东西，包括电子产品、服装、保健品以及用于装饰和维护房屋的物品。

　　可能令您惊讶的是，品牌公司经常为沃尔玛、开市客、奥乐齐等生产贴牌产品，他们为什么要这样做？一个原因是为了避免营销或销售商品的费用，营销费用包括广告片和（印刷或在线）广告。

服装：折扣店、复古商品和淡季购买

　　青少年和年轻人是衣服的大买家，因为他们的身体发育迅速并且往往追逐时尚。当然，所有人都对服装有需求，不分年龄，谁不喜欢一些很酷的线条？我们不反对您为喜爱的商品支付全价或零售价，但大多数主要服装品牌都设有折扣店，以很大的折扣出售商品，通常有 25% 到 70% 的折扣。事实上，有些购物中心主要由折扣店组成，东海岸最受欢迎的奥特莱斯之一是纽约奥兰治县的伍德伯里（Woodbury Common

Premium Outlets），这个地方很大，有200多家商店，成了一些人的购物天堂！人们从中国或其他国家飞来，在那里购物。我们不会列出那里的所有200家商店，但这里有一些您可能会认识：阿迪达斯、美国鹰、卡尔文克莱恩、盖璞、J.Crew、李维斯、耐克、奥克利、彪马、锐步、北面、安德玛以及很多很多其他的。

本章的目标是帮助您省钱，但对于那些能够买得起高端或奢侈品牌的人，伍德伯里也有阿玛尼Exchange、雨果博斯、布克兄弟、博柏利、蔻驰、芬迪、古驰、吉米周、凯特丝蓓、Neiman Marcus Last Call、拉夫劳伦、范思哲等。如果您饿了，有很多地方可以吃东西，包括苹果蜂（Applebee's）、Chipotle、Cinnabon、Shake Shack、星巴克，当然，还有麦当劳。

T.J. Maxx是一家全国连锁店，拥有1 000多家门店，其强调以极低的折扣价销售名牌商品，它有大量来自知名品牌的服装和配饰，包括阿迪达斯、卡尔文克莱恩、凯特丝蓓、迈克高仕、拉夫劳伦、彪马、汤米希尔费格、安德玛等。罗斯百货（Ross Stores）是另一家以极低折扣价销售类似商品的全国性连锁店。

复古衣着是二手衣服的雅称，大多数人对复古或古董的印象是正面的，而"二手"这个词是不受欢迎的，就像智利鲈鱼听起来比它的原名巴塔哥尼亚牙鱼更让人有食欲。虽然购买别人的衣服对某些人来说可能听起来很令人不适，但这是一个大行业，许多衣服几乎没有穿过，价格通常比新品零售价低50%到90%。例如，一条新的破洞牛仔裤的价格一般在50到200美元之间，我们在易贝上发现了一堆破旧牛仔裤，价格在10到20美元之间，大多类型衣服都有类似便宜货，除易贝、Etsy和Rusty Zipper等网站外，您还可以在大多数城市找到实体复古衣着店。

第十一章　节俭如巴菲特：省钱之道

投资的一个核心概念是，如果您高瞻远瞩，就可能能够从陷入困境的卖家那里获利，出于某些原因，陷入困境的卖家需要钱，并且经常以低价出售。在投资界，买股票的说法是"冬天买草帽"。对，我们知道戴草帽在今天的许多地方可能被认为是蠢的或不酷。需要购买草帽的时间大多数是在夏季或天气暖和月份，把这个概念应用到衣服上，如果您不是买应季的东西，比如秋天在寒冷地区买泳衣，您可能会发现很多可买的商品。在每个季节结束时，零售商通常会尝试清库存，以便为预期的下一季大热门腾地方。

汽车加油

汽油和食物一样，往往是您预算中难以避免的一部分，至少对于那些开车或不住在公共交通系统完善城市的人来说是这样。不同公司的汽油价格差异很大，但对于相同的辛烷值，质量往往不会有太大差异。辛烷值是衡量燃料质量和性能的指标——数字越高越好。您看到的大多数"无名"加油站实际上都是从主要石油公司购买汽油，例如埃克森美孚、雪佛龙、英国石油和荷兰皇家壳牌。

当您需要加满油箱时，不要只去最近的加油站，除非您在是开奔驰E级车！尝试使用应用程序或网站，例如汽油伙伴（GasBuddy），只需输入您的汽车所在地区的邮政编码或地址，然后点击"查找加油站"，该网站就会显示该地区的加油站列表，按价格从低到高排序。根据我们的经验，开市客、山姆会员超市和BJ批发俱乐部等仓储俱乐部通常汽油价格最低，相较于大多数加油站，通常可以为您节省10%或更多的费用。缺点是除非您在非高峰时间去，否则有可能排长队。以一生来看，节省的汽油钱可能是巨额的，使用我们在第二章介绍的复利和未来价值公式，在50年内每年节省100美元，投入股票市场，若以每年10%的速度增值，最终所有资金加起来会超过100 000美元！

关于加油我们最后说一点：您有可能拥有一辆汽车而无须支付任何汽油费。电动汽车的价格每天都在下降，美国政府为购买这些汽车提供税收优惠，即电动汽车联邦税收抵免（electric vehicle federal tax credits），抵扣额从2 500美元至7 500美元不等。在税收抵免之前，一辆新尼桑Leaf售价约为30 000美元，雪佛兰Volt起价约为33 000美元，特斯拉Model3起价为39 990美元，充满电后可行驶322英里。大多数汽车制造商都拥有或正在研发自己的电动汽车，当然，二手车的价格几乎总是低很多，下一章将为您提供有关购买或租赁汽车的更多详细信息。

优惠券、双重优惠券、三重优惠券和团购

当我们在第四章讨论债券市场时，我们提到债券发行人支付的利息称为息票（coupon），大多数人对这个词的理解是可以提供购买折扣的优惠券，这正是我们在此关注的内容。有一个关于巴菲特和优惠券的有趣故事，他带着比尔·盖茨去了麦当劳，并用优惠券来抵扣账单！哦，如果我们是那里的墙上的苍蝇，我们会看到有史以来最富有的两个人，吃便宜的食物，在便宜的餐馆，还用优惠券！

本章前面我们提到了损失引导的概念，意思是亏本出售一种商品，再以超过弥补损失的利润出售其他商品，这种策略在节假日特别受欢迎，因为一些公司［例如百思买（Bestbug）］提供"广告商品"特价，其中包含数量有限的非常受欢迎的商品，例如X-box，以超大幅折扣出

第十一章　节俭如巴菲特：省钱之道

售。许多商店都定期以大幅折扣出售一小部分商品，不时通过邮件发送传单形式的优惠券。

假设您当地的实得购物超市（Stop & Shop）正在以每加仑 2.00 美元的价格出售 Friendly's 曲奇妙趣冰激凌，而正常价格为 4.00 美元，这是一个 50% 的甜蜜折扣。制造商（在当前例子中是 Friendly's）也会赠送优惠券，这些优惠券可以与销售冰激凌的商店提供的优惠券结合使用。当您合并使用两张优惠券时，它被称为双重优惠券（double-couponing）。假设您有一张 Friendly's 优惠券，每加仑冰激凌可再优惠 50 美分，使用这种"双重折扣"后，价格为每加仑 1.50 美元，折扣高达 62.5%。有时，甚至可以获得三重优惠券（triple-coupon），其中商店（在我们的例子中是超市）提供另一个折扣，如任何超过 25 美元的订单均可享受 10% 的折扣。

有很多公司专门研究优惠券，Valpak 是以邮寄优惠券而闻名的较大公司之一。克罗格（Kroger）、Acme、A&P、实得购物和 Shop Rite 等超市也经常在邮件中放置自己的优惠券，它们有时也被称为印刷品广告。一些专门提供优惠券的网站包括 Retail Me Not、蜂蜜（JoinHoney）和 Coupons。

高朋网（Groupon.com）是一个受欢迎的网站，它与其他公司合作为产品和服务给予大幅折扣，它始于美国，现在遍布全球 48 个国家。高朋网销售的"每日特价"，通常会在 24 到 36 小时内有效，然后失效。现在，他们提供各种优惠，幅度通常从 25% 到 75% 不等。高朋网经常与面临难以寻找稳定客户的当地小公司合作。这些小公司被"发现"的一种方法是让高朋网通过特殊的"每日特价"向其数百万会员宣传自己的业务。小型公司可能会在第一次销售中实现收支平衡或亏损，但寄希望于客户会满意并以正常或更高的价格再次购买。

奖励计划

许多公司为其客户提供奖励计划，它们知道吸引回头客是维系长期生意的好方法。它们经常创设奖励计划以提供折扣或"仅限会员"销售，从而激励加入。例如，唐恩都乐的奖励计划称为 DD 待遇，会员每次购买都会获得积分。客户在注册时、生日时以及积累 200 积分后可获得免费饮料。星巴克、潘纳拉、奇利斯（Chili's）和许多其他公司都提供类似的计划。

航空公司也为其客户提供受欢迎的奖励计划，有时被称为飞行常客计划（frequent flyer programs）。每次搭乘航空公司航班时，您都会累积里程或积分，如果这些里程足够大，就可以兑换获得免费航班，还有时候，您可能会从经济舱升级到舒适的商务舱或头等舱，太棒了！关于航空公司，有崖客（Kayak）、缤客网（Booking.com）Priceline、Expedia 和 Travelocity 等网站可以搜索您的航班并找到最优惠的价格。使用 Priceline 时，您实际上可以竞标您愿意支付的价格。在第三章中，我们讨论了信用卡提供的一系列好处，从现金返还到食品、汽油和服装的折扣，这就是要旨。是否有您经常光顾的商店或公司？如果有，询问他们是否有奖励计划，看看您是否可以在已经开始做的事情上省钱。

与手机、有线电视和其他服务提供商协商

许多价格都不是一成不变的，可以协商。世界上许多国家都在实

第十一章　节俭如巴菲特：省钱之道

践讨价还价的艺术，对许多人来说，这是一个不舒服的过程，比如因二手车讨价还价，但从长远来看，提高您的谈判技巧会给您带来回报。这就是为什么我们将在第十三章中介绍一个名叫戴尔·卡内基（与安德鲁·卡内基无关）的人的学说，他在畅销书《人性的弱点》(*How to Win Friends and Influence People*）中对此进行了介绍。

如果您的询问方式给力，您购买的许多商品可能会降价——特别是如果对方认为您会离开，并转至与其竞争对手成交。现在，我们并不建议您撒谎，但如果您真的在考虑换其他提供商，可能值得您向当前服务提供商提及这一点。可以协商的账单包括您的手机账单和有线/卫星电视（例如 DirecTV、DISH 网络）账单，您可以先询问客户服务代表是否有折扣，如果您愿意承诺至少使用一年，通常会有。如果这不起作用，您可以向他们展示由他们的一个竞争对手发的广告，显示价格优惠，看看您的现服务商是否可以做出调整。

关于手机的话题，我们知道手机对当今大多数人的生活至关重要，定价计划可能比魔方更令人困惑！幸运的是，有一些网站可以帮助您理解事物并为您找到最佳计划。有一些手机比较网站，包括 WhistleOut、WireFly、NerdWallet 和消费者报告（Consumer Reports）。

根据我们的经验和非正式调查，手机智能性比手机本身更重要，因为重要的是应用程序。尽管我们常用苹果手机，但也有由三星、谷歌、LG、索尼、华为、小米和其他公司制造的优秀且更便宜的手机。下面的类比将解释我们的逻辑。

在二十世纪九十年代，当互联网还是新生事物时，您通过互联网服务提供商（ISP）连接到互联网，例如美国在线、MSN 在线、CompuServe 等。尽管您可能会觉得这令人难以置信，但许多人在这些服务提供商的生态系统（即其自己的网站）中花费了大量时间，如美国在线拥有新闻、体育、购物等页面。最终，人们将大部分时间都花在了ISP的生态系统之外，比如ESPN、照片墙、脸书等优秀的外部网站上，毕竟，现在有数百万个网站。我们的观点是，您应该货比三家，寻找满足您需求的移动电话和有线电视/互联网运营商。

现在，我们不会建议您放弃智能手机，但您可能会惊讶地发现巴菲特仍然使用诺基亚翻盖手机！他开玩笑说："这是亚历山大·格雷厄姆·贝尔给我的。"他一生中也只发送过一封电子邮件，并且该邮件还在法庭听证会上被提证过。购买旧智能手机可能会为您节省一些钱，如果您愿意，使用像巴菲特的翻盖手机这样的老式手机也可能会为您节省很多钱。

庭院销售、跳蚤市场等：变废为宝

庭院销售（yard sale），有些地方称为车库销售（garage sale），是人们向公众出售自己不再使用的物品的地方。如果您要出售物品，这是一种赚取额外收入的方法，相反，如果您要购买物品，这是找到一些超值优惠物品的一种方式，庭院销售可以卖几乎任何东西，但常见的物品是服装、玩具、游戏、运动器材和家居用品。这让人想起著名说法："把别人的垃圾变成你的宝贝。"

在极少数情况下，有人在不知道其价值的情况下以名义成本出售一件物品，然后该物品后来被发现价值数百万美元，这才发现它是一个真正的宝藏！虽然我们不认为您可以指望碰到这种好事，但这里有几个例子。早在2000年，里克·诺斯杰恩（Rick Norsigian）花了45美元买了两盒看似普通的玻璃板，结果这些实际上是美国摄影先驱安塞尔·亚当

第十一章　节俭如巴菲特：省钱之道

斯（Ansel Adams）的摄影底片，摄影底片的价值可能高达2亿美元！缇莎·麦克尼尔（Teisha McNeal）在2009年一次庭院出售中以2美元的价格购买了据报道为假的毕加索作品，好吧，她买的是真品，而且可能价值高达200万美元！

许多庭院销售是在社区基础上完成的，也就是说，街区里的许多人在同一天进行销售。这种方式增加了流量，因为潜在客户可以细看许多家庭的庭院销售，而不仅是一个家庭。与旧货销售有关的方式被称为跳蚤市场，数十个（或数百个）卖家都聚集在同一个地方出售他们的商品，每个卖家通常会摆上一张桌子并将他们的物品放在桌子上供潜在买家查看，就像车库出售一样，您可以出售物品赚取一些额外现金，或者获得一些购买优惠。

一个类似的值得关注的地方叫作旧货店（thrift shop）。大部分待售物品都是旧货店受赠的，它们通常由慈善或宗教机构经营，善念机构（Goodwill Industries）是该领域最大的公司之一。旧货店通常出售大量物品，包括服装、鞋子、书籍、玩具、体育用品、电子产品和家居用品。在您嘲笑这样的想法之前，您可能会惊讶地发现都有谁在旧货店买过东西，据说巴菲特妻子阿斯特丽德·门克斯（Astrid Menks）是旧货店的粉丝，尽管她与世界上最富有的人之一结了婚。您永远不会因太富有而无须省钱！

最后，对于本节，典当行（pawn shop）也可能是找到一些超值物品的地方。我们希望您永远不会遇到这种情况，但有时人们出于各种原因需要钱。如果有一些值钱的东西，比如一块精美的手表，他们也许可以把它抵押给典当行，假设这只手表价值200美元，典当行老板可以给这个人100美元，并将手表作为抵押物，这是我们在第三章讨论银行贷款时遇到的一个概念。将手表卖给当铺的人有一段限定的时间，通常是30到90天，以偿还100美元外加利息，如果没有，当铺老板将保留手表然后将其出售。在我们讲述的手表示例中，售价可能在100美元到200美元之间。

过去典当行的名声有些不堪，因为有些典当行被小偷用来将赃物换成现金，但流行的电视节目，如《典当之星》（*Pawn Stars*），提高了这些商店的合法性和地位。甚至还有一些典当行在美国证券交易所进行交易，例如市值约20亿美元的第一富金融服务（FirstCash，代码FCFS）！

自己动手

您可以"自己动手"做很多事情来省钱。典型例子是您自带午餐去学校或工作地（"棕色装袋"）而不是外购，另一个是自己洗车（如果有的话）而不是去洗车店。您的一些家庭成员和亲密朋友可能会更喜欢个性化的自制礼物而不是从商店买来的。自己动手维护房子也可以为您省钱，比如刷漆、打扫卫生、除草等。使用诸如Nest之类的"智能恒温器"也可以随着时间的推移为您省钱，因为它可以在您外出时调节您家的温度。您看到了，如果您真正考虑并付诸行动，您可能可以做数百件事来省钱，记住我们在本章前面引用的数字，每年节省100美元，在一生中可以加起来节省超过100 000美元。更夸张地说，每年节省1 000美元（每月83.33美元）可以为处于早期积累财富之路的年轻人在一生中节省1 000 000美元。

第十一章　节俭如巴菲特：省钱之道

向慈善机构捐赠物品

如果您有无法在易贝、Craigslist、庭院出售或其他方式上出售的东西，那为什么不捐赠它们呢？许多旧货店或社区中心可能对您不再使用或不再感兴趣的东西感兴趣。您的捐赠可能会帮助有需要的人或寻找便宜货的人，此外，当您赚到足够的钱来缴纳所得税时，这笔捐赠很可能符合减税条件，从而减少您的整体税单，对双方来说似乎是双赢的！

避免因坏习惯而搬起石头砸自己的脚

如果您下定决心，可以做很多小事为您省钱。在第三章，我们探讨了每月全额还清信用卡账单（如果有的话）的重要性，您将节省利息费用。希望您没有养成（或将养成）任何不良习惯，例如吸烟、饮酒、非健康饮食等。消除这种行为可能对您的健康有益，就像对您的钱包或皮夹子一样有益。

对自己拥有的东西感到满意是一种值得推崇的好心态，考虑到所有人都面临同侪压力以及"比阔绰"或卡戴珊姐妹的压力，以这种心态处事是一个挑战。如有疑问，求助于巴菲特的智慧可能会有所帮助。在2006年《财富》杂志的一篇文章中，他谈到了将大部分钱捐给慈善机构的承诺，他说："有些物质的东西让我生活更愉快，然而，有些则不会。我愿意拥有一架昂贵的私人飞机，但拥有六座房屋将是一种负担。太多时候，大额财产最终会控制它的主人。除了健康，我最看重的资产是有趣的、多样化的和长期的朋友。"让我们用一个忠告来总结一下这个明智的建议。

巴菲特忠告六十九：

太多时候，大额财产最终会控制它的主人。拥有的越多，需要担心的就越多。

在预算中将所有内容捆绑在一起

我们将以设置预算来结束本章，这是描述您在一段时间内支出和储蓄计划的词。青少年的预算与退休人员的预算有很大不同，介于两者之间的每个年龄段也不同。我们将重点关注刚开始工作的人的预算，例如刚毕业的大学毕业生，税前年收入为5万美元。我们很确定，如果有必要的话，巴菲特靠5万美元也可以过活，但他就必须放弃他的私人飞机了！

本书讲到这，您应该知道，如果花费不少于收入，您就无法积累财富。这听起来微不足道，但许多人最终陷入了一个恶性循环，花费超过收入，经常以高利率累积债务。这种行为通常会导致成为"月光族"，我们不希望您是这样！拥有净储蓄的概念可能在巴菲特出生时就根植于他的大脑中，这对他来说从来都不是问题，因为即使在他年轻的时候，他就展望过自己成为世界上最富有的人。

预算会考虑您的收入，这通常来自全职工作，但也可能来自其他来源，例如投资收入、礼物和兼职。拥有多种收入来源（multiple streams of income）是加速财富增长的好方法。预算还考虑到您的开支，包括食物、住所、娱乐、健康、教育等。每个人的收入和支出都不一样，但对于有金融知识的人来说，关键是在大部分时间流入应该超过流出。一个

第十一章　节俭如巴菲特：省钱之道

明显的例外可能是支付大学费用，因为这是一项昂贵的投资，通常会超过您当时的收入。

您可能担心预算制定，一个简单的起点是列出您的所有支出以及收入来源。信用卡账单通常会按类别细分费用，并自动生成一个清单。在电子表格的帮助下创建预算是很好的办法。还有许多免费或免费增值应用程序可让您轻松创建和跟踪预算，例如 Mint、钱包卫士（PocketGuard）、你需要预算（You Need A Budget, YNAB）和好预算（Goodbudget）。激励制定预算的一种方法是写下您的目标，例如，您可能想为房子、汽车、退休、教育等存钱。

一旦您决定了您的财务目标，您应该输入您的收入来源，假设您从主要工作中赚取 50 000 美元，让我们进一步假设您收到 1 000 美元的礼物、1 000 美元的投资收益和 4 000 美元兼职优步司机的收入，所有这些加起来是 56 000 美元，但我们认为将您的投资收入再投资而不是花掉它是一种很好的方法，"复利奇迹"可以为您服务，所以总共是 55 000 美元的税前收入。

具有理财能力的相当大一部分因素是关于拥有正确的思维。"给自己发工资"或储蓄，是我们要开始的第一个"费用"。当然，这不是一项支出，但它是一种很好的方法，而且当通过个人退休账户（IRA）或 401(k)等退休计划进行时，通常可以免税扣除，我们将在第十五章讨论。"超级储蓄者"旨在储蓄 50% 或更多的收入，但可能需要一段时间才能实现。对于大多数人来说，储蓄 10% 更为现实，富达投资建议储蓄 20%。让我们从 10% 或 5 500 美元开始，目标是通过将未来的收入增长纳入荷包，在几年内将这个数字提高到 20% 以上。

我们还将假设您是一个人生活。对大多数人来说，住房是最大的支出，一个好的经验法则是，它的成本不应超过您总收入的 30%，即使它在消费者价格指数中的权重接近 40%。在大萧条之前的时期，许多人因为购买他们无法偿付的房屋而陷入困境。假设您不必拥有最时髦的垫子，并且可以将收入的 25% 用于住房，即每年 13 750 美元，即每月 1 146 美元。我们意识到，除非您进行合住，否则这个金额在纽约市这类地区可能不够，一些公寓的房价包括公用事业费用，例如电力、天然气/汽油、（基本的）互联网/有线电视/奈飞和水费用，我们会在预算中再增加 5% 或 2 750 美元。

作为另一条经验法则，交通费用应占您收入的 15% 或更少。即每年 8 250 美元或每月 688 美元。尽管这听起来像是一笔不错的预算，但不要准备购买您所关注的新宝马！交通费是指与汽车、火车、公共汽车、地铁、保险、停车、维修等有关的费用。如果您住在一个公共交通发达的城市，您可以大大减少这个数字，尽管您的住房成本可能会高得多。**拼车通勤**可能是减少这些费用的另一种方式，特别是如果您与您的同事住在同一地区。对于许多人来说，在家工作是一种选择，尤其是在新冠疫情之后世界发生了变化的情况下。

医疗保健通常是一种工作福利，但对于大多数公司，您仍然需要支付超出雇主支付限额的部分。大多数年轻人都很健康，可以使用高免赔额计划，这可以降低您的医疗保健费用，除非您最终去看了很多医生/医院。让我们设定它占预算的 5%，其中一些通常可以免税。我们将为您赠送 600 美元的礼物，而不是 1 000 美元，因为您新解锁了以优惠价格购物的能力，并且越来越喜欢自制礼物。

根据我们之前的讨论，我们发现食品成本各不相同，如果您采用精明购物、带午餐去上班以及在晚上和周末多在家吃饭的方式，费用可以

第十一章　节俭如巴菲特：省钱之道

显著减少。让我们把它定为 10%（5 500 美元），若您经常外出就餐，则您将不得不削减其他方面的预算，只要您不削减储蓄就好！

我们将按您年度预算的 3% 或 1 650 美元购买服装。这似乎是一个很小的数字，但考虑到这些是您现有衣橱的年度补充，这并不是那么糟糕。抱歉——预算紧张，您可能买不起时装周秀场上的任何东西。我们将另一个类别称为娱乐和其他，这是一个涵盖所有娱乐相关事物的类别，包括您的手机、约会、假期和个人物品，我们将其定为 5%，即 2 750 美元。再一次，如果这个数字看起来太低，可以这么说，您将不得不拆东墙补西墙。

应急基金（emergency fund）应该可以帮助覆盖任何重大的不可预见的支出，例如失业、医疗问题或汽车故障。由于其安全性和高流动性，储蓄账户通常是应急资金的好去处。每年 5% 的应急基金是一个很好的经验数值。随着时间的推移，该基金应增长到至少可以支付 3 个月的生活费用，最好是 6 个月。

我们无法逃避税收，但我们可以通过一些健康和退休计划扣除额以及个人标准的单次扣除额 12 400 美元来减少税收。假设您不住在高税收地区，我们估计所得税约为 8 750 美元。如果您这样做了，在我们的例子中，您可能需要通过合住来降低您的住房成本。我们还假设您没有大笔学生贷款要支付。有关大学及其相关费用的讨论，请参见第十四章。

我们将虚构预算以电子表格的形式放在了附录中。这就是本章的总结，我们知道它很长，但它可能是与您未来财富最直接相关的章节。

本章巴菲特的忠告

- 巴菲特忠告六十七：多多读书。你需要用各种相互竞争的想法填满大脑，并决定哪些是有意义的。
- 巴菲特忠告六十八：价格是指您支出的，价值是指您得到的。在降价时购买优质商品。（得益于本·格雷厄姆的协助）
- 巴菲特忠告六十九：太多时候，大额财产最终会控制它的主人。拥有的越多，需要担心的就越多。

附录：预算示例

目标：为退休和购房存钱

收入来源	金额（美元）
全职工作	50 000
投资 *	1 000
礼物	1 000
兼职	4 000
总额	56 000
调整后总额 **	55 000

支出	金额（美元）
退休储蓄 ***	5 500
房屋	13 750
设施	2 750

第十一章 节俭如巴菲特：省钱之道

续表

支出	金额（美元）
交通	8 250
食物	5 500
医疗保健	2 750
服装	1 650
娱乐及其他	2 750
礼物	600
应急基金	2 750
税	8 750
调整后总额	55 000

★ 计划用于再投资。
★★ 假设投资收益用于再投资。
★★★ 从 10% 开始，目标为 20% 以上。

第十二章
巴菲特对汽车和房产的观点

> 综合考虑，我做过的第三好的投资是买了我的房子。
>
> ——沃伦·巴菲特，2011 年致伯克希尔 - 哈撒韦公司股东的信

第十二章 巴菲特对汽车和房产的观点

导言

拥有自己的房子被认为是美国梦的一部分,您知道的,就是众所周知的有白色栅栏的房子。尽管巴菲特是股票的忠实拥趸,但他认为在奥马哈的家是他一生中第三好的投资。如果您想知道巴菲特认为他做出的两项最佳投资是什么,答案是他的两任妻子,第一任妻子苏西,以及苏西过世后的第二任妻子阿斯特丽德。

尽管早已成为亿万富翁,但巴菲特自 1958 年以来一直住在同一栋房子里,他以 31 500 美元价格买下了这栋房子。这是一个不错的家,但谈不上是豪宅。您附近的一些房子大概率就比巴菲特的家更奢华。尽管如此,他在一次采访中说:"对我来说,那是世界上最让我感到幸福的房子。这是因为它充满回忆,还会迎接一些人回来,诸如此类。"他还说:"综合考虑,我做过的第三好的投资是买了我的房子,尽管如果我转而租房,并用买房的钱去买股票,我会赚更多钱。"尽管巴菲特偏爱股票,但让我们把他对拥有自己的房子的看法变成一个忠告。

巴菲特忠告七十:

房子可能是您做过的最佳投资之一。

您希望精明地购买各种东西，尤其是汽车和房屋等大件，这些不仅是买下而已，在一定程度上也可能被视为投资，让我们按照您可能遇到的顺序处理这些大件，首先拥有自己的汽车，然后拥有自己的房子。像往常一样，巴菲特对这些话题有很多话要说，所以我们会在适当时候给出他的评论。我们将在第十四章讨论另一个重要项目——支付大学费用。

您是否需要汽车

尽管无人驾驶汽车正在发展，但尚未成熟。有些人一生都不买车，尤其是那些生活在公共交通系统发达的大城市的人，有些人则选择使用优步或 Lyft 出行，相当于普通人运营的出租车。在丹麦，每 10 个人中就有 9 个人拥有自行车，许多人骑车去上班，即使是在冬天！骑车能省钱，而且能锻炼，该锻炼帮助丹麦人比大多数其他国家的人更健康。然而，今天美国的大多数年轻人仍然想要一辆汽车，因为它经常为他们提供额外的自由，上学、工作、购物和社交活动的自由。当然，拥有汽车也会产生额外的费用——买车、维修、保险和汽油的成本。对于许多青少年来说，拥有汽车是一种成年礼。

巴菲特过去和现在都是汽车迷，他曾经说过："我 16 岁的时候，脑子里只想着两件事——女孩和汽车，我在与女孩相处方面并不拿手，所以我想到了汽车。"与他今天的节俭行为形成鲜明对比的是，在巴菲特上高中时，和一个朋友共同拥有一辆旧劳斯莱斯，权利各半，他们买车是为了给女孩留下好印象，并试图出租它以额外赚钱，他们为这辆车支付了 350 美元，然后以每天 35 美元的价格将其出租。他在高中时还共同拥

第十二章　巴菲特对汽车和房产的观点

有了另一辆车，灵车，也就是在葬礼队伍中用来运送棺材的车。巴菲特曾经在灵车上有过一次约会，正如您可能猜到的那样，约会不太顺利，后来他说自己的方式"并非最适宜的方式"。现在，他开的是凯迪拉克XTS，一辆不错的车，但也谈不上太奢侈，他每年的驾驶距离约 3 500 英里，大部分都是从家开车到办公室和麦当劳。

在接下来的几节中，我们将讨论与汽车所有权相关的重要话题，例如新车与二手车、购买与租赁以及购买汽车的最佳时间。当然，答案是"视情况而定"，但我们将为您提供一个思考这些问题的通用框架，并为您提供一些经验之谈。好，让我们开始吧。

新车与二手车

毫无疑问，从财务角度来看，二手车要便宜得多，至少在标价上是这样。您可能听过这样的说法，一旦您从经销商处开出一辆新车，它就会贬值20%。我们在会计章节中涉及过"折旧"一词，它是指资产，如建筑物、汽车或机器，由于其使用年限和磨损而价值下降。汽车品牌和型号的折旧差异很大，丰田、本田、尼桑和吉普品牌，贬值幅度往往是最小的，这些汽车相对可靠，而且在出现问题时维修也不会太贵。梅赛德斯－奔驰、宝马、凯迪拉克和林肯等昂贵汽车往往贬值幅度更大，因为它们通常需要花费大量的维修费用。购买二手车的人往往具有成本意识，因此高额的维修费用不适合这些人。

较旧的汽车往往比较新的汽车更容易发生故障。他们以免费或低成本修复问题的保修期（warranties）也会随着时间的推移而到期。认证二手车（Certified pre-owned, CPO）是较新的二手车，车况良好，行驶里程相对较低,并且通常附带延长的制造商保修期。这些车通常不到五年,行驶里程不到50 000英里,但CPO标准因品牌和型号而异,CPO汽车的价格通常比没有保修期和官方认证的类似二手车高出约20%,因为它降低了您购买"柠檬"(lemon)①或问题汽车的风险。

较新的汽车通常看起来更漂亮,功能也更多,这使它们成为许多消费者的理想之选。例如,许多新车都有Wi-Fi并与您的智能手机完美同步,即使是10年前售价100 000美元或更多的高端汽车,也不会有这些功能,因为当时就不存在。未来肯定会发明新的东西,我们希望在汽车中加入这些,比如人工智能软件,它可以有效地消除开车时阅读和回复信息或电子邮件的冲动,想想可以完美阅读和回复文本的Siri或Alexa应用程序,或者可以在熙来攘往的地方轻松找到停车位的应用程序。我们知道有些汽车旨在提供这些功能,但它们还没有准备好迎接黄金时代。而且,正如我们在开头所说,无人驾驶汽车的广泛使用只是时间问题。

新车通常还具有更好的燃油效率和更快的加速性能,这对大多数司机来说是一个很好的组合。现在,您可以找到在5秒内从0英里每小时加速到60英里每小时并且每加仑汽油行驶30多英里的新车,这在十年、二十年前几乎是不可能的。而电动汽车,例如特斯拉的Model 3,正在改变汽车格局,不需要汽油,需要维修的组件更少,而且通常启动加速极快。当您打开现代电灯开关时,灯光会立即亮起,与之类似,电动汽车一旦启动就具有全功率或称扭矩,在某些情况下车的加速度简直令人窒息。有关此话题的更多信息,请在荒诞模式下尝试将特斯拉Model S从0加速到60英里每小时,时间少于2.3秒!最值得一提的是,特斯拉在

---

① 在美国俚语中柠檬有"次品"的意思。——译者注

第十二章　巴菲特对汽车和房产的观点

2020 年重新启动特斯拉 Roadster 汽车，0 到 60 加速度用时 1.9 秒！

那么买新车好还是二手车好呢？从经济上讲，购买二手车通常更有利，但这实际上取决于汽车在您生活中扮演的角色。如果您只是想从 A 点到 B 点，二手车无疑是更便宜的选择。如果您将汽车视为自我人设的重要延伸（即魅力因数）并且真的无法接受把汽车送到维修店后的等待，那么新车可能最适合您。另外，有些人不喜欢购买别人用过的东西，认为相当于得到了别人的剩菜残羹。最近有一项研究旨在确定哪种类型的二手车可能最适合大多数人，想象一条 U 形曲线，其中成本会逐年被摊销，但随着时间的推移，它会被更高的维修成本所取代。

在社交媒体和公告板网站红迪网（Reddit）上匿名发布的详细分析估计了长期购买汽车最便宜的策略，同时考虑了买车成本、折旧、维修、保险和汽油成本等因素，结果是买一辆已开 10 年的车，开 5 年，卖掉，然后重复这个过程。最昂贵的方法是每 5 年购买一辆新车，并在第 5 年末出售。使用后一种方法，您将承受汽车贬值最快的几年，基本上每次购买汽车时都会被锁定 50% 或更多的损失，同理保险也更昂贵。

购买与租赁汽车

假设您已经决定买一辆新车，尽管二手车往往是一种更好的省钱方式。显然，汽车的成本可能相差很大。您可以花 13 000 美元或更低的价格购买全新的尼桑 Versa 或雪佛兰乐驰。如果您是下一个贾斯汀·比伯（Justin Bieber）、麦莉·赛勒斯（Miley Cryus）或凯莉·詹娜，您可以买得起价值数百万美元的布加迪或科尼赛克。如果您花钱谨慎，那无论汽车价格如何，您仍然需要考虑是购买还是租赁。租赁是指新车的出租，期限通常为1年到4年不等，2到3年的租约对于汽车来说是最常见的。通过租赁，您不拥有汽车，但有权在固定期限内使用它，因此每月付款更便宜。对于大多数租赁，您可以选择在租赁期结束后购买汽车，但如果您计划这么做，从第一天开始就购买汽车通常成本效益更好。

网络上有几个购买与租赁计算器，例如Cars.com、Lease.Guide.com或BankRate.com上的计算器。我们会帮您直观了解它们的功能，同时不涉及太多细节。美国最畅销的汽车通常不是轿车，而是皮卡。具体来说，福特F-150通常每年卖出超过900 000辆。皮卡广泛用于商业，例如建筑行业，但许多人只是喜欢驾驶皮卡。通常紧随福特F-150其后的是另外两款皮卡，雪佛兰索罗德和RAM皮卡。RAM以前是道奇品牌下的车型，但现在已经发展成为独立品牌。美国最畅销的非皮卡通常是丰田Rav4，每年销量约为400 000辆，它是一款SUV，近年来的销量超过了其姊妹车型丰田凯美瑞。

一辆新的丰田Rav4或凯美瑞起价约为25 000美元，使用高端选装包，价格大概会再高10 000美元，让我们使用基础版作为计算基准对比购买和租赁。此外，假设您没有支付首付款，在汽车界被称为资本化成本降低（capitalized cost reduction），来降低购买价格，并且您没有旧的轿车或皮卡可以置换来降低新车价格。大多数州对购买轿车或卡车征收销售税（sales tax），意思就如同名字那样：州政府征收的商品或服务销售的税，不同州的车辆销售税差异很大，从0%到超过11%不等，在此我们假设销售税率是5%。

我们在本书中讨论了很多关于利率和货币时间价值的内容，所以您可能已经有直觉认为利率水平也会影响汽车的价格，利率越低，您的车辆价格就越便宜。有时租赁计算器使用一个被称为货币因子（money factor）

第十二章　巴菲特对汽车和房产的观点

的术语来定义利率变化，该因子可以通过将利率除以 2 400 来估算。我们还假设利率为 5%，即使目前利率异常低，且汽车在 3 年内贬值 40%。

以 3 年期贷款购买 Rav4 或凯美瑞每月还款 786 美元，租用 3 年（最常见的租赁期）同一款车，每月需支付 379 美元，显然，购买还款比租赁付款高很多，但 3 年后您实际上将拥有汽车，许多汽车贷款的期限超过五年，因为在我们的示例中每月支付 786 美元对大多数人来说是一个相当高的数字。相同价格下，5 年期贷款未来将每月支付 495 美元，仍显著高于租赁付款。此外，丰田和大多数其他汽车的整车保修在 3 年后到期，因此在大部分保修到期后，大部分麻烦的维修您将独自面对。丰田提供动力总成保修，包括发动机、变速箱和其他一些部件，保修期为 5 年或 60 000 英里。

如果购买与租赁的计算让您感到有些困惑，请不要担心，我们会在一分钟内为您提供一个简单的经验法则，但首先要对租赁的情况做些说明。当您租用轿车或皮卡时，您只能使用一定里程数，否则您必须为超过该金额的里程支付罚金，典型罚金是超出限制的每英里额外 15 到 25 美分。汽车租赁通常允许您在租赁期内平均每年行驶 7 500 到 15 000 英里，最常见的里程限制是每年 10 000 英里或 12 000 英里。此外，如果您将车辆撞坏且维修费用没有被保险覆盖，那么您必须支付额外的费用来修复损坏。

到了最后结论了，在大多数情况下，如果您的行驶里程不长（即每年 12 000 英里或更少），并且每隔几年或更短的时间想要一辆新车，那么租车通常会更合适。另外，如果您有公司，租赁有一些好处，可以减少您的纳税额。这个经验法则让人想起已故石油大亨 J. 保罗·盖蒂（J. Paul Getty）的一句话："如果能升值，那就买；如果会贬值，那就租。"他曾是世界上最富有的人，也是盖蒂石油的创始人。尽管这句名言并非巴菲特所说，但他很可能会赞同，因为我们提到过巴菲特的观点，即如果将分配到投资于房子的资金用于投资股票，将获得更高的回报。保罗·盖蒂的话值得作为一个忠告。

巴菲特忠告七十一：
如果能升值，那就买；如果会贬值，那就租。（由保罗·盖蒂提供）

股票、债券和房屋通常会升值，汽车和您购买的大多数其他东西都会贬值。在继续下一部分之前讲最后一点，老爷车（classic cars）经常升值，老爷车一般至少有 25 年的历史，收藏家很喜欢，因此，一辆较旧的法拉利或克尔维特可能被认为是经典之作，但一辆 25 岁的凯美瑞可能不会。老爷车可能是一种爱好或投资，但通常不会被作为主要交通工具。因此，我们坚持使用盖蒂的经验之谈，买升值的，租或卖贬值的，除非您开了很多英里，或者想拥有这辆车很多年，后一点是巴菲特最近几次所遵循的，他的汽车通常开至少八年，而不在乎看起来是否酷或是否拥有最新的高科技功能。

购买或租赁汽车的最佳时机

与许多物品一样，如果您在特定时间购买，您可以获得一笔不错的优惠。例如，如果您在 1 月 1 日之后购买诸如圣诞树之类的节日用品，您可能获得 50% 或更多的折扣，如果您在秋天买泳衣或短裤，您可能也

第十二章　巴菲特对汽车和房产的观点

能买得很划算，如果您在周末租车，通常比工作日便宜，因为周末使用汽车的商务人士较少。如果您在航班前两个月左右购买机票，通常比只提前几天或最后一刻购买便宜，还可以使用一些建议使购买或租赁汽车时更合算。

通常在一年中的最后几个月（10月至12月）购买或租赁新车，您可能获得优惠机会，因为经销商希望为即将上市的新型号/年份汽车清库存。许多汽车销售人员都有最低销售配额，即指标（quotas），因此您在月底买通常会获得不错的优惠，因为他们的指标通常基于他们每月销售的车辆数量。使用简单的供需分析可知，如果经销商手边的潜在客户较少，您可能会获得较大的优惠。大多数人在下班后、周末或节假日购车，因此，在工作日的早上或下午去汽车经销店可能是获得大额优惠的好时机。

如果您讨厌与汽车经销商讨价还价，您可以尝试使用开市客的汽车购买服务。如果汽车不再生产或车型正在经历重大的风格变化，您也可以在汽车上获得优惠。例如，您可能会在路上看到很多不再生产的汽车，例如庞蒂亚克（Pontiac）、土星（Saturn）、奥兹莫比尔（Oldsmobile）、普利茅斯（Plymouth）或水星（Mercury），如果在这些汽车停产前的最后一年购买其中一辆，您可能会通过协商达成一笔非常划算的交易，制造商仍将在整个期间内履行保修义务，否则他们将很难售出。2019年丰田Rav4是对2018年车型的重大改进，因此经销商可能更有动力脱手2018年车型，因为与新车型相比，它们看起来已经过时了。

家庭基础

我们曾经讲到过购买房屋（例如公寓、共管公寓、联排住宅或独立住宅）是您一生中最重要的购置，这可能是真的，因为这将是您最大的购置之一，而且它对您的信用评级也有很大影响。这很可能是信用机构跟踪的最大支出项目，因此它将成为您信用评分的重要组成部分，主要原因是除非您很富有并且有能力完全用现金买房，否则您可能不得不通过借款来买房，我们在本书前面提到过，为购买房屋而借的钱被称为抵押贷款，大多数抵押贷款的期限在 15 年至 30 年之间，因此抵押贷款可能会成为您信用报告的锚点，因为它存在的时间很长。每月按时支付抵押贷款也让您有机会证明自己对信用的珍视，并最终可能提高您的信用评分。让我们从基础讨论开始。

您应该考虑的第一件事是，您是否计划在想购房的地区居住至少几年，如果确是如此，那么买房通常比租房在经济上更划算，如果您租房子，您基本上是在把钱扔掉，房东或房主利用您的支出积累财富，房东是指为了出租给别人而购买房屋的人。在许多情况下，他们拥有多个房屋。**恶劣房东（slumlord）** 在出租房屋的维护和维修上花费很少，并且经常将房屋出租给低收入人群。大多数房屋的价值也会随着时间的推移而上涨，从而使房主财富增加。此外，拥有我们将要入住的房屋还有一些大幅税收优惠，更不用说巴菲特在开篇部分提到的美好回忆了。

那么为什么会有人租房子呢？好吧，拥有房屋是一项重大的财务花费，首先，您需要支付房屋的**首付**，您可以将其视为存款，以保护为您提供抵押贷款的银行或其他出借方，该额度通常是涉及数万美元或更多的重大决策，许多人无法克服这个障碍。此外，如果您不持续支付抵押贷款，您可能会破产，这将对您的信用评级造成严重打击，并最终让您失去房屋。此外，当您出售房屋时，您通常必须向房地产经纪人支付**佣金（commission）**，这是指他们（及其机构）从出售房屋中获得的销售

第十二章　巴菲特对汽车和房产的观点

费用。佣金各不相同，通常为 5% 或 6%。因此，以 200 000 美元出售的房屋收取 5% 的佣金将向房地产代理人，有时称为房地产经纪人及其公司支付 10 000 美元的销售费，这可能足以抵消拥有房屋的经济利益。一些在线房地产公司，如 Zillow 和 Redfin，以较低的佣金率收取费用，但仍然是一个可观的数字。

为了继续进行下一部分，房屋所有权，让我们总结一下您需要了解的要点，这是值得花时间的。首先，您需要足够的钱来支付首付；其次，您应该计划在该地区至少停留几年；再次，您应该有稳定的收入；最后一点很重要，因为如果没有人，例如父母，与您共同签署（co-sign）抵押贷款，您就很难从出借方那里获得抵押贷款，如果共同签署贷款，意味着共同签署人同意在初始借款人（即您）不支付的情况下还款，作为共同签署人是一项法律义务，还会影响信用评级。因此，请仔细考虑成为其他人的共同签署人，或者，如果有人为您共同签署，请感谢他们的慷慨。

寻找房屋

您应该知道您希望居住的大致区域，它可能靠近您的工作地、家人或让您感到愉快的地方。有些人，例如作家、自由职业者和能够远程工作的人，几乎可以住在任何地方。他们可能会选择住在海滩、大山、公园或任何他们能知道的地区。您可以驾车游览该地区并查看带有"待售"标志的房屋，但寻找房屋的更有效方法是借助搜索引擎或房地产代理人。房地产代理人可能很了解附近地区，可以根据您的需求进行定制搜索（例如，两间以上的卧室、两间以上的浴室或房产面积）。最常见的数据库房地产经纪人和买家搜索被称为多重放盘服务系统（Multiple Listing Service, MLS）。

您也可以自己搜索房地产，然后将房屋"短名单"交给房地产经纪人，以实现更有效的购买过程。买卖双方通常都使用房地产律师的服务来确保一切合法，房地产律师费用各不相同，通常从几百美元到几千美元不等，对于更复杂的情况或更昂贵的房屋，通常收取更高的费用。

竞标房屋

假设您找到了您梦想中的房屋——或者至少是一个您认为您会满意的房屋，下一步是给出报价。买卖双方通常都有自己的代理人，他们与各自的客户进行沟通。在大多数情况下，仅由卖方支付佣金，并且以某种方式在买方和卖方的代理人及其各自公司之间进行分配。一个相当常见的分割是 50/50。在某些市场中，买卖双方都可能支付佣金。

虽然您看到房屋时就知道标价，但实际售价仍需协商，与大多数事物一样，房价受供求关系的影响。卖方最终出售房屋的意愿价格受多种因素的影响。其中一些因素包括卖方的积极性（如他们需要钱吗？他们是否因新工作需要搬迁？）、房屋挂在市场上的时间、房屋状况、卖方的买房成本、卖方获得的意向报价（若有）、在同一市场上出售的类似房屋的数量等。一般来说，大多数卖家愿意将价格降低 1% 到 5%，最常见的是在标价基础上降低 1% 或 2%，另一方面，在"火爆"市场期间，如果房产有多个意向购买报价，您可能需要支付比标价更高的价格。

如果您正在寻找房屋价格相对于其市场价值的大幅折扣（如 25% 至 50%），您可能希望考虑 止赎房屋（foreclosed home）或 卖空型（short sale）房屋。我们将在一分钟内给出定义，止赎房屋是在房主停止支付部分或全部抵押贷款后由出借方收回的房屋，抵押贷款是一项法律合同

第十二章 巴菲特对汽车和房产的观点

和支付义务，如果您不付款，银行或其他出借方将从您手中收回房屋。一个著名的法律说法是"天网恢恢，疏而不漏"，换句话说，请仔细考虑错过任何抵押贷款还款，因为会有后果。止赎过程必须经过法律制度，并且需要一段时间才能发生，通常在该人开始拖欠付款后一年到两年。被银行取消赎回权的财产通常被称为银行回收房地产（Real Estate Owned, REO）。

处于止赎前（pre-foreclosure）的房屋意味着当前所有者已经错过了付款，并且出借方正在收回房屋或与所有者协商新的付款条款，对于新买家来说，止赎听起来很划算，有时可能确实如此，但是有一些事情您应该记住：首先，许多在止赎后出售的房屋需要全额现金支付，没有抵押。止赎房屋通常也"按原样"出售，而且您通常无法在购买前检查房屋内部。因此，如果以前的占有者搞了破坏，新的所有者将负责维修。在某些情况下，前房主滞留屋中，新买家不得不驱逐他们，这可不好玩！

我们在股票市场的一个章节第五章中使用了"卖空"一词，在谈论股票时，卖空是对股票价格下跌的赌注，卖空投资者受益于股价下跌。房地产交易中的卖空是指业主以低于当前抵押贷款价值的价格出售房屋，房主为什么要这么做？至少有两个原因：第一，也许房主在购买房子时多付了钱，假设他们为一所房子支付了 250 000 美元，出于经济衰退或其他原因，附近类似的房子现在售价不到 200 000 美元；第二个原因类似于止赎的情况，也许现在的业主再也买不起房子了，或者急于出售，并希望在他们陷入破产并破坏他们的信用评级之前摆脱抵押合同，抵押贷款公司通常必须批准卖空，抵押贷款方通常更喜欢卖空而不是漫长的止赎过程。

买房：首付

在本章前面，我们说过您需要支付首付。多少？它因人而异，在2007年至2009年经济危机之前，在某些情况下，购买房屋可以几乎没有首付。财经媒体将这些贷款称为"撒谎人贷款"或"忍者（NINJA）贷款"。撒谎人是指申请人在抵押贷款申请中谎报他们的支付能力、捏造收入和/或资产，NINJA是"没有收入（No Income）、没有工作（No Job）、没有资产（No Assets）"的缩写。为什么出借方会批准这些人进行抵押贷款？因为房价通常会上涨，如果买家在某个时候停止付款，出借方可以简单地收回房屋并尝试以更高的价格转售，此外，一些出借方将抵押贷款出售给其他出借方，本质上是"推卸责任"，但他们会将其视为其他人的问题。大衰退后美国通过了许多新的金融法，例如《多德－弗兰克法案》（Dodd-Frank Act），现在要求银行有严密的流程，且购买者必须支付首付。有一个有效的例外。如果您是美国军人，您通常可以有资格获得美国退伍军人事务部贷款（US Department of Veterans Affairs Loan），而这笔贷款几乎没有任何首付。

回到首付话题，通常首付是房屋购买价格的10%至20%，但在某些情况下您只需要首付3.5%。我们将在一分钟内解释所有这些数字，如果幸运的话，您的父母、祖父母或外祖父母可能会帮助您支付房屋的首付，但我们假设大多数人并非如此，巴菲特并没有为他的孩子们做这些，而是希望在给他们任何大额资金前培养他们强烈的职业道德。银行出借方还会考虑投资的抵押资产价值比（loan-to-value ratio, LTV）。例如，250 000美元房屋的200 000美元抵押贷款抵押资产价值比为（200 000美元/250 000美元＝）80%。

第十二章　巴菲特对汽车和房产的观点

巴菲特建议首付至少达到 10%，他在 2008 年的股东信中写于经济大衰退期间的房地产危机中，他说：

拥有房屋是一件美妙的事情。我和我的家人已在现在的房子愉快居住 50 年，未来还会继续。享受和实用应该是买房的主要动机，而不是利润或重新再买的可能性。购买的房屋应该与购买者的收入相匹配。当前的房地产危机应该给购房者、出借方、经纪人和政府一些简单的教训，以确保未来的稳定。购房应包括至少 10% 真正的首付和以借款人收入可以轻松支付的每月还款，应仔细核实该收入。

让我们用一个忠告来总结这个智慧的建议。

巴菲特忠告七十二：
拥有房屋是一件美妙的事情。您买的房子应该与您的收入相匹配。

政府知道首付是许多人拥有住房的主要障碍，因此提供了一些特别计划，特别是针对中低收入人群，以帮助他们购买房屋。美国住房和城市发展部（US Department of Housing and Urban Development, HUD）是联邦政府的分支机构，在住房市场中发挥着关键作用。联邦住房管理局（The Federal Housing Authority, FHA）是美国住房和城市发展部的一个部门，负责为银行等私人贷方提供的贷款提供保险。也就是说，如果借款人未能偿还贷款，联邦住房管理局（以美国政府的信用为后盾）将确保偿还贷款。由于政府的支持，即使您的信用评分不高，低至580，通常您也可以买房。银行在申请抵押贷款时不仅会考虑您的信用评分，还会考虑您的收入和资产相对于您计划的抵押贷款的规模，一个粗略的经验是，银行会给您一笔3倍至4倍于您总收入（gross income）的抵押贷款，总收入是指在扣除各项税款前的收入。因此，如果您的收入为50 000美元并且您的信用评分良好，您通常可以获得150 000美元到200 000美元的抵押贷款。

联邦住房管理局提供的计划允许首次购房者支付首付低至3.5%，并为购房者提供高达房屋价值6%的交割费用（closing costs）。交割费用包括提前支付第一个月的抵押贷款和财产税、房主保险（homeowners insurance）、产权保险（title insurance）和律师费等费用。房主保险承保因火灾、蓄意破坏、闪电、台风、冰雹和其他几个原因导致的房屋问题。产权保险旨在保护买方，以防卖方在出售前没有"自由而清晰"地拥有房屋。由于购买房屋是一项巨大的财务支出，因此大多数人会寻求房地产律师的服务来帮助自己完成法律文书工作。

买房：抵押贷款

很少有人，尤其是年轻人，能够用现金全款购买房屋。美国房屋的中位价约为250 000美元，在曼哈顿和旧金山的一些街区，中位价超过百万美元！您需要像巴菲特那样有钱才能拿得出这笔资金。大多数购买第一套住房的人购房价款的80%到96.5%都是借款。首付达到20%是一个不错的选择，对于房价中值250 000美元来说，需要50 000美元。对于大多数人来说，这是一个很大的数字。根据中位价定义，在所有地

第十二章　巴菲特对汽车和房产的观点

区有 50% 的房屋售价低于中位价，这些通常被称为入门房屋（starter homes），特别是对于收入较低的人，随着时间的推移，许多人会换一个更好的房子，因此有"入门"的说法。大多数抵押贷款被称为常规抵押贷款，而大金额抵押贷款被称为巨额抵押贷款（jumbo mortgage）。对巨额的定义因地区而异，通常是指至少 510 400 美元的抵押贷款，在纽约、洛杉矶、迈阿密和旧金山等价格较高的地区可能高达 765 600 美元。

如果您以低于 20% 的首付购买房屋，您通常必须购买私人抵押贷款保险（private mortgage insurance, PMI），一些房地产专业人士使用"贷款人抵押贷款保险"（lenders mortgage insurance, LMI）的称呼，本书中我们使用 PMI。如果借款人不支付抵押贷款，PMI 会保护贷款人，如果借款人无法或不愿付款，保险会向贷款人付款，PMI 通常会使得每年额外支出抵押金额的 0.5% 至 1.0%。

一旦房屋净值（即房屋价值减去您未偿还的抵押贷款金额）至少是房屋价值的 20%，您通常可以取消 PMI，因为出借方现在有足够的保护垫以防您不再按时付款。按时支付抵押贷款以及房子本身的升值都可能达到 20% 阈值。如果您的现金流量充裕，您甚至可以支付超过所需的付款金额，以尽快摆脱 PMI。大多数房屋确实会随着时间的推移升值，大约每年 2% 至 3%，但数字可能因地区而异，这让人不禁起房地产的标语"区位、区位、区位"。

货比三家以获得最低的抵押贷款利率是值得的，抵押贷款利率的微小差异确实会在抵押贷款的整个期限内放大，毕竟贷款期限通常为 15 年到 30 年。总额 200 000 美元的利率抵押贷款，利率 4%，期限 30 年，则每月支付 955 美元，总还款额 343 739 美元。将同一房产的利率仅提高 1%，即达到 5%，则每月支付 1 074 美元，总还款额为 386 512 美元，我们相信额外的 40 000 美元差价，您可以很好地利用。

"房屋黑客"：让别人支付（大部分）您的抵押贷款

有什么比以少花钱买房更好的呢？合法地让别人支付大部分抵押贷款是个办法。房地产投资者和作家布兰登·特纳（Brandon Turner）使用"房屋黑客"一词来描述有人购买多户住宅然后出租其中一部分的情况。这种情况在 双联排房屋（duplex）的情况下很容易理解，双联排房屋是指一栋分为两套公寓或共管公寓的房子，每套都有一个单独的入口。如果您有更多的钱，您可以购买三联排或四联排——分别供三个或四个居民/家庭居住。基本思想是让租客支付足够的钱来偿还全部或部分抵押贷款，靠双联排房屋收租费偿还全额抵押贷款可能很困难，但在三联排或四联排情形下却有可能，一些多户住宅甚至能收取到用于支付 3.5% 首付的钱。

多户住宅除了价格较高，还有个缺点是您得提供房屋维保服务，当其他单元出现问题——水龙头漏水、加热器损坏、马桶堵塞，您得负责解决，当然，您可以聘请外部管道工和承包商来解决这些问题，但需要花钱。如果您的租户不支付租金或破坏房屋会怎样？是的，您可能不得不把他们告上法庭，让他们付钱或把他们赶出去，这可不是什么令人愉快的事。所以，房屋黑客的办法只对一些有雄心的人有用，不适用于所有人。

在抵押贷款的引擎盖下

查看抵押贷款的详细条款并不像您在克尔维特引擎盖下看到的那样令人兴奋，但这很重要，因为了解细节可能会随着时间的推移为您

第十二章　巴菲特对汽车和房产的观点

节省大笔资金。像大多数债券一样，抵押贷款有两个部分，本金和利息。在这种情况下，本金是您借入的金额，至少在抵押贷款开始时是这样。每次您还款时，所欠抵押贷款的金额（本金）都会减少一点。众所周知，几乎所有贷款，包括抵押贷款，都收取利息。抵押贷款服务商（mortgage servicer）是接收您每月抵押贷款还款的金融公司。除了本金和利息外，抵押贷款还款通常包括其他一些款项——财产税（property taxes）、房主保险和 PMI（如果需要）。

　　财产税用于支付您所在城市或小镇提供的服务，大部分财产税通常用于支付公立学校系统的费用，也用于支付警察、消防员、地方政府行政人员，以及除雪、道路维修和许多其他服务的费用。财产税通常按季度缴纳，您的抵押贷款通常按月支付，抵押贷款服务商将每月所收还款中的部分资金进行托管（escrow），以便在每季度到期时支付财产税。托管是一个法律术语，表示资金由第三方（本例中为抵押贷款服务商）持有，并在到期日（即按季度缴纳财产税）交给适当的公司或个人（城市或城镇）。

　　回到抵押贷款支付的主要部分——本金和利息，大多数抵押贷款的运作方式是，在最初一些年（即抵押贷款期限的前半部分），您的大部分抵押贷款还款都用于支付利息，在以后的一些年（即在抵押贷款期限的后半段），大部分付款用于偿还本金。偿还本金和利息的关系称为分期付款计划（amortization schedule），如图 12-1 所示。尽管税法一直在变化，但截至目前，抵押贷款利息（最高 1 000 000 美元）可以免税。这意味着如果您逐项列出（itemize）您的税款（即列出所有费用），您可能会少缴所得税。您所有的逐项扣除都必须大于标准减除额（standard deduction），这是所有人都可以在不列出费用情况下申请的金额。目前的标准减除额为单身申报者 12 400 美元和已婚联合申报者 24 400 美元。

财产税过去也可以在联邦税收层面进行减税，还可以减少缴纳州税（如果有的话）。简而言之，除了拥有房屋通常带来的自豪感和财富积累机会外，拥有房屋可能还能获得一些不错的税收减免。

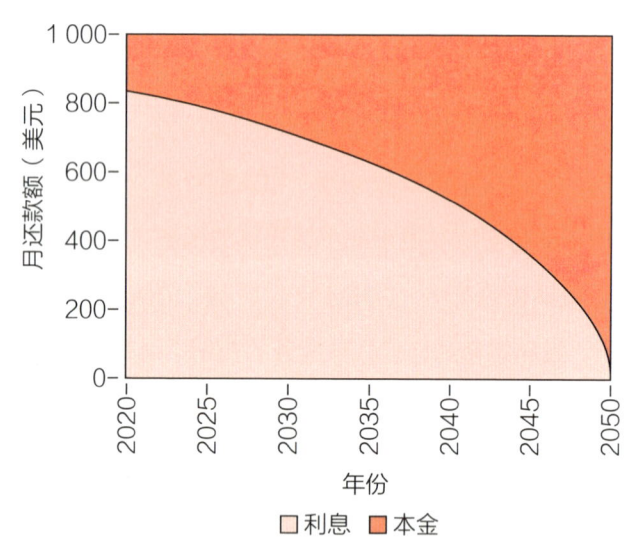

图 12-1　一个典型的抵押贷款分期付款计划

大多数抵押贷款的期限为 30 年，减少利息总额的一种方法是申请 15 年期。让我们使用与之前 30 年期抵押贷款（抵押贷款 200 000 美元，利率 4%）相同的数字，每月需还款 955 美元，总支付额为 343 739 美元。343 739 美元和 200 000 美元之间的差额为利息 143 739 美元。利率 4% 的 15 年期抵押贷款每月还款 1 479 美元，总还款额为 266 288 美元，利息为 66 288 美元。也就是说，如果您能负担得起更高（高出 54.9%）月供，您就可以节约不少利息，当前例子是节约 77 451 美元。有时，当人们还清抵押贷款时，会举办一个派对，通常被称为"抵押贷款派对"，当您人生中最大的开销停止时，这可能确实是聚会的好理由！

第十二章　巴菲特对汽车和房产的观点

如果您通过（15年至30年）抵押贷款拥有房屋，您不会被终生锁定到上面，如果您卖掉房子，价格通常高到足以还清原抵押贷款，如果您利用税法中被称为 1031 置换（1031 Exchange）的条款，将旧房屋的利润滚入新房屋，则可以免税。如果房屋是主要住所，许多人每两年一次可以获得高达 250 000 美元的收益豁免。请咨询会计师或房地产律师，了解如何在合法避免国家税务局审查的前提下进行这种置换的详细信息。

如果利率下降，为您的抵押贷款再贷款（refinance）通常是有意义的。本质上，这是撕毁旧抵押贷款并进行新抵押贷款。使用我们之前引用的示例，如果您原抵押贷款利率为5%，而新抵押贷款的利率是4%，那么每月您将少付119美元。一言以蔽之，当您为抵押贷款再贷款时，您会再次产生交割费用（closing costs），例如产权保险、评估费、申请费等，因此您最好确保抵押贷款的减少额足以抵消这些成本，这取决于您的抵押贷款的价值。从经验看，抵押贷款的新利率必须比旧利率低1%以上，再贷款才具有财务意义。

巴菲特通常会回避债务，但喜欢抵押贷款，称其为"单向下注"。由于抵押贷款的利率是固定的，如果利率上升，您很幸运能够被锁定相对较低的抵押贷款利率，如果利率下降，如前所述，您可以再贷款并锁定较低的利率。巴菲特曾经在加利福尼亚拥有第二套房子，并为那处房产申请了抵押贷款，尽管他本可以很容易地用现金买下。他用余下的钱购买了伯克希尔的股票，当然，结果证明这是一个英明的决策。

这是他的完整引言："如果你拿下了30年期的抵押贷款，它是世界上最好的工具，因为如果你错了，利率达到2%——我认为不会，你可提前还清。这是一种单向的重新谈判。我的意思是，对于房主来说，它是一种非常有吸引力的工具，因为它是单向下注。"让我们试着用一个有点啰唆的忠告来总结巴菲特关于抵押贷款的想法。

> **巴菲特忠告七十三：**
>
> **大多数债务都是负面的，但抵押贷款，只要负担得起，就可以是正面的，因为它相当于单向下注。**

虽然我们不建议这样做，但如果您在其中积累了一些资产，有时您的房屋可以成为一台提款机，很多时候您可以获得 房屋净值贷款（home equity loan），抵押您的房屋的部分净值，一般是我们前面提到的超过20%的一定比例净值。我们通常不建议您这样做，这样您的房屋将有两笔贷款需要还，即您的定期抵押贷款还款和另一笔因房屋净值贷款而需要支付的还款。当然，例外情况是，如果您已经举行了抵押贷款派对并还清了抵押贷款。房屋净值贷款的一个优点是利率通常低于您从信用卡借钱的利率，此外，房屋净值贷款所需利息通常可以免税。因此，在某些情况下，获得房屋净值贷款来偿还信用卡或其他高息债务可能具有财务意义。

什么决定房价

几乎所有东西的价格都取决于供需的相互作用，包括房屋。但是，更具体地说，有几件事会影响房地产价格。较低的或下降的利率使房屋更易负担得起。因此，在低利率或利率下行环境下，房价通常会上涨更

第十二章　巴菲特对汽车和房产的观点

多。属于好学区的房屋受到一些买家的高度重视，尤其是那些已有孩子或计划生孩子的人。

靠近主要交通工具（例如火车站）的房屋通常受到买家的更多追捧，因为更便于通勤。使用同样的思路，靠近工作机会丰富地区（例如纽约、芝加哥、西雅图、硅谷、波士顿、奥斯汀或华盛顿特区）的房屋往往售价更高。大多数人更喜欢新的或较新的房子而不是旧房子，所以房龄通常是价格的决定性因素，老房子虽然通常具有独特个性和好看外观，但往往更容易损坏，需要更多的维护。较大的房产——无论是房屋面积还是土地面积——通常都比小房产贵。风景优美、靠近水域或山脉的房屋通常售价高于位于繁忙道路上的"一般化"房屋。如果不具备上述特征或者在经济衰退期间，房屋往往会以较低的价格出售。总而言之，我们和巴菲特强烈推荐拥有房屋，但房屋价值存在很大差异，购房过程需要做大量功课。在大多数情况下，您越早走上拥有住房和"实现美国梦"的道路就越好。

本章巴菲特的忠告

- 巴菲特忠告七十：房子可能是您做过的最佳投资之一。
- 巴菲特忠告七十一：如果能升值，那就买；如果会贬值，那就租。（由保罗·盖蒂提供）
- 巴菲特忠告七十二：拥有房屋是一件美妙的事情。您买的房子应该与您的收入相匹配。
- 巴菲特忠告七十三：大多数债务都是负面的，但抵押贷款，只要负担得起，就可以是正面的，因为它相当于单向下注。

第十三章
巴菲特谈戴尔·卡内基：沟通技巧和情商

> 习惯的锁链太轻，感觉不到，直到太重而无法打破。
>
> ——沃伦·巴菲特，《跳着踢踏舞去上班：巴菲特的快乐投资与人生智慧》

第十三章　巴菲特谈戴尔·卡内基：沟通技巧和情商

巴菲特在戴尔·卡内基课程中学习改变生活的技能

回顾第一章，我们提到巴菲特挂在他办公室墙上的唯一一张文凭来自戴尔·卡内基培训，考虑到巴菲特曾就读于一些伟大的大学，例如宾夕法尼亚大学、内布拉斯加大学和哥伦比亚大学，这很是非同寻常。他甚至说自己在戴尔·卡内基课程中学到的技能"改变了他的一生"，看来是很强大的东西！戴尔·卡内基是谁？巴菲特从他参加的研讨课中学到了什么？我们将在本章讨论这个话题，以及沟通技巧、情商和与人相处等相关话题——巴菲特声称他年轻时没有这些技能，但随着时间的推移，这些技能逐渐发展成为一种力量。正如我们在第一章中也提到的，这些技能作用于财务方面。巴菲特说，在一生中，改进它们将使您的赚钱能力提高50%，这称得上是神奇报酬！

巴菲特将年轻的自己描述为在公开演讲和社交技巧方面毫无希望的人，他的老朋友、年度股东信的编辑、《财富》专栏作家卡罗尔·卢米斯（Carol Loomis）笔下的巴菲特是：

"当他年轻的时候，他害怕公开演讲，因此，他强迫自己参加戴尔·卡内基的课程，他说：'其他人也同样可怜。'如今，他轻松地发表演讲，完全从脑海中勾勒出它们的轮廓——没有书面演讲，没有笔记——并在演讲中加上无穷无尽的妙语、例子和类比（专业作家会将此扼杀）。"

BUFFETT'S TIPS
巴菲特的金融课

这是一些转变！努力处理社交焦虑、害羞和沟通障碍的不仅仅是巴菲特，世界上一些最著名的人也在处理类似问题。同是一线影星的瑞恩·雷诺兹（Ryan Reynolds）和布莱克·莱弗利（Blake Lively）碰巧结婚了，他们说他们非常害羞。莱弗利说："我们真的是很害羞的人，当我们在演戏时最能表达自己，因为我们躲藏在别人的身份里。"

另一位一线明星约翰尼·德普（Johnny Depp）也许最出名的是他在《加勒比海盗》电影中扮演杰克·斯派洛（Jack Sparrow）船长的角色，他更直言不讳地说："我真的很害羞，伙计。从一定程度上说，我活得像个逃犯。我不喜欢处于社交场合。"退役的足球明星和海斯曼奖杯（Heisman Trophy）前得主瑞奇·威廉姆斯（Ricky Williams）有时会戴着头盔进行赛后采访，这样他就可以避免看记者。已故摇滚明星大卫·鲍伊的社交焦虑和害羞使他发展了他的舞台角色，例如基吉星团（Ziggy Stardust）。

女演员达丽尔·汉娜（Daryl Hannah）因其在《飞溅》《华尔街》和《杀死比尔》等热门电影中的角色而闻名，尽管从小就被诊断出患有自闭症，但她在好莱坞取得了最高水平的成功。音乐巨星和商业大亨 Dr. Dre 也患有社交焦虑症，在接受滚石杂志采访时说："我有社交焦虑症。我不喜欢在聚光灯下，所以我做了一个奇怪的职业选择。这就是我神秘的原因，也是我如此隐秘的原因，也是为什么所有人都对我一无所知的原因。"作者苏珊·凯恩（Susan Caine）备受推崇的著作《安静：内向性格的竞争力》（*Quiet: The Power of Introverts in a World That Can't Stop Talking*）记录了内向者在几乎所有领域都能取得成功的广泛证据。

最重要的是，所有形式的社交焦虑和沟通缺陷都不会成为成功的永久障碍，特别是如果想要提高这些技能，就像沃伦·巴菲特年轻时所做

第十三章 巴菲特谈戴尔·卡内基：沟通技巧和情商

的那样。因此，让我们在本章中的第一个忠告与年轻巴菲特为提高他的沟通技巧而迈出重要的一步有关。

> **巴菲特忠告七十四：**
> ## 如果您知道自己在某项重要能力上很薄弱，就尝试改进它。

如果您在一项不太重要的能力上很薄弱，比如成为一名顶级的综合格斗（MMA）选手，当然欢迎您改进它，但让我们将其描述为对您时间的不明智使用，我们不想描述为那将是浪费您的时间，以免万一您成为综合格斗冠军并把我们打一顿。您应像巴菲特一样，计算提高自我能力（财务的或精神的）的回报，用有限的时间和精力做更有价值的事情总是有机会成本的。现在让我们继续讨论巴菲特从他毕业的戴尔·卡内基项目中学到的一些东西。

关于戴尔·卡内基及《人性的弱点》

让我们在第一章中给出的戴尔·卡内基的简要介绍基础上稍作扩展。戴尔·卡内基出生于1888年，原名戴尔·卡耐基（Dale Carnagey）。他在1922年将姓氏改为卡内基，与我们在第十章中提到的钢铁巨头安德鲁·卡内基（Andrew Carnegie）姓氏相同，安德鲁·卡内基是有史以来最富有的人之一。

欢迎您阅读戴尔·卡内基的书，大约有300页，您也可以在DaleCarnegie.

com 上注册获取课程，如果您没有时间或资金来实践以上选项，我们将总结该书的一些亮点，您可以在获得进步后给我们发一封感谢信，或者预先给我们发一封作为练习，开个玩笑。我们的摘要基于该书本身，以及名为法纳姆街（Farnam Street）的博客上的一篇文章。戴尔·卡内基的维基百科条目也有一个很好的总结，尽管它不作为主要资料来源。顺便说一句，法纳姆街是巴菲特生活和工作的街道。毫不奇怪，他的居住地与工作地相距不到两英里，他对自己的生活和工作地点非常满意，并且知道自己的时间非常宝贵，因此巴菲特的工作与生活设置非常讲逻辑，也符合他的性格。

您可能会反对卡内基的书、我们的书或您遇到的任何其他书中的想法。许多人反对"假装成功，直到真的成功"的心态，这种心态有时伴随着一本自助或自我完善的书。如果事情对您来说进展顺利，那么您可能没有必要改变任何东西，继续过您迷人的生活。但是，如果您没有得到想要的结果，那么您可能必须认真、诚实地审视自己并做出改变。卡内基的技巧是多年来取得了成功纪录的一些建议，但它们并非一成不变。

现在让我们来看看卡内基书中的一些亮点，尤其是与巴菲特最相关的那些。他书中的每个关键组成部分，我们都有一个更详细的对应说明。这些主题包括该书会为您做的事情、处理人际关系的基本技巧、让别人喜欢您的六种方法、如何让人们接受您的思维方式，以及如何成为领导者。让我们开始吧。

《人性的弱点》会为您做的事情

卡内基对他的书可以教什么的描述听起来像是一场梦，他是一名推

第十三章　巴菲特谈戴尔·卡内基：沟通技巧和情商

销员，可能夸大了书的价值，但他对那本书的各个主题都非常雄心勃勃。他声称遵循他书中概述的原则将增加您的收入能力、知名度、影响力、声望和完成工作的能力等。这只是初学者学的，他还声称他的书将使您能够快速轻松地结交朋友，并成为更好的演讲者和健谈的人。对于那些已经从事商业活动的人，卡内基声称他的书将使您成为更好的推销员，帮助您赢得新客户并激励您的同事，更好地使您能够处理投诉，并帮助您避免争议。如果对大多数人来说那本书只成功实现宣称效果的一部分，那它就值和书重量相同的金子的价钱！这本书已售出超过 3 000 万册，并为它开办过无数的研讨课，所以一定是做对了一些事情。

现在，我们不确定巴菲特的成功是否完全是因为，或者主要是因为卡内基的技巧，但肯定对他产生了很大的影响，因为我们是从官方听到的（即巴菲特自己的话）。巴菲特已成为世界上最受欢迎和鼓舞人心的人物之一。他经历了巨大的商业成功，他是一位诙谐的演讲者和妙语连珠的健谈之人，从比尔·盖茨到勒布朗·詹姆斯都是他的朋友，甚至一些对手也是。简而言之，他的成就可能是应用卡内基技巧的天花板。让我们继续卡内基与巴菲特的连接。

根据《人性的弱点》来处理人的技巧

卡内基在他的里程碑式著作中讨论了人际交往的三种技巧：

1. 不批评、不指责、不抱怨；

2. 给予诚实且无保留的赞赏；

3. 唤起别人的渴望。

巴菲特对前两种技巧有很多话要说，所以我们将它们改编后作为一个忠告。"从不"这个词是一个强有力的词，您永远不批评或抱怨别人可能是不切实际的，尤其是在发生不公正或某种形式的歧视时。然而，大多数人都是通情达理的，当您遇到一些人，贸然下结论说那个人有多坏可能是错误的。结识新朋友时，要想到"永远不要以封面来判断一本书"这句老话。巴菲特的股东信中列举了许多他赞扬明星演员的例子。他很少批评别人，即使批评，通常也不会点名。如果您确实想批评某人，一个好建议是等待，即把问题留到第二天解决，以避免做出"一时冲动"的决定。以下是基于巴菲特做事方式的忠告。

巴菲特忠告七十五：

赞美人要点名。批评人要批评某一类人，而不是点名批评个人。

卡内基的第三点，关于唤起别人的渴望，并不是低调的巴菲特性格的一部分，他远不是那种咄咄逼人的推销员。但是，我们将通过（退休的）营销教授罗伯特·西奥迪尼（Robert Cialdini）的一些见解来完成本节的闭环，他的著作《影响力》（*Influence: The psychology of persuasion*）已售出超过300万册，并从广义上分析了该主题，他发现了六个能够影响人们的因素，它们通常是有效的：

·互惠：人们觉得有义务帮助曾帮助自己的人；

·承诺和一致性：人们不喜欢食言，通常，如果他们同意小让步，就会在之后做出大让步。

·社会证明：人们经常跟随别人做事；

第十三章　巴菲特谈戴尔·卡内基：沟通技巧和情商

·权威：人们经常听取权威人物的意见，例如政治家、医生或教授；
·喜欢：人们更倾向于从他们喜欢的人那里购买东西，例如代言名人；
·稀缺性：人们更有可能买限量款或限时购的东西。

回到忠告七十五，让我们讨论一些具体的例子。在伯克希尔的年度股东信中，巴菲特经常对那些对他的生活产生过积极影响的人、伯克希尔子公司的一些高级管理人员以及行政人员大加赞赏。从他的财务导师本·格雷厄姆开始似乎很自然。在伯克希尔 2000 年的股东信中，巴菲特写道：

"有点怀旧：正好是 50 年前，我走进哥伦比亚大学本·格雷厄姆的课堂。在之前的 10 年里，我很热爱也很享受分析、买卖股票，但我的操盘结果并不比平均水平好。从 1951 年开始，我的业绩开始改善，不，我没有改变饮食或也没进行锻炼，唯一的改变是纳入了本的思想。很简单，事实证明，聆听大师几个小时比我 10 年所谓的原创思想更有价值。除了是一位好老师，本还是一位好朋友，他对我的帮助是无法估量的。"

巴菲特称曾经营过大都会通信公司（Capital Cities）/ 美国广播公司的汤姆·墨菲是"我见过的最好的全能公司经理"，墨菲现在仍然在伯克希尔的董事会任职。在伯克希尔 2005 年致股东的信中，巴菲特写道："我在这里恰如其分地就墨菲说几句话。简而言之，他是我长期从事商业活动时所见过的出色的高管。同样重要的是，他拥有与他的管理素质同等的做人修养。他是一位非凡的朋友、父亲、丈夫和公民。在墨菲的个人利益与股东利益发生分歧的极少数情况下，他始终以股东利益为重。当我说喜欢与我愿意作为兄弟姐妹、姻亲或我的遗嘱受托人的经理交往时，墨菲就是我的意思的范例。"

巴菲特经常称赞托尼·尼斯利（Tony Nicely），他负责伯克希尔的

GEICO 保险公司业务多年。在 2005 年致股东的信中，巴菲特写道："感谢 GEICO 极其出色的首席执行官托尼·尼斯利，感谢我们在灾难缠身的一年中取得了出色的保险业绩。统计数据非常突出：在短短两年内，GEICO 将其生产力提高了 32%。值得注意的是，尽管保单数量增长了 26%，但雇员人数却下降了 4%——营收也增加了。当我们以如此显著的方式降低单位成本时，我们可以为客户提供更大的价值。去年的业绩：GEICO 市场份额增加，利润可观，并巩固了品牌。如果在 2006 年您儿子或孙子出生，就给他起名叫托尼吧。"

阿吉特·贾恩（Ajit Jain）是伯克希尔－哈撒韦公司的两位副主席之一，另一位副主席是格雷格·阿贝尔（Greg Abel），他俩都可能有朝一日接替巴菲特成为伯克希尔公司的首席执行官。以下是巴菲特在 2009 年董事长信中的一段话，可以说明这一点，巴菲特写道："如果查理、我和阿吉特在一艘正在下沉的船上，而您只能拯救我们中的一个人，我建议您去救阿吉特。"当然，他提到的查理是伯克希尔的长期副主席同时也是巴菲特的永远最佳伙伴，查理·芒格。是的，我们知道设置三名副主席多了，但重点是巴菲特对这些同事的看法。

巴菲特不仅仅称赞大人物，也经常称赞他的员工。卡丽·索瓦（Carrie Sova）多年来一直协助伯克希尔举办年度会议。办会是一件大事，因为有数以万计的狂热粉丝参加会议，还有许多内部和外部公司。巴菲特在 2017 年会议上说：

"在我们开始之前，我想先做几个介绍，第一个是卡丽·索瓦，她已经和我们共同工作 7 年了。可以把追光打给卡丽吗？……她有很多合作的参展商，正如您可以想象的那样，我们展示的所有内容以及参会的总人数、酒店、航空公司、租车和其他一切，都由她负责而且做得很好，

第十三章　巴菲特谈戴尔·卡内基：沟通技巧和情商

您知道，她这样做就好像同时玩三个球。她很棒，我要感谢她为我们筹备这个大会。"

巴菲特并不经常批评人，当他提出批评，他通常不会单单挑出一个人，而是会挑出他不认同的一类人。一个常见对象是投资银行家，他们有时会推动伯克希尔和许多其他公司进行问题收购。当交易完成时，银行家赚取高额费用，如果没有交易，就赚不到钱。在伯克希尔 2014 年的董事长信中，巴菲特写道："当可疑的策略被用来制造不断增长的每股收益时，尤其是当这些杂技合起来为投资银行家带来巨额费用时，华尔街的居民总是准备停止怀疑。"

巴菲特还经常批评对冲基金和私募股权等投资的高费用，这些是通常出售给富人和大型机构的投资产品。这些产品通常收取高额费用，即收取所管理资产额的 2%，并分走产品所产生利润的 20%。相较之下，指数基金收取的费用通常只有所管理资产额 1% 这样的超低费用甚至经常接近于无费用。巴菲特称这些高费用投资公司以及出售它们的财务顾问为"帮手"。巴菲特给出的并不是像对已故的特蕾莎修女（Mother Teresa）在孤儿院帮忙那样的正面评价，特蕾莎在 2016 年被梵蒂冈宣布为圣徒。在伯克希尔-哈撒韦 2005 年的董事长信中，他对这些"帮手"给出了"底线"评估，信中写道："支付给帮手的费用负担可能会导致美国股票投资者总体上只赚取应获收益的 80% 左右。而只是静静地坐着，不听任何人的建议则会赚取全部应获收益。"巴菲特在职业生涯早期管理一家对冲基金时是一名"帮手"，但在收取费用后，他仍然为客户赚了一大笔钱，这与今天的大多数对冲基金不同，所以我们在一定程度上能接受他对"帮手"的批评。

《人性的弱点》中让别人喜欢自己的六种方法

依据卡内基的说法，我们在下面列出了与让别人喜欢自己有关的6个要点。在此，我们不会讨论这个话题的每一点，只讨论与巴菲特和金融知识最相关的几个。

1. 对他人真正感兴趣；

2. 微笑；

3. 记住一个人的名字，名字对那个人来说是任何语言中最甜美和最重要的声音；

4. 做一个好的倾听者。鼓励别人谈论其自己；

5. 涉及别人感兴趣的点；

6. 让别人感到自身很重要——真诚地表现出来。

理论上讲，微笑是最容易做的事情，不要费用，可表达友好，还不用花多少时间，但想表现自然却可能很难做到，尤其是当您处于新环境或有压力的境况下。它可能看起来很假，但这是一个相对无害的例子，可能需要"假装成功，直到真的成功"的方法。如果您第一次见到某个人，例如老师或雇主，您期待并希望对方是友好的，而一个简单的微笑是传达这一期待的有效方式。如果您皱着眉头或看起来很紧张，这会给人留下好印象吗？大概率不会，除非您在参加万圣节派对或哥特金属音乐会。

卡内基认为记住别人名字非常重要。实际上，忘记某人的名字真的很容易，尤其是当您同时遇到一群人时。随着年龄的增长，记住事情也变得更加困难，尤其是与您的短期记忆相关的方面，例如您第一次看到某人的名字。记住别人名字的一个技巧是考虑与他们的名字或外貌相关的独特事物，越古怪，越容易记住。假设您在前重量级拳击冠军迈

第十三章　巴菲特谈戴尔·卡内基：沟通技巧和情商

克·泰森成名前遇到了他。头韵，以相同的第一个字母开头的单词，通常是一种使事情易于记忆的技巧。您可以认为他是迈克，拳击家或掠夺者[①]，或者，如果您与他握手，您可以想象他在握手时戴着拳击手套，如果您需要一个更戏剧化的形象，您可以想象他打人——希望被打的不是您！如果这些想法都不适合您，那就考虑别的，比如想象他一边握着您的手一边吃着泰森鸡块（Tyson chicken nuggets）。

巴菲特通常直呼别人的名字，并让人们称呼他为沃伦，以使每个人都处于平等位置。了解别人性格的一个很好的线索是注意他们如何对待从事较低级别工作的人，例如看门人、食品服务人员、收银员或秘书。一个品格高尚的人会尊重每个人，没有强烈理由不这样做。我们引用民权活动家杰西·杰克逊（Jesse Jackson）的话来说明这一点："你唯一应该低头看人的时候是你把别人扶起来。"在上一节中，我们举了巴菲特以真诚的方式赞扬他人——格雷厄姆、墨菲、尼斯利、贾恩、索瓦——并让他们感到自己很重要的例子，这是卡内基的另一试金石。

卡内基认为成为一个好的倾听者很重要，如果您倾听并让别人谈论其自己，人们就会更倾向于喜欢您。对大多数人来说，倾听很容易，尤其是对巴菲特这样内向的人来说。倾听也是培养良好沟通技巧的一部分，巴菲特经常强调这一点。

巴菲特经常听取向他汇报的经理们的意见，因为他们主要经营该特定业务。一旦巴菲特更详细地了解了公司的情况，他就可以提供更有意义的意见。这项技能帮助他在伯克希尔的不同子公司之间明智地分配

[①] 迈克、拳击家和掠夺者的英文分别为 Mike、mauler 和 marauder，均为字母 m 开头。——译者注

资金。例如，伯克希尔仍然拥有一家销售《世界图书百科全书》(*World Book Encyclopedia*)的公司，该产品的全套印刷版很容易卖到数百美元。尽管维基百科可能没有很好的编辑控制，但它是免费的，可以在互联网上快速找到，并且可以很好地处理数百万个主题。因此，现在巴菲特可能不会将大笔资金分配给世界图书，而是分配给伯克希尔资本回报率更高的其他部门。

《人性的弱点》中如何为您的思维方式赢得认可

在那本书的这部分内容中，卡内基列出了十几种让人们接受您思维方式的方法。您现在知道常规做法了，我们将做一些类似于维恩图（Venn diagram）展示的卡内基和巴菲特思想，而不是详细回顾。卡内基建议以友好的方式开始与别人讨论，这可以解除人们的防备并减轻压力，这与我们刚才所提到的微笑观点相似。友善是巴菲特基因的一部分，或许部分源于他的中西部血统。巴菲特的幽默感和友好、直言不讳的天性无疑是他几乎全方位魅力的重要组成部分。

卡内基建议尝试从他人的角度看问题。巴菲特还从查理·芒格那里学到了这个观点，芒格告诉他总是要倒置（invert），即把方程两边左右挪动，您可能记得这个数学术语。在伯克希尔-哈撒韦2009年董事长致股东的信中，巴菲特对倒置有几句妙语，他写道："很久以前，查理提出了他最强烈的野心：'我只想知道我会死在哪，然后我永远不去那里。'"这个智慧受到了伟大的普鲁士数学家雅各比（Jacobi）的启发，他建议"倒置，总是倒置"来帮助解决难题。（我也可以说，这种倒置方法还可以在不那么崇高的层面上起作用：倒着唱一首乡村歌曲，您会很快治愈来自

第十三章 巴菲特谈戴尔·卡内基：沟通技巧和情商

您的车子、房子和妻子的创伤。）

然后，他在 2009 年的信中变得更加严谨，并讨论了他和查理如何将倒置的概念应用到经营伯克希尔。他写道：

以下是我们在伯克希尔如何应用查理思想的几个例子：查理和我避开那些我们无法评估未来的公司，无论其产品多么令人兴奋。在过去，人们无须高瞻远瞩就能预见汽车（1910 年）、飞机（1930 年）和电视机（1950 年）等行业的惊人增长。而未来还包括竞争动态，这将摧毁几乎所有进入这些行业的公司。即使是幸存者也可能失血。仅仅因为查理和我可以清楚地看到一个行业未来的巨大增长，并不意味着我们可以判断它的利润率和资本回报率将是多少，因为有许多竞争对手争夺霸权。在伯克希尔，我们将坚持未来几十年利润前景似乎可以合理预测的公司。即使那样，我们也会犯很多错误。

在卡内基、芒格和雅各比的协助下，我们将把这些想法变成一个忠告。

巴菲特忠告七十六：
总是设法倒置过来，或考虑对方的观点。

卡内基认为，如果您错了，您应该迅速而坚决地承认。巴菲特欣然承认自己的错误，通常还带有一点自嘲的幽默。让我们看一些例子，对于伯克希尔来说，1999年是艰难的一年，因为当时的投资者迷信互联网股票，而不是像伯克希尔那样乏味的股票。巴菲特在1999年董事长致股东的信中写道：

封面上的数字显示了我们1999年的记录是多么糟糕。在我任职期间，我们的绝对表现最差，与标准普尔相比，相对表现也最差。相对结果是我们所关心的：随着时间的推移，不好的相对数字会产生不令人满意的绝对结果。即使是克鲁索探长（Inspector Clouseau）也能找到去年的罪魁祸首：公司董事长。我的表现让我想起了那个四分卫，他的成绩单显示了四个F和一个D，但他仍然有一个能理解他的教练。"孩子，"教练慢吞吞地说，"我认为你在这个科目上花费了太多时间。"

如果您不喜欢经典电影，我们可以说明克鲁索探长是《粉红豹》（Pink Panther）电影中笨手笨脚的侦探。巴菲特最大的财务错误之一是以4.34亿美元收购了一家鞋业公司即德克斯特鞋业（Dexter Shoe），结果证明该公司几乎一文不值。用伯克希尔股票而不是现金支付，使这个错误更加严重。今天，这些股票价值约100亿美元！在2001年董事长致股东的信中，他完全承担了责任，写道：

"我做出了三个与德克斯特有关的决定，这些决定对您造成了重大损害：①决定购买它；②用股票进行支付；③在明显需要改变其运营方式时拖延。我很想把这些错误归咎于查理或是其他任何人，但确实都是我的错误。在我们收购之前以及之后的几年里，尽管低成本的境外竞争很残酷，但德克斯特确实繁荣了起来，我的结论是德克斯特可以继续解决这个问题，但我错了。"

第十三章　巴菲特谈戴尔·卡内基：沟通技巧和情商

让我们将卡内基和巴菲特关于错误的一些想法结合起来作为一个忠告。

巴菲特忠告七十七：

迅速承认您的错误，并尝试从中吸取教训。

尽管卡内基不喜欢批评别人，但他并不反对偶尔提出挑战来证明自己的观点。巴菲特偶尔也会做同样的事情。回到第五章，我们谈到了巴菲特对低成本、节税型指数基金的热情，尽管他通常被认为是有史以来最伟大的选股者。在本章前面，我们谈到了巴菲特对私募股权和对冲基金经理收取高额费用的批评，您可能会看到我们在这个主题上继续展开。在 2007 年，巴菲特要求专业投资者挑选对冲基金组合，并表示这种精心挑选的基金组合在未来十年不会超过标准普尔 500 指数基金。他言行合一，用钱证明，每个参与者下注 100 万美元，奖金将捐给获胜者选择的慈善机构。好吧，结果出来了，毫不奇怪，巴菲特赢得了赌注。标准普尔 500 指数击败了对冲基金经理的选择，在 10 年期间的年化回报率为 7.7%，而对冲基金投资组合的年化回报率为 2.2%。

卡内基的书中还有一个部分，叫作"成为领导者：如何在不冒犯或引起怨恨的情况下改变人"。卡内基书的最后一部分中的一些观点，例如真诚赞赏他人和谈论自己的错误，与我们已经讨论过的观点有很大的重叠，所以我们将继续讨论与沟通相关的其他主题、情商以及与他人相处。

什么是情商（EQ）

卡内基的书虽然仍然具有高度意义，但确实已经是八十多年前出版的了。您可能想知道，现在还有哪些与沟通和社交技能相关的东西收获到了强有力追随者？我们想到的一个主题是情商（emotional intelligence）或简称 EQ 的概念。有时它也被称为 EI，但我们会坚持使用 EQ。情商用于衡量识别、了解、管理和影响情绪的能力。

情商的概念是由为《纽约时报》撰稿多年的科学记者丹尼尔·戈尔曼提出的。戈尔曼 1995 年出版的书《情商》自出版以来已售出超过 500 万册，并已被翻译成超四十种语言。

有不同的方式变得聪明。聪明的孩子，以及一些成年人，通常被描述为要么是书本型聪明，要么是街头型聪明。第一类可能在大部分学校课程中都取得了优异的成绩，并且在考试中取得了不错的结果。第二类从个人经验中学习得很好，并且对他们所处的情况以及与他们互动的人有敏锐的意识。巴菲特一开始是书本型聪明，最终又增加了他的街头型智慧。巴菲特在学校表现出色，而且总是擅长数字——书本型聪明的范畴。随着年龄的增长，他的初始脑力已经下降，但他将自己描述为相对于他年轻时更好的决策者。街头聪明的部分，部分来自他的生活经历，但也来自他想要改善自己弱点的愿望以及生活中重要人物的影响，尤其是来自他的两任妻子，以及凯瑟琳·格雷厄姆和查理·芒格。

几乎每个人都熟悉"智商"（IQ）这个术语。一个人的智商衡量他们的认知能力，或者一个人如何推理、计算、理解和解决问题。它通常用标准化测试来衡量。尽管 SAT 和 ACT 并未被正式视为 IQ 测试，但这些高考的高分与高 IQ 分数之间存在很强的相关性。一般人群的平均智商约

第十三章　巴菲特谈戴尔·卡内基：沟通技巧和情商

为 100，其分布可以近似为钟形曲线①（bell curve）。通常，曲线右上角的人被认为是"天才"，他们的智商通常从 130 到 140 范围内的某个数字开始，在极少数情况下，这个数字可以超过 200。

巴菲特经常说，130 可能是成为成功投资者所需智商的上限。他说，超高智商的人往往认为他们不会犯错误，而且往往会冒太大的风险。他们也可能认为自己的风险在可控范围内。他引用的教科书例子是前投资管理公司即长期资本管理（Long-Term Capital Management, LTCM），其梗概是，曾经由一群天才经营的价值数十亿美元的投资公司疯狂使用借入资金（也称为杠杆），之后资金爆仓，几乎摧毁整个全球金融体系。幸运的是，在美联储精心策划了一项救助计划并由华尔街的一些大银行提供资金之后，未造成前述严重后果。如果您的好奇心被激起并想了解更多关于 LTCM 的故事，可关注罗杰·洛温斯坦（Roger Lowenstein）的优秀著作《赌金者：长期资本管理公司的升腾与陨落》(*When Genius Failed: The Rise and Fall of Long-Term Capital Management*)。

有越来越多的不同智力衡量方法出现，而不仅仅只有智商，情商就是最突出的方法之一。比尔·盖茨说："智力有许多不同的形式，并非只有一个维度，而且不像我以前所认为的那么重要。"戈尔曼（Goleman）的情商框架有时也被描述为包括情商和社交智慧。它有四个主要组成部分：自我意识、自我管理、社会意识和关系管理。

---

① 可以理解为正态曲线。——译者注

情商：一些细节

让我们稍微详细地看一下情商的四个部分。

自我意识：戈尔曼将这部分情商定义为"了解自己的情绪及其对表现的影响的能力"。巴菲特的名言（忠告二十七）"别人贪婪时我恐惧，别人恐惧时我贪婪"可能是这种情商元素的最好例子。如何培养更好的自我意识？戈尔曼建议了解一个人的优势和局限/弱点是一种方法。记录与您的重要决定及其结果相关的日志并从中学习适用于情商的所有要素。

随着时间的推移，巴菲特学到的另一个重要的点是，有时当事情出错时，它最终可能会在未来带来更好的结果，可以说是变相的祝福。也许与早期巴菲特有关的最著名的例子是哈佛研究生院拒绝了他的入学申请，但他最终被哥伦比亚大学录取了。关于这一事件，《财富》专栏作家卡洛尔·卢米斯写道：

"1950 年夏天，巴菲特申请哈佛商学院后，乘火车前往芝加哥，并接受了当地一位校友的面试。巴菲特说，这位高等教育代表所看到的是：'一个骨瘦如柴的 19 岁年轻人，看起来 16 岁，却拥有 12 岁的社交状态。'10 分钟后，面试结束了，巴菲特的哈佛申请也随之结束了。虽然被这次拒绝刺痛，但巴菲特现在认为这是他遇到过的最幸运的事情，因为回到奥马哈后，他偶然得知本杰明·格雷厄姆正在哥伦比亚商学院任教，并立即——这次成功了——申请了该学院。"

安吉拉·达克沃斯（Angela Duckworth）在她的畅销书《坚毅》（*Grit*）中将能够从挫折中恢复过来的能力描述为具有成长心态。也就是说，您应该努力培养从挫折中学习和成长的能力。让我们在安吉拉·达克沃斯的协助下，用一个忠告来总结这些想法，这与我们之前的忠告略有不同。

第十三章　巴菲特谈戴尔·卡内基：沟通技巧和情商

> **巴菲特忠告七十八：**
>
> **有时，当事情出错时，更好的时机就在眼前。培养成长心态。（感谢安吉拉·达克沃斯）**

自我管理：戈尔曼说这部分情商"是指管理一个人的内部状态、冲动和资源"。虽然自我意识主要集中在理解您的情绪以及情绪对您生活的影响，但自我管理类别更直接地与做事有关。戈尔曼建议，情绪控制、适应能力和主动把握机会直接关系到情商的自我管理方面。让我们转回年轻的巴菲特，他年轻时在公共场合演讲时精神会极度紧张，所以他参加了戴尔·卡内基的课程。他甚至因为进步最大而在某一周获得了任课教师的奖励。他的成就？向他的第一任妻子苏西求婚，很幸运，她答应了！

巴菲特知道他需要继续练习公开演讲才能使其成为一项持久的技能，因此他强迫自己在奥马哈市立大学（Municipal University of Omaha）开设投资课，后来该大学成为内布拉斯加大学奥马哈分校（University of Nebraska Omaha）。事实上，他教这门课整整 10 年（1952—1962）。巴菲特对投资课题的精通无疑支撑了他的信心，尽管当时他仍然觉得与人相处很别扭。

现在，巴菲特的汉堡包和樱桃可乐的饮食不会获得美国农业部的任何健康饮食奖项，但他保持头脑清醒，并进行了足够的锻炼，所以在大约 90 岁时仍保持着良好的体型。他谈及了支持身心的重要性。他说："你的余生只有一心一身。如果你年轻时不照顾它们，那就像在冰雹天气将车扔在外面，任它锈蚀。如果你现在不照顾好自己的身心，到了 40 岁或 50 岁的时候，你就像一辆哪儿也去不了的车。"

该建议值得作为一个忠告。

巴菲特忠告七十九：
在你余生中，你只有一心一身。现在就得保养。

社会意识：戈尔曼说这部分情商"是指人们如何处理人际关系以及对他人感受、需求和担忧的意识"。戈尔曼建议培养同理心和以服务为导向来提高您的社交意识技能。美国前总统比尔·克林顿是一位至少表现出善解人意的大师，他"感知别人疾苦"的能力帮助他与大众建立了个人联结，并助他两次当选总统。巴菲特的服务导向在他建立捐赠誓言以及他每年与数百名大学生会面的几十年中最为明显。如第一章所述，约翰个人受益于这种慷慨，他与罗格斯大学的学生多次前往奥马哈与巴菲特会面。

然而，巴菲特在社会意识和同理心领域远非完美。他一生中最大的遗憾是他的第一任妻子苏西于 1977 年搬到加利福尼亚，在没有他陪伴的情况下从事歌唱事业，这永久性影响了他们的关系。直到 2004 年她去世，他们都一直保持着婚姻关系，但当她离开时，他们的关系明显发生了变化。事实上，正是苏西将巴菲特介绍给了阿斯特丽德·门克斯，后者在苏西去世大约两年后与巴菲特同居继而成为他的第二任妻子。我们将跳过三角恋的细节，将其留给 TMZ 和相关八卦网站。

第十三章　巴菲特谈戴尔·卡内基：沟通技巧和情商

我们在对戴尔·卡内基的讨论中提到了巴菲特对他的许多员工的赞美。识别人才属于社会意识领域。他还清楚不仅是伯克希尔–哈撒韦，甚至美国本身，除非能利用全体公民的才能，否则无法达到最佳状态。在 2001 年董事长致股东的信中，巴菲特提及更好地利用女性、少数族裔和所有人的才能的重要性，无论他们的宗教观点或性取向如何，他说：

"美国越接近充分利用其所有公民的才能，其商品和服务的产出就会越大。我们已经看到，当我们使用 50% 的人力时可以完成什么。如果你想象利用 100% 人力能做什么，你会和我一样，对美国的未来持乐观态度。

"无论是购买商品还是雇佣人员，我们都没有考虑过与我们打交道的人的宗教观点、性别、种族或性取向。考虑那些因素不仅错误，而且愚蠢。我们需要我们能找到的所有人才，而且我们了解到，有能力和值得信赖的经理、员工和供应商来自广泛的人群。"

这些想法虽然对我们今天的大多数人来说是显而易见的，但仍然值得作为一个忠告。

巴菲特忠告八十：
歧视是错误和愚蠢的。人才来自广泛的人群。

关系管理：戈尔曼表示，这部分情商"关注的是在别人身上引发理想反应的技能或熟练程度"。它可能涉及作为高效率团队的成员工作、提供鼓舞人心的领导力、解决分歧以及充当变革的催化剂等因素。巴菲特显然为他的数十万员工和数百万全球追随者提供了鼓舞人心的领导力。作为团队的一员，他与自己的永远最佳伙伴查理·芒格以及伯克希尔的高级管理人员合作得非常顺畅。通过解决该公司与美国政府之间的纠纷，他帮着挽救了对华尔街公司所罗门兄弟的投资。关于这个故事的更多内容将在最后一章探讨。

尽管巴菲特不参与其子公司的日常运营，但他非常专注于大局问题，例如薪酬。巴菲特在 2010 年董事长致股东的信中讨论了他分配钞票的方法，他写道："我们想要一个能够为个人成功带来丰厚回报的薪酬体系，同时能促进合作，而不是竞争。"例如，他和伯克希尔的两位年轻投资管理专业人士（托德·库姆斯和泰德·韦施勒）定期分享投资观点。托德和泰德能获得的报酬会根据其相对于标准普尔 500 指数的长期投资表现调整，如果后续回报变差，伯克希尔-哈撒韦可以"收回"部分报酬。

如果这个情商话题对您来说似乎略显抽象或太理论化，那么您可以切入正题，开始考虑正念应用程序，大致来说，正念应用程序可帮助您冷静下来并成为最好的自己。运用正念应用程序可能需要比奈飞多一点的指导和冷静。显然，有时您想增强体力，例如在大型体育比赛之前［请参阅一个有趣的例子，即福里斯特·惠特克（Forest Whitaker）在经典高中电影《开放的美国学府》（*Fast Times at Ridgemont High*）中扮演的角色］。但是，如果您的情绪让您难以清晰地思考或让您感到压力，那么正念应用程序可能适合您。顶部空间（Headspace）可能是目前最流行的正念应用程序，该应用以免费增值模式运营。如果您想要完全免费的资料（我们知道巴菲特会赞成），油管上有大量的正念视频，它们会带您完成一系列心理练习，您可考虑观看一些，然后选择对您有价值的。

第十三章　巴菲特谈戴尔·卡内基：沟通技巧和情商

拥有一个伟大的团队

巴菲特对您应该与什么样的人交往有很多话要说，无论是在商业上还是在您的个人生活中。我们将在最后一节专门讨论他对这个主题的一些想法，即使它们可能属于戈尔曼的关系管理标题。

与您相处时间最长的人——您的团队、工作人员、死党、朋友、同事、家人或任何您喜欢的群体——对您的影响可能比您意识到的要大，尤其是在您的成长阶段。他们不仅占用了您很多时间，而且在塑造您的个性和道德框架方面发挥着重要作用。对自助大师托尼·罗宾斯（Tony Robbins）有很大影响的励志演说家吉姆·罗恩（Jim Rohn）用他的名言简洁地描述了您的朋友圈子对您的作用："你的水平是与你相处时间最多的五个人的平均值。"如果您的朋友是一群懒鬼或更糟糕的人，您将很难取得成功并做成了不起的事业，他们甚至可能拖累您或让您陷入困境。

巴菲特在很大程度上同意罗恩关于与优秀人群交往的观点。您会希望和那些激励、提升和启发您取得伟大成就或成为更好的自己的人共度时光。巴菲特的说法与罗恩略有不同，他指出："最好和比你更优秀的人一起做事。挑选出那些为人处事比你更得体的同事并与其交往，你就会朝着那个方向进步。"这句话值得写成一个忠告。

巴菲特忠告八十一：

最好和比你更优秀的人一起做事。挑选出那些为人处事比你更得体的同事并与其交往，你就会朝着那个方向进步。

我们在本书中提到了巴菲特的人生变化，这些变化与本杰明·格雷厄姆、查理·芒格、比尔·盖茨、凯瑟琳·格雷厄姆以及他的两任妻子苏西和阿斯特丽德等人有关。他们和他的家人帮助他塑造了今天的他：一个广受尊敬的人，在世界各地拥有数百万粉丝——包括我们两个。

在巴菲特1989年董事长致股东的信中，巴菲特扩展了适用于商界的这一思想，他写道：

"在犯了一些错误之后，我学会了只和我喜欢、信任和钦佩的人共事。正如我之前所指出的，这一理念本身并不能确保成功：一家二流的纺织品或百货商超不会仅仅因为它的经理是你很乐意看到与你女儿结婚的男人而繁荣。然而，如果一个所有者——或投资者——能够设法将自己与具有良好经济特征的公司中的这些人联系起来，他就能创造奇迹。相反，我们不希望与缺乏令人钦佩品质的管理者合作，无论其业务前景多么有吸引力。我们从来没有成功地与坏人达成好的交易。"

巴菲特为年轻人塑造未来个性给出了进一步的思路。在卢米斯根据一系列《财富》杂志文章编纂而成的书中，巴菲特说：

"选出你最崇拜的人，然后写下崇拜他们的原因……然后坦率跟随内心，剔除掉你欣赏程度最低的那个人，写下这个人让你反感的特质。你能够通过一些练习具备你所钦佩的人的品质，如果练习，就可养成习惯。"

最后一点与另一句名言有关："习惯的锁链太轻，感觉不到，直到太重而无法打破。"尽管巴菲特经常引用这句话，但它来自塞缪尔·约翰逊（Samuel Johnson）、伯特兰·罗素（Bertrand Russell）等人。他这句话的意思是，当您年轻的时候，您需要养成好习惯，当您年纪大了，改变坏习惯就可能太难了。让我们以巴菲特对商业和个人关系的见解为基础的几个忠告来结束本章。

巴菲特忠告八十二：

只与您喜欢、信任和钦佩的人共事。

巴菲特忠告八十三：

难以和一个坏人达成一笔好交易。

巴菲特忠告八十四：

习惯的锁链太轻，感觉不到，直到太重而无法打破。（塞缪尔·约翰逊提供）

本章巴菲特的忠告

- 巴菲特忠告七十四：如果您知道自己在某项重要能力上很薄弱，就尝试改进它。
- 巴菲特忠告七十五：赞美人要点名。批评人要批评某一类人，而不是点名批评个人。
- 巴菲特忠告七十六：总是设法倒置过来，或考虑对方的观点。

BUFFETT'S TIPS
巴菲特的金融课

- 巴菲特忠告七十七：迅速承认您的错误，并尝试从中吸取教训。
- 巴菲特忠告七十八：有时，当事情出错时，更好的时机就在眼前。培养成长心态。（感谢安吉拉·达克沃斯）
- 巴菲特忠告七十九：在你余生中，你只有一心一身。现在就得保养。
- 巴菲特忠告八十：歧视是错误和愚蠢的。人才来自广泛的人群。
- 巴菲特忠告八十一：最好和比你更优秀的人一起做事。挑选出那些为人处事比你更得体的同事并与其交往，你就会朝着那个方向进步。
- 巴菲特忠告八十二：只与您喜欢、信任和钦佩的人共事。
- 巴菲特忠告八十三：难以和一个坏人达成一笔好交易。
- 巴菲特忠告八十四：习惯的锁链太轻，感觉不到，直到太重而无法打破。（塞缪尔·约翰逊提供）

第十四章

巴菲特对高等教育的建议

" 你能获得的最好教育就是投资自己。

——沃伦·巴菲特，2012 年在毅伟商学院（Ivey Business School）的演讲 "

第十四章　巴菲特对高等教育的建议

导言

根据巴菲特的看法，选择职业和选择配偶是您一生中最重要的两个决定。我们将专注于他的职业建议，尽管巴菲特也探讨婚姻话题。他的建议？和一个比您更好的人结婚，并且在重要问题上与您观点一致。在本章中，我们将关注与大学相关的问题。对于大多数人来说，职业生涯是在大学毕业后开始的，所以我们将在下一章中介绍这个重要的人生决定。大约七成的高中毕业生上大学。巴菲特对大学和职业有很多话要说，他的评论将作为本章和下一章的核心。例如，巴菲特曾说过："你能获得的最好教育就是投资自己。"这确实值得作为我们书中的一个忠告。

巴菲特忠告八十五：

你能获得的最好教育就是投资自己。

大学：基础知识

巴菲特坦承，大学并不适合所有人，但如果您想要一份高薪和/或智力挑战的工作，它很有可能会大有裨益。我们在第一章中简要谈到了这个话题，当时我们注意到收入通常会随着您的教育水平提升而增加。或者，正如巴菲特在《秘密百万富翁俱乐部》卡通系列中喜欢说的那样，"学得越多，赚得越多。"（忠告三）

读大学是一项巨大的财务投入，许多私立大学按"全部投入"（即学费、住宿、饮食、书籍）计，每年费用超过 75 000 美元，乘以大多数人完成本科学位所需的典型时间四到五年，假设没有学校的资助，您将看到 300 000~375 000 美元的天文数字。幸运的是，三分之二的学生获得了某种形式的资助，而公立大学通常是高质量、便宜的选择。我们将在本章中介绍一些资助来源，并讨论不同类型的大学。但是当您谈到六位数的开支时，您会停下来想一想，如果把指定用于大学的钱投入股票市场或其他一些投资，是否会带来更好的长期结果。

我们写这一部分的前提是未来您会读大学，无论您的年龄如何，研究生的年龄通常从 20 多岁到 50 多岁不等，但我们知道，大学并不适合所有人。有些人从高中毕业后就加入了军队，选择为国家服务，同时获得宝贵的技能和领导经验。还有些人则成为企业家（entrepreneur），在高中毕业后就创建并经营自己的公司，这也是巴菲特偏好的选择，但他在父亲的建议下读了大学。在第一章，我们注意到巴菲特早期的商业活动与弹球机、报纸、农田和加油站有关，所有这些都可以被视为创业活动。而其他人可能最好通过学徒制（apprenticeship）或手艺行业（trade）或职业学校（vocational school）学习一门手艺（例如电工、水管工、机械师、厨师），在德国，这是一条受欢迎的职业道路，并为该国带来了巨大的成果，该国通常被视为世界上失业率最低的国家之一。

学徒是指通过与行家并肩工作多年来学习手艺的人。手艺或职业学校专注于实践课程和学习特定手艺实践经验。例如，如果您想学习如

第十四章　巴菲特对高等教育的建议

何成为一名机械师，您可能会参加一些有关汽车内不同系统的课程，并将汽车工作作为实际实验室体验的一部分。在这些学校，您不太可能学习语言文学或高等数学课程。那些参加手艺或职业学校的人通常会在那里度过一到两年，而大多数大学学制则是四年或更长时间。我们不会在学院和大学之间做太多区分。一所大学通常提供几个高级学位（如硕士和博士）课程，并且通常更加重视原创研究。大多数本科学位被称为学士学位，这个词与单身无关①！两个最常见的学士学位是文学学士（bachelor of arts, BA）和理学学士（bachelor of science, BS）。

社区大学（community college）以相当低的成本提供两年制学位课程，通常称为副学士学位（associate's degree），全日制学生完成该课程需要两年时间，当然，您也可以在职就读。社区大学有时简称为初级大学（junior colleges）、JC 或 JUCO。多数社区大学都是公立的，即使对比低费用的普通公立大学，其收费也低不少。这些数字可能因州和大学而异，但据大致估计，许多社区大学每年的学杂费为 3 000~4 000 美元，大多数 JUCO 的录取率通常接近 100%。

大多数社区大学都面向住在家里和走读的学生。许多完成副学士学位的学生进入四年制大学，大部分或全部学分通常会转移到新学校，尽管该政策因学校而异，如果所有学分都转移，那么您可以在相同的四年至五年时间内获得学士学位，为您节省一大笔钱。但从社区大学转入四年制大学并不适合所有人，尽管可能会节省成本。您可能需要重新开始，结交新朋友并加入学生俱乐部。如果您的许多同龄人从高中毕业就进入大学，他们会在这些方面领先两年。此外，大多数大学的录取标准

---

① 学士的英文单词 bachelor 还有"单身汉"的意思。——译者注

远高于社区大学，因此可能需要有一个过渡期来适应更为严格的学术要求。

进入大学

大多数社区大学的录取率（即录取的学生人数除以申请的学生人数）从低个位数到接近 100% 的录取率不等。一般来说，最具竞争力的大学会考虑一系列因素，包括 SAT/ACT 成绩、高中成绩、SAT 科目考试、课外活动、志愿者工作和个人论文。如果您申请研究生院，工作经验可能也很重要。

在参加 SAT/ACT 之前，美国许多高中生都会参加一项称为预备 SAT（PSAT）的预备考试，对于"实战"来说，这是一种很好的做法，如下所述，表现出色的学生有资格获得奖学金。准备标准化考试最重要的建议可能与进入卡内基音乐厅演出的方法相同，卡内基音乐厅可以说是古典音乐家最负盛名的表演场所：练习、练习、练习。练习实际上可能包括参加考试练习（一些先前的考题已发布），使用可汗学院等网站，以及阅读面向标准化测试（例如，Kaplan, Baron's 和 Princeton Review）的书籍。如果钱不是大问题，您可能需要考虑参加正式的复习课程或请导师辅导。

美国有数以千计的大学，大多数都为学生做了很好的工作。但是，您确实需要脱颖而出才能被最具竞争力的学校录取，包括常春藤盟校、斯坦福大学、麻省理工学院、加州理工学院、芝加哥大学、杜克大学和军事院校。这份竞争激烈的学校名单远未详尽。有许多很棒的学校，有些可能会让您大吃一惊，举例来说，密苏里州奥扎克学院的录取率可与许多常春藤盟校相当，他们的座右铭是"努力工作"，因为大多数学生毕

第十四章　巴菲特对高等教育的建议

业时几乎没有债务，这要归功于包括奖学金和勤工俭学在内的资助（下文将进一步讨论）。

顶尖学校拥有大量成绩优异且标准化考试成绩很高的申请者，这些学校的课外活动可以产生巨大影响，课外活动可以是您常规课堂学习之外的任何活动，包括体育、音乐、戏剧、社区服务活动、科学竞赛、创业活动、出版和许多其他活动。尽管有些学校更喜欢全面发展的学生，但有些学校则寻求有时被称为"超级尖峰"的学生，也就是说，在某些学术或课外活动中处于世界一流水平。还有一些其他的事情可以提高您在竞争激烈的学校的录取机会，一个在您的控制范围内，另一个可能不在您的控制范围内。

提前决定（early decision）是指提前申请一所学校（即通常在您高中高年级的 10 月中下旬）。即便不是首选，它也应该是您的首选之一。您通常会在 12 月中旬之前收到录取、延期或拒绝的信件。在最具竞争力的学校，提前录取的录取率可能比常规录取高出 2 到 3 倍。但是，如果您获得接受要约，则它是具有法律约束力的合同，您应该撤回其他大学的任何未决申请。如果您在通过提前决定过程获得录取后就读另一所学校，这是不道德的，甚至可能导致民事处罚。在某些情况下，提前决定的申请人会被推迟并与常规申请人池一起评估，并将在春季收到最终决定。通过提前决定过程被录取的一个缺点是，如果您被多所学校录取，您无法比较资助方案。

另一个可以提高录取概率的方法是借助所谓的传承录取（legacy admissions）。这涉及在大学拥有一位亲属，最常见的例子是有一位从您申请的大学毕业的父亲或母亲。不同学校的规则各不相同，也可能与祖父母、外祖父母、兄弟姐妹或其他祖辈在该校上过学，甚至有父母在该校任教有关。传承录取往往与私立学校更相关，有些学校则根本不将传承关系纳入录取过程。

研究生院：某些工作是可选的，其他工作是强制性的

既然探讨大学，就说几句关于研究生的话题吧，毕竟，巴菲特二十出头的时候就在纽约市的哥伦比亚商学院获得了经济学硕士学位。

某些职业，例如医生、律师或教授，实际上需要研究生学位。例如，美国的执业医师必须具有医学博士（doctor of medicine, MD）或整骨医学博士（doctor of osteopathic medicine, DO）学位。医学院通常要求在获得本科学位后进行四年培训。此外，许多医生选择专攻特定领域，例如皮肤病学、心脏病学或神经病学。这种专业化路径通常需要两年或更长时间的额外培训。在绝大多数情况下，美国的律师都获得了法学博士（juris doctor, JD）学位，这通常需要在本科学位之后进行三年的学习。顶尖大学的教授几乎都拥有哲学博士（doctor of philosophy, PhD）学位，通常需要3到5年的研究生教育才能完成。

教育和商科的研究生学位是最受欢迎的。显然，教育研究生学位在教师和学校管理人员中很受欢迎。商界中的许多人都拥有工商管理硕士（MBA）学位，大多数MBA课程需要两年的全日制学习，尽管最近的趋势是一些学校将这一时间缩短到一年或一年半。我们对研究生院的建议如下。回到第一章，我们为您提供了一些统计数据，这些数据显示，平均而言，您接受的教育越多，您赚的钱就越多，因此，如果金钱对您很重要，您应该倾向于继续接受教育。显然，如果您想从事一个需要研究生学位的职业，比如医生或者律师，您基本上是别无选择的。对于其他工作，如果您的职业发展顺利，您可能不需要攻读研究生学位，或者您

第十四章　巴菲特对高等教育的建议

可以在职（即晚上、周末或在线）学习。如果您觉得自己的职业生涯停滞不前，或者没有获得您想要或应得的工作机会，那么攻读研究生学位可能是开启您的职业生涯或将其提升到新水平的好途径。

如果有一天您走上研究生的道路，您应该认真对待它，为了入学考试而努力学习，当然，在您进入研究生课程之后也同样应该努力。例如，MCAT[①] 是针对医学院学生的标准化考试，LSAT[②] 是法学院的标准考试，GMAT[③] 是商学院的标准考试，GRE[④] 是一系列其他研究生项目的标准考试。您当然可以自己准备这些考试，但是参加复习课程和/或聘请导师辅导可能会给您带来更大的优势，就像 SAT/ACT 一样。不仅上研究生院通常要花很多钱（研究生课程的学费几乎总是比本科课程高），而且在攻读全日制研究生学位时，您还可能会停止或减少工作，从而造成双重不利，收入减少，支出增加。就读最好的院校会让您有更好的机会获得最理想的工作，因为公司通常将招聘限制在少数目标院校。

关于教育的另一点：专业证书。如果它们与您想要的职业相关，我们强烈建议您追求这些。许多专业，例如显然的医学和法律方面专业，都提供专业认证。律师必须通过律师考试才能在特定州执业。患者通常寻找获得委员会认证的医生，这需要医生通过某些考试。许多会计师追求注册会计师的称号。我们在第七章指出，注册会计师通常被认为相当于会计中的黑带，并且需要指定才能执行某些职能，例如审计（检验公司的财务报表）。许多金融分析师和专业投资者追求**特许金融分析师**

---

① 即 Medical College Admission Test，美国医学研究生院入学考试。——译者注
② 即 Law School Admission Test，美国法学院入学考试。——译者注
③ 即 Graduate Management Admission Test，美国管理学研究生入学考试。——译者注
④ 即 Graduate Record Examination，美国研究生入学考试。——译者注

（chartered financial analyst, CFA）的称号，获得CFA执照并不是一件容易的事，因为它需要通过三门综合考试，以及拥有四年证券分析行业的工作经验。

支付大学费用：奖学金和助学金

支付大学费用的最佳方式是完全不支付。您怎么做到呢？通过获得奖学金（scholarship）或助学金（grant）。两者都是无成本资金的例子，所以我们不会在两者之间做太多区分。助学金通常来自某种政府组织，而奖学金通常来自大学、校友、公司、非营利组织等，并不容易获得，他们可以支付您大学费用的一小部分直至全部费用（即免费上学）的任何额度。您可能最熟悉的是获得奖金以参加足球和篮球等运动的运动员，并非运动队中的每个人都有奖金，那些没有的人被称为"跑龙套角色"，他们需要在尝试并晋级后才能加入团队。体育是一种建立学校自豪感和集体意识的方式，想想杜克大学的篮球、阿拉巴马大学或圣母大学的橄榄球，还有一些其他证据，尽管存在争议，但强有力的体育项目会使得校友捐款增加。

还有很多学术奖学金。为什么学校会颁发学术奖学金？许多学校都希望吸引最优秀、最聪明的学生，这些学生中的许多人继续取得巨大成功，这类成功会吸引其他优秀的学生，也可能获得校友捐款。许多校友希望以类似的方式帮助他人，就像他们过去得到支持一样。我们将在关于慈善事业的最后一章中扩展这些概念。

佩尔助学金（Pell Grant）是最常见的学术助学金之一，基于资金需求，奖金从几百美元到几千美元不等。国家优秀奖学金计划是美国最负

第十四章 巴菲特对高等教育的建议

盛名的学术奖学金之一,它的奖项主要基于 PSAT 和 SAT 分数,在较小程度上基于高中成绩和课外活动。奖励通常约为 2 500 美元。学生可以申请著名的罗德(Rhodes)、富布赖特(Fulbright)和盖茨(Gates)奖学金,这些奖学金主要面向攻读国际研究生学位的学生。

您如何了解奖学金和助学金?通常您一旦被录取,您所申请的大学会自动考虑。您也可以申请大学以外组织提供的许多奖学金。Scholly 是一款流行的应用程序,可让您搜索适合您个人情况的奖学金和助学金。这个应用程序间接帮助学生获得了超过 1 亿美元的奖学金。这是一个很酷的应用程序!

一些州,例如纽约州,只要个人或父母没有太高的年收入(目前设定是大约 125 000 美元),就为就读州立/城市大学的该学生免去学费。纽约州还有另一个要求,毕业后,您必须在纽约州生活和工作的年数与您获得该奖项的年数相同,如果您不这样做,该奖项将转换为必须偿还的 10 年期学生贷款,但至少必须偿还的贷款是无息的,这对于任何类型的借贷活动来说都是一笔不错的交易。

支付大学费用:超级成就者的 3 年计划

至少与大多数大学同龄人相比,另一种减少大学费用的方法需要大量工作。大多数学生需要 4 年到 5 年才能从大学本科毕业,但一小部分高成就者通过课程高负荷和/或获得大量预修课程的学分[①]在 3 年内毕业。

---

① 一些美国大学允许高中时获得预修课程学分的学生免修大学相应的课程。——译者注

对于大多数人来说，这可能是一项艰巨的任务，但它是一个值得提及的方法，它可以将您的大学费用减少 25% 或更多，并且比大多数同龄人提前一年进入职场或研究生院。

支付大学费用：529 计划

529 计划（529 plans）是税收优惠的投资工具，用于从幼儿园到大学的合格教育费用，该名称来自国内税务局税法第 529 节。只要将投资收益用于合格费用，就可以免税，合格费用包括学费、食宿、书籍、日用品和设备等费用。一些州还为 529 捐赠提供税收减免。

有两种类型的 529 计划，即储蓄计划和预付计划。储蓄计划更为常见，529 储蓄计划的资金用于基于市场的投资，随着时间推移，金额会随着相关投资的表现而变化。一些州提供预付计划来进行学费抵免（即您今天购买物品的花费可在将来进行学费抵免），它的金额按该特定大学的相同学费增加率而增加。

投资工具类似于共同基金，通常包含股票和债券的投资组合。当您接近需要资金的日期时（即在您进入大学之前），许多计划将投资组合转向更高的债券分配，因为它们不太可能在短时间内崩溃。几乎任何人都可以为 529 计划捐款，包括您自己、父母、祖父母、外祖父母、亲戚和其他捐助者，为 529 计划贡献的金额可以从象征性数额到几十万美元不等。因此，这可能是一种很好的存入教育费用的税收优惠方式。

第十四章　巴菲特对高等教育的建议

支付大学费用：学生贷款

我们前面提到过许多私立大学每年总费用都超过 75 000 美元。即使是多年来努力储蓄的家庭，也可能无法负担所有的费用，即便在获得助学金和奖学金之后。通常，当您申请大学时，您还会填写一份名为联邦助学金免费申请表（Free Application for Federal Student Aid，FAFSA）的表格，该表格有助于确定您获得资助的资格。贷款是另一种形式的资助，绝大多数贷款都包含利息，因此您以美元计算的支付金额将超过您借入的金额，多家机构为学生及其父母／监护人提供贷款。最近《福布斯》的一篇在线文章发现，近期毕业的大学生平均有 38 390 美元的学生贷款，这些重要资金原本可以用于购买新车或用作住房首付。

专注于学生贷款市场的美国主要政府资助公司（government-sponsored enterprise, GSE）是 SLM 公司，正式名称为学生贷款营销协会（Student Loan Marketing Association）。它的昵称是萨利美（Sallie Mae）。一个笑话说萨利美会是您余生中唯一的大学朋友，这对那些背负大量学生贷款的人来说可能并不好笑。

在萨利美的网站上，他们概述了不同类型的联邦和私营学生贷款，后者通常由银行提供。我们将该列表复制于此。

联邦学生贷款的类型：

· 直接补贴贷款（direct subsidized loans）基于资金需求。

· 直接无补贴贷款（direct unsubsidized loans）不是基于资金需求。贷款并非基于信用，因此您不需要共同签署人。您的学校将根据出勤成本和您从其他来源获得的资助确定您可以借多少资金。

· 直接增强贷款（direct PLUS loans）是面向家长和研究生／专业

学生的基于信用、无补贴的联邦贷款。

私人学生贷款的类型：

· 私人学生贷款（private student loans）由学生申请，通常由父母或其他信誉良好的个人共同签署。

· 家长贷款（parent loans）是另一种获得大学学费的方式。父母或其他信誉良好的个人借出贷款来帮助学生支付大学费用。

这些贷款中的每一类都有一些差异。一般来说，其他条件相同时，您更应该喜欢利率较低的贷款。除了低利率外，您还应该选择在您完成学业后利息才开始复利的贷款，也就是说，对于某些贷款，利息"时钟"在您收到贷款之日开始计时，还有些贷款，时钟在您毕业或终止大学学习后开始计时。

顺便说一句，如果您正在考虑在申请破产保护时摆脱学生债务，您几乎可以忽略它。学生贷款债务不能免除，除非在极端情况下，您必须证明它"会给您和您的家属带来过度的困难"，我们没有时间在这里详细介绍，但相关障碍并不容易清除掉。如果尚未清偿学生贷款债务即离世，政府贷款可能会被免除，但私人贷款通常不能，个人资产或剩余的其他东西可能需要用于偿还。

支付大学费用：校内和校外工作

上大学对大多数人来说相当于一份全职工作，但有些学生试图通过在学生时代工作来赚钱。我们将在本章后面介绍暑期实习，因为实习通常是通往全职、永久职位的垫脚石。校外工作可以是任何职务，从在当地的快餐店工作到在最时髦或最有排场的公司工作——想想谷歌、高盛、

第十四章　巴菲特对高等教育的建议

苹果、亚马逊等。

校内工作通常由院校自己提供，有时它以勤工俭学（work study）的名义出现，是学生获得的资助计划的一部分。这些工作可能包括一系列职位，例如在计算机实验室、图书馆或学生宿舍工作。例如，导师（preceptor）通常是高年级学生（即大三或大四），在宿舍楼担任顾问和管理员。导师通常不必支付他们的住宿费用，有时还会收到一些额外报酬。他们通常有自己的房间，如果您喜欢独自学习或容易与室友发生冲突，这可能算是个大礼包。

说到学生宿舍，住在您宿舍或公寓楼里的人很可能是或将是您一生中最好的朋友。巴菲特讲述过一个关于大屠杀幸存者和真正朋友试金石的有力故事。

贝拉·艾登伯格（Bella Eidenberg）是一名波兰犹太人，当时在奥斯威辛集中营，她的一些家人未能逃过劫难。20年前，她说她结交朋友很慢，而她心中真正的问题始终是："你会掩护我吗？"如果有很多人掩护您，那么您的人生就很成功，那是买不到的。我知道拥有数十亿美元的人，他们的孩子会说："他在阁楼上。"

一个令人难忘的故事值得作为一个忠告。

巴菲特忠告八十六：
真正的朋友会冒着自身极大的危险帮助您。（由贝拉·艾登伯格提供）

如果您攻读博士学位或其他研究生学位，则可以担任助教或研究助手。虽然不太常见，但本科生也可能获得研究生助教奖学金。担任这些职位的学生可能会协助或独立教授本科课程或帮助教授们进行项目研究。这些工作来之不易，但一旦获得则通常免除学费，提供福利，发放不多但可以维持生计的工资。研究生（通常是博士）级别的学术奖学金，不同于教学和研究助理职位，有时被称为学术奖金（fellowships）。

大学可能是获得永久工作的最佳垫脚石，所以让我们继续讨论这个关键话题。找工作的过程通常从创建简历开始，大多数人在高中毕业或大学生涯即将开始时创建他们的第一份简历。让我们谈谈简历，即使您已经创建过了。

您的简历：您的工作资格快照

简历（resume）是您的工作资格的快照。当您找工作时，通常会将其发送给某个人或某个组织，也经常在网上发布，即使您不是在找工作，也最好让您的简历保持最新。您可能会在某一天接洽一份新工作，即使您对当前的工作感到满意，事实上，在这种情况下，您可能处于更好的讨价还价地位，因为，套用经典电影《教父》中的一句名言，他们必须"给你一个你无法拒绝的提议"，也就是说，太好以至于不能放弃。

您的简历应该放在一页（一面）上，至少对于学生和应届大学毕业生而言是如此。为什么？因为大多数人只花几分钟看简历，所以您需要让它简短而漂亮。随着职业发展，您拥有超过一页的简历会更容易被接受，在这种情况下，您的简历通常以"摘要"开头，以防有人不想阅读全文。在某些行业，例如学术界，通常会创建简历的扩展版本，被称为个人履历（curriculum vitae，CV）。例如，大多数教授创建的简历会列

第十四章　巴菲特对高等教育的建议

出他们所有的出版作品（可能有数百篇）、研究拨款、服务活动等，简历范围通常跨越几十页。谢天谢地，我们在这里用一页简历。

我们建议您将简历保存为便携式文档格式（PDF），因为如果有人用与您创建文档的软件（及版本）不同的程序（例如微软公司的 Word）打开，版式有时会发生变化。

整理您的简历

我们为虚构的帕特·琼斯（Pat Jones）创建了一份简历，并将其放在附录中。我们对所有真正的帕特·琼斯表示抱歉，以防引起您不必要的注意。我们特意选择了帕特这个名字，因为它是性别中立的，可以代表帕特里克（Patrick）、帕特里夏（Patricia），也许还有其他一些名字。我们选择了卡戴珊（Kardashian），哦不，琼斯（Jones），以延续我们在前面书中的表达风格，即"跟上时髦"（Keeping up with the Joneses）。

我们从微软 Word 的简历模板开始，但您可以在互联网上找到很多免费的模板。我们将包含的简历部分有目标、教育、工作经验等，非常常见，但您可以根据自己的优势对其进行一些更改。例如，一些学生喜欢包含相关课程部分，特别是如果他们没有很多工作经验。

简历的顶部必须包含您的姓名和联系信息，例如电话号码、电子邮件地址和实际邮寄地址。您也可以包括其他内容，例如您自己的网站或领英个人资料，这是我们稍后将在下一章讨论的主题。

目标部分

大多数简历的第一个正式部分——目标——列出您的近期职业目标。

如果您对几个不同的工作或职业路径感兴趣，那么准备两个不同版本的简历是可以接受的。为什么您不应该有一份具有多个目标的简历？您当然可以这样做，但除了您的资格之外，找到一份工作的一个要点是"适合"。也就是说，未来的雇主会考虑您对从事这一特定职业以及与他们公司合作的热情。如果您给他们关于您的职业目标的混合信息，他们可能对为您提供工作机会没有信心。招聘是一个昂贵且耗时的过程，雇主希望找到能在公司工作较久的人，最好是贡献出整个职业生涯中的一大段时间。

帕特的目标是作为投资银行分析师获得暑期**实习**机会。我们的主要偏好是让您的目标简短——一两句话——因为您的简历是一块有价值的"房地产"。也就是说，如果您只有一页纸可以向潜在雇主推销自己，他们可能更关注您是谁以及您能带来什么。您的目标是必要的信息，但不太可能使您与该工作的其他候选人区分开来。

实习是一项临时工作，通常持续2到3个月，每周工作超40小时。尽管可以在一年中的任何时间发生，但实习通常出现在夏季，完成大学生涯后，您可以将实习视为全职永久性职位的试用，事实上，很大一部分实习生得到了全职工作。根据Vault.com的一项调查，大约75%的实习生获得了全职工作机会，看到这个数字，获得一份好实习机会需要激烈竞争也就不足为奇了。正如我们在本书前面提到的，投资银行通过出售证券和提供并购建议以及提供许多其他服务来帮助其他公司筹集资金。

关于短期工作的最后一点：**合作教育（cooperative education, 简称co-op）** 有点像实习，它通常是指学生在学年内读书的同时兼职工作，通常可以获得学术课程的学分。例如，一个带薪实习的学生可能每周在强生公司工作20小时，同时在学年期间完成全部课程。学生还可以在大

第十四章 巴菲特对高等教育的建议

学课程中获得 6 个学分，我们称之为合作教育 101。与实习一样，合作教育通常对大学生是有意义的，也可视为对永久全职职位的尝试。

教育部分

在教育部分列出您在哪里上学以及相应学习成绩和奖项。具体来说，它通常包括您上学的地方、您的平均成绩、所获荣誉、奖学金和其他相关信息。通常从您的最新信息开始，例如，如果您在上大学，请从您的大学教育信息开始，如果您在读高中，请从您的高中信息开始。事实上，一旦您开始上大学，大多数人都会放弃简历中的高中教育部分。也许主要的例外情况是，您上过著名的高中［例如菲利普斯埃克塞特中学（Philips Exeter Academy）］，是学校的致告别辞最优生/致辞学生代表（即分别在您的班级中排名第一或第二），或者获得了一些著名的荣誉或奖项［例如，再生元科学天才奖（Regeneron Science Talent Search）］。

我们的帕特·琼斯是大多数人眼中的明星学生，毕业于普林斯顿高中，在新泽西州和美国的公立高中名列前茅，现就读于普林斯顿大学。我们通常建议列出您的平均绩点（因为潜在雇主经常对其进行过滤）以从他们收到的许多申请中剔除候选人，如果您不提供，则被假设为最差，但是，一些学校建议（甚至要求）省略它，因为他们不想营造一个残酷的环境，并且更愿意将重点放在简历的其他部分上，如果雇主真的想知道您的 GPA，他们可以简单地要求您提供一份正式的成绩单副本，其中列出了您所学的所有课程及其相应成绩。

我们建议您不仅要列出您的整体累积 GPA，还要列出您主修课程的 GPA，尤其是如果它更高的话。当然，您希望展示最好成绩，而抵消相对较低的累积 GPA 的一种方法是您的主修课程拥有较高的 GPA。如果您的成绩不高，特别是低于 B 或 3.0 的平均分，希望您有丰富的工作经验或其他技能来抵消它。帕特在普林斯顿的累积 GPA 为 3.8，主修课程 GPA 为 4.0，普林斯顿高中的（未加权）GPA 为 4.0。帕特的简历还列出了预期的毕业日期、荣誉 [例如，入选优秀学生名单（Dean's List 或 Honor Roll）] 和奖学金，例如 1966 年普林斯顿大学奖学金和国家优秀学生奖学金。有些人还将他们的 SAT/ACT 分数写在教育部分，特别是如果他们令人印象深刻（即所处百分位高于九十或更甚）。

工作经验部分

包括您认为可能与您正在寻找的工作相关的工作经验，甚至是志愿者岗位。总体来说，可尝试用具体的美元、百分比和其他数字来量化您的成绩。您可以突出显示您获得的任何晋升或发展的领导技能。如果您工作的地方并不家喻户晓，请简要介绍一下公司，以便于阅读者理解。

帕特 2018 年夏天在星巴克担任咖啡师，即一个准备或提供咖啡饮品的人。几乎任何工作都是一份好工作，星巴克是一家伟大的公司，也是有史以来最好的餐厅类股票之一。然而，在星巴克工作并不是帕特的终极职业抱负。请注意帕特是如何描述所学到的一些有价值的技能的，例如在快节奏的团队环境中工作的能力以及发展强大人际关系和客户服务技能的能力。帕特还通过培训五名新员工并定期担任轮班主管获得了一些领导技能。对帕特来说，这是一份富有成效的暑期工作！

帕特在星巴克工作时获得的技能组合对大多数工作都很有用。帕特还通过简化客户下单和取货流程产生影响，使门店利润增加了 10%。如果您想为一家营利性公司工作，那么在升职或要求更多收入（即加薪）时，找出让公司赚更多钱的方法将是您的一大优势。

第十四章　巴菲特对高等教育的建议

帕特随后于 2019 年夏天在新泽西州普林斯顿的全球最大资产管理公司贝莱德实习。帕特量化了自己为大型（300 亿美元）共同基金贝莱德收入机会策略基金（Strategic Income Opportunity Fund）的工作。帕特还帮助创建了一些"宣传品"，通常是针对客户或潜在客户的 PPT 或 PDF 演示文稿。接下来我们将进入技能部分，对于大多数雇主来说，熟练使用微软 Office 应用程序将是一个加分项。

简短说几句更换工作。当您年轻的时候，多尝试一些工作是可以的，也许是意料之中的。但是，一旦您的职业生涯真正开始，我们建议您在每个职位上至少停留两年，除非您真的厌烦它或受到不恰当对待，以免获得"跳槽专业户"的名声，即定期快速离职。一家公司需要一段时间才能将员工培养得非常有效率，因此当员工在公司赶进度时离开，公司会感到失望。然后，公司将不得不重复寻找新人并培训的耗时且昂贵的过程。以后审阅您的简历的人可能会想："这个人每一两年就会离职，所以也可能会在我的公司做同样的事情。"

技能部分

"技能"这个词定义很宽泛。《城市词典》（*Urban Dictionary*）使用"疯狂技能"一词来描述"一个刚刚完成非常困难或看似不可能的事情的人——通过他们在这项任务中的巨大技能"。就像足球明星卡莉·劳埃德（Carli Lloyd）在 2015 年世界杯决赛的上半场打进 3 球，或者帕特·马霍姆斯（Pat Mahomes）在作为 NFL 四分卫的第一个全年中投出 50 次达阵传球。拥有一份可靠的简历不需要帕特·琼斯的疯狂技能，只需使用您所拥有的即可。

我们特意赋予帕特广泛的技能，包括精通多种外语和计算机语言。

我们的全明星学生帕特拥有您所说的左脑（分析型）技能和右脑（创造型）技能。如果您有广泛使用的软件程序的使用经验，从雇主的角度来看，这也是一个加分项。例如，帕特有使用微软 Office（Word、Excel 和 PowerPoint）的经验。

帕特还会使用彭博（Bloomberg）和阿拉丁（Aladdin）这两个在金融服务行业广泛使用的软件应用程序。总结一下，用术语来说，帕特的技能叫作财务建模和估值。回想一下，这些技能是指构建电子表格的正式过程，这些电子表格可以预测公司未来的资产负债表、损益表和现金流量表。估值，或者叫评估公司价值，通常是模型的一项关键输出。这些特殊技能是投资银行专业人员所需要的，投资银行是帕特梦寐以求的工作方向。

活动和兴趣部分

简历通常以我们标记为活动和兴趣的部分结尾，这正是它听起来的样子。如果您没有很多工作经验，希望您能在这里谈一些有说服力的事情。例如，您是学生俱乐部的组织者，它提供了一些领导能力的证据。理想的求职者具有良好的成绩、良好的工作经验和一些领导技能的证据。

帕特是普林斯顿老虎投资俱乐部的副主席。帕特还参与了许多志愿者工作，为特奥会和特伦顿地区（Trenton Area）的施粥处提供帮助。兴趣部分也很重要。面试您的人想了解您的性格，特别是如果他们每周要和您一起工作 40 至 100 小时。是的，一些工作，比如投资银行，通常确实需要您每周工作 80 至 100 小时，通常是几年——谢天谢地，不是整个余生。兴趣与您的个性和雇主经常寻求的难以捉摸的"适合"元素息息相关。帕特对爵士乐、曲棍球、萨克斯管和环球旅行感兴趣。也许面试

第十四章　巴菲特对高等教育的建议

您的人也喜欢其中的一项或多项。与面试官有一些共同点或建立某种融洽的关系会帮助您面试，并且可能会减轻一些压力。

求职信

求职信（cover letter）通常放在简历首页，至少如果您要给某人纸质版时是如此。或者，它可包含在附有您简历的电子邮件中。求职信的目的是更全面地说明您的资历、匹配度和对这份工作的渴求，求职信在当今电子主导的世界中并没有被广泛使用。颇感忧伤的是，许多雇主几乎不会阅读它们，因为雇主们经常对收到的申请数量感到不知所措，但我们鼓励您深思熟虑后写一封。

求职信通常由几段正文组成，而不是大多数简历的结构中的要点和短句形式。您可以参考几个网站获取求职信样本，例如 ResumeGenius.com。顾名思义，该网站上也会有简历样本。

在本章结束时，我们将以巴菲特关于建立良好声誉的重要性的忠告收尾。他说："建立声誉需要 20 年，而毁掉它只需要 5 分钟。如果你考虑到这一点，你所做的事情将大不相同。"人们通常愿意宽容对待青少年和高中生所犯的错误。但您的声誉和职业生涯是在您大学期间真正开始的，一个错误的决定真的会影响它。并不是说您不可能从大学期间及以后犯的错误中恢复过来，但从正确的开始才好，类似于获得第一张信用卡后建立可靠的信用评分。所以把巴菲特忠告记在脑子里，三思而后行，不要做一些可能会在未来伤害您的事情。

> 巴菲特忠告八十七：
>
> 建立声誉需要 20 年，而毁掉它只需要 5 分钟。

本章巴菲特的忠告

- 巴菲特忠告八十五：你能获得的最好教育就是投资自己。
- 巴菲特忠告八十六：真正的朋友会冒着自身极大的危险帮助您。（由贝拉·艾登伯格提供）
- 巴菲特忠告八十七：建立声誉需要20年，而毁掉它只需要5分钟。

附录

帕特·琼斯

纽约州，某某市，主街 123 号

电话：+（123）456-7890

Patjones@yourSchool.com

目标

投资银行研究员岗位暑期实习

教育背景

经济学本科，普林斯顿大学，普林斯顿，新泽西

第十四章　巴菲特对高等教育的建议

2018 年 8 月至 2022 年 5 月（预计）

GPA 3.80；主课 GPA 4.0

高中文凭，普林斯顿高级中学，普林斯顿，新泽西

2014 年 9 月至 2018 年 6 月

GPA 4.0（未加权）

国家优秀学生奖学金；入选优秀学生名单（所有学期）；国家高中荣誉生会成员

工作经验

研究员暑期实习生，贝莱德，普林斯顿，新泽西
2019 年 5 月至 2019 年 8 月

- 为贝莱德收入机会策略基金提供研究支持，五星评价的 300 亿共同基金。
- 协助编辑用于为机构投资者或个人投资者定制服务的"宣传品"。

咖啡师，星巴克，普林斯顿，新泽西
2016 年 6 月至 2018 年 8 月

- 通过培训 5 名新员工，并定期担任门店的轮班主管，来发展领导技能。
- 在快节奏的团队环境中工作，同时发展强大的人际关系和客户服务技能。
- 通过简化客户下单和取货流程，帮助提高门店盈利能力 10%。

技能

·微软 OFFICE（Excel, Word, PPT）	·流利使用法语、德语、西班牙语
·Java、R、Python 编程语言	·彭博社认证
·财务建模及估值	·阿拉丁风险管理系统

活动与兴趣

副主席：老虎投资俱乐部，咖啡俱乐部，普林斯顿会员，特奥会志愿者，特伦顿地区施粥处志愿者，曲棍球、爵士乐、萨克斯管和环球旅行。

第十五章

巴菲特对职业生涯的建议

" 去做一份即便你已经财务自由也愿意去做的工作。

——沃伦·巴菲特，在佛罗里达大学的演讲，1998 年 "

第十五章 巴菲特对职业生涯的建议

导言

在上一章的后半部分，我们讨论了整理简历，这有点像一张与您的职业相关的大名片。在本章中，我们将专注于其他与职业相关的问题，并在适当的时候向巴菲特求助。巴菲特不仅拥有辉煌的职业生涯，而且雇用和指导了很多人。而且，像大多数人一样，他也处理过相当多的被拒绝和困难。随着章节的展开，我们将知晓这些故事。让我们开始吧。

领英个人资料：您的在线简历

领英，现在归微软所有，是世界上最大的以职业为导向的社交媒体网站，拥有超过 5 亿用户。假设您年满 13 岁，通常加入网站后，您首先填写个人资料。与您的简历一样，也有关于教育、工作经验、技能和其他项目的部分。您可以发表评论或提供文章链接，就像使用脸书和其他社交媒体网站一样。有些人甚至会在您的领英页面上写推荐语，说您是一个多么有才华的人，或者认可您的一些了不起的技能。大多数人的领英个人资料中都包含自己的照片。在美国，简历中很少配有个人照片，但在欧洲和许多其他地区很常见。

许多人使用领英来"跟踪"他们感兴趣的雇主和他们可能正在面试

的人。我们所指的"跟踪"类型不会使人入狱，而是指了解公司及其一些雇员，这可能是准备面试的好习惯，但您可能不想在面试中明确提及这些，以免吓到别人。关于"跟踪"这个话题，一些雇主会检查您的个人社交媒体账户，如脸书、照片墙等，还会用谷歌搜索您，事实上，一些公司使用人工智能软件来对您的情况进行勾勒。您在网上发布的内容或给别人发的短信内容将永远保存（甚至在您删除之后），所以发出内容时请保持谨慎！

巴菲特有一条关于个人行为的很好建议，他向所有员工和多年来拜访过他的学生传达了这些建议。1991年，他不情愿地成了所罗门兄弟公司的董事长，这家华尔街公司在他拥有相当大的所有权份额之后，陷入了一些严重的监管麻烦，这些麻烦我们将在下一章中详述。在对正在调查所罗门兄弟的众议院小组委员会发表讲话时，他说："首先，他们要遵守所有规则，但不止如此，我还希望员工扪心自问，他们是否愿意第二天出现在当地报纸的头版上由知情和批判性的记者完成的报道中，供他们的配偶、孩子和朋友阅读。"

我们将在忠告中使用部分引述，也就是关于出现在当地报纸头版上的行为。我们猜想现代版的本地报纸应该是指脸书、照片墙、Snap、TikTok或者领英。

巴菲特忠告八十八：

做事时以不介意所有行为出现在您当地报纸或现代等效媒体的首页上为标准。

第十五章 巴菲特对职业生涯的建议

说回领英，有时在其页面和一些相关的新闻报道或职位空缺上会有关于公司的评论（例如，文化、着装要求、面试问题）。如果一个页面无法将您简历中的优势全涵盖，那么包含指向您的领英个人资料的链接可能是明智之举，因为链接不会有严格的空间限制。

寻找实习或工作

除了我们在上一章提到的办法之外，没有一种最好的方式来获得一份全职工作，也就是说，拥有实习机会是获得全职工作的最佳途径，尤其是初级职位。获得实习的最佳方式是什么？获得初级职位或实习机会的最常见方式是通过家人/朋友了解或通过职业服务部门申请。多数大学都有职业服务部门，充当雇主和学生之间的媒介，该部门还经常提供其他服务，例如帮助您准备简历以及练习或模拟面试。

领英等网站通常会有工作职位列表。公司本身的网站也可能是了解其空缺职位的好来源。您的人脉网络不仅包括家人和朋友，还包括您正在就读的或已毕业学校的校友。就读顶尖排名大学的一个优势是校友可能遍布全球许多领先公司。人往往对与自己就读同一所学校的人更加熟悉和舒适，并且更有可能从那里雇佣，无论对错。原因可能就像校友向指导过自己的教授要一些好学生一样无伤大雅。

您当然可以通过课堂以及校内校外的生活环境自然地结交朋友，但另一种与可能最终对您求职有裨益的人的有效结识方式是通过学校活动。这些活动可能与俱乐部、社区服务小组、兄弟会、姐妹会以及无数其他事物有关。企业在校园招聘时，通常会派新近毕业的校友来招聘。回到帕特寻找投资银行工作的过程，帕特所在学校（普林斯顿大学）的经济/

金融俱乐部的高级成员可能会在几年内进行招聘，因此，与学生俱乐部组织者建立牢固的关系在未来可能非常有用。与您的教授的关系也是如此，因为他们也可以作为工作推荐来源，在将来的某个时候为您提供研究生院推荐信或者工作推荐信。

通过创办公司来创造自己的工作岗位，成为一名企业家，也是许多拥有自驱力的人的好途径。巴菲特在为他的父亲以及他的导师（本杰明·格雷厄姆）工作了几年之后，开始了自己的长期职业生涯，做一家投资管理公司，当然，正如我们在本书中多次提到的那样，他有很多副业。某些大学，如硅谷的斯坦福大学和波士顿地区的巴布森学院（Babson College）和东北大学，在一定程度上因其创业学生而闻名。从这些以及那些在创建新公司方面享有类似声誉的学校创办自己的公司的学生，比无名小镇大学（Podunk University）的企业家更有可能获得资金。许多公司如果要在规模上做大（想想从零开始创建家得宝的竞争对手），就需要外部资金，因此与斯坦福大学毕业的企业家相比，无名小镇大学毕业的企业家的胜算不大。

最后，盲发电子邮件或拨打您不认识的人的电话（即冷电话）在很大程度上是无效的找工作方式，但之前确实有过一些成功案例，这有点像橄榄球中的"万福玛丽"（Hail Mary）传球，如果您扔了数百次传球，您可能会有一些幸运接球能得分。简而言之，您应该将获得工作的过程本身视为一份工作，也比您可能参加的任何其他课程都更重要。总之，我们谈论的是您的职业生涯，巴菲特将其列为您一生中最重要的两个决定之一。

第十五章　巴菲特对职业生涯的建议

工作面试：准备

　　如果您获得了面试机会，请认真对待，因为这意味着雇主认为您有资格胜任这份工作，然后通常也能逐渐适应，因此，如果您对自己的平均学分绩点（GPA）3.5 分感到沮丧，而其他候选人的学分绩点为 4.0，请克服它。您愿意整天和您喜欢的人一起工作，还是和一个混账或无聊的人一起工作，即使他们有很强的技能？当然，确实有很多优秀的人达到了神奇的学分绩点 4.0，但我们的观点是在面试时您要把学分绩点放一边。而且一旦您开始工作，没有人会询问您的学分绩点或 SAT/ACT 成绩，他们只是想让您努力工作，把工作做好，并做一个友善、体贴的同事。

　　巴菲特曾经就他喜欢共事和雇用的人的类型话题讲过看法。关于他的想法，我们现在给出一个忠告，本章稍后再给出一个。在 1986 年致伯克希尔 – 哈撒韦公司股东的信中，他写道：

　　"我们打算继续我们只与我们喜欢和钦佩的人合作的做法。这项原则不仅最大限度地提高了我们取得好成绩的机会，还确保了我们度过一段非常美好的时光。另外，与让您倒胃口的人一起工作似乎就像为了钱结婚——在任何情况下可能都是个坏主意，尤其如果您已经很有钱了，那就太疯狂了。"

> **巴菲特忠告八十九：**
>
> # 只与您喜欢和钦佩的人一起工作，这可以最大限度地提高您获得好结果的

机会，并确保您度过一段非常美好的时光。

巴菲特在 1951 年从哥伦比亚大学毕业后就想为他非常钦佩的格雷厄姆工作。格雷厄姆起初拒绝了，但巴菲特一直与他保持沟通，经常给这位前教授讲述自己的投资思想。最终，巴菲特被格雷厄姆聘用并在纽约市为他工作了几年，直到格雷厄姆决定退出投资业务。巴菲特非常享受为格雷厄姆工作的时光，学到了很多东西。基本上，他为格雷厄姆工作的经历集中体现了忠告八十九。

如果您想在考试中取得好成绩，您通常必须为此而学习，同样，如果您想获得最好的工作机会，通常需要进行事无巨细的准备，因此，在您进行面试之前，请阅读该组织的历史及其主要产品或服务，您通常可以在公司网站、年度报告、领英网站或维基百科页面上找到这些信息。您还应该知道公司首席执行官和其他一些高管的姓名。如果是上市公司，我们还建议您了解公司的股价、股票代码、市值、销售额、利润和主要竞争对手。这些信息将帮助您回答常见的面试问题："告诉我关于这家公司的情况以及你为什么想加入我们？"

说到问题，如果您在考试前得知考题，您可能会因为作弊而被开除。但是，在面试环节，您通常可以预测您会被问到的一堆问题。大多数面试官想象力并不丰富，他们可能对标准问题的回答感兴趣，例如"请做个自我介绍""你最大的优势和劣势是什么？""你选择就读大学的原因是什么？""你选择那个/那些主要课程的原因是什么？"

若您真的很想解决这些您知道可能会遇到的问题，可以通过练习和

第十五章　巴菲特对职业生涯的建议

诚实的回应来解决。如果您告诉他们的是您认为他们想听的话，而不是说实话，您可能不会表现得真诚。然后您在那家公司的工作前景可能就结束了。例如，如果您遇到一个常见的面试问题，"你最大的弱点是什么？"如果您给他们一个虚假的回答，如"我工作太努力"或"我是一个完美主义者"（即将优势定性为弱点），您可能会失去面试官的好感。相反，告诉他们您的真实弱点（如"我不是最有条理的"），并且告诉他们您正在做什么来解决它（如"以一个新思路工作"）或者您是如何改进的。

要获取面试问题的合法"作弊"清单，请在互联网上搜索"最常见的面试问题列表"。您会发现那里有很多内容。

面试时要依公司特点选择得体的服装，通常可以通过对组织文化做功课或询问安排面试的人来推断相应的着装要求。对于许多公司来说，它可能需要正装，而对于另一些公司来说，休闲装可能是最好的。例如，金融服务行业的工作往往需要更正式着装，而艺术或广告行业的工作通常允许更大的灵活性，各类珠宝、化妆品公司等也是如此，如出现选择问题，错误地穿得更正式保守，会让人想起"您永远没有第二次机会给人留下第一印象"这句话。太糟糕了，巴菲特没有提出这句话，否则我们会把它当成忠告。关于谁先说的这句话并没有公认说法，但这句话应出自威尔·罗杰斯、奥斯卡·王尔德和服装公司巴特尼正装之手。

工作面试：面试一击即中

面试迟到肯定会给人留下糟糕的第一印象。即使您是因为被堵在路上，它也几乎会扼杀您找到工作的机会。但是，如果您过早到达面试地点，有些人可能会觉得这很烦，因为他们可能正在做其他事情，比如面试其他求职者，他们可能觉得有义务见您。以下是我们的折中解决方案。在面试开始前大约一两个小时到达面试地点附近。提早到达会减轻压力，让您有时间查看自己的简历并回答您预期在面试中被问到的问题。它还可以让您有机会准时到达，以防您遇到汽车故障或交通状况不佳。这真的会发生！心理学家艾米·卡迪（Amy Cuddy）在数百万人观看的著名TED演讲中建议练习一些"力量姿势"（即想象神奇女侠双手叉腰的著名姿势），以增强您的信心，她称其为简单的生活小窍门，尽管她的研究结果近年来受到质疑。

　　提前五分钟到达面试的确切位置。这将使您有机会完成登记手续并通过各类安全检查。有些公司确实有类似机场的安检，要求您出示身份证、拍照并通过扫描设备。新冠疫情后的世界，如果将体温扫描视为安全检查流程的一部分，我们也不会感到惊讶。提前几分钟到达面试地点确有好处，您的守时甚至可能被视为积极因素。

　　在等候区时，请务必对接待人员或办理登记手续地点附近的其他人有礼貌，并尽量不要看手机。专注于在面试时保持正确的心态（即放松和自信），再看一遍您的简历和面试准备材料就可以了。

　　面试有多种形式。有时公司会进行 15 到 30 分钟的电话或线上面试，以迅速淘汰潜在候选人，关于此类面试的有趣示例，请观看电影《实习大叔》（*The Internship*）。您可以利用电话面试来获得优势，因为您可以获得额外的信息，例如，您可以将您的简历、公司信息、您感兴趣的工作的经济和行业信息等散布在厨房工作台上或房间地板上。这样面试官可能会认为您是爱因斯坦，所有这些知识都信手拈来！为什么不直接搜索结果来回答电话面试的问题呢？因为这很粗鲁、耗时，而且打电话的

第十五章　巴菲特对职业生涯的建议

人可能会听到您在打字，所以请放弃这个想法。

　　大多数面试都是面对面进行的，至少在新冠疫情出现之前是这样。他们通常一次只有一个人，但有时在同一个房间里会有几个人向您提问，非正式地称为"多人面试"。公司这样做有时效率更高，因为可能会使用一个小时的公司时间而不是两个多小时。紧张是很自然的，尤其是在面试刚开始的时候。您接受的面试越多，您就会感觉越适应。当第一次被介绍给某人时，微笑，看着他们的眼睛，并坚定地握手，进行一些基本的闲聊，例如："嗨，我是帕特。很高兴认识您（在此处插入人名）。感谢您今天抽出时间与我会面。"

　　面试官通常会从一些关于天气的小谈话开始，还有你能否顺利找到这个地方等。他们通常会浏览您的简历并开始问一些问题，包括可怕的"请做个自我介绍"。这些开放式问题并不容易准确回答，但他们实际上是在问为什么您的特有背景可使您有能力胜任该工作，并试图确定您是否确实适合。除了您的能力之外，面试官还想知道您是否真的想为他们这家特定公司工作，并且您确实匹配。

　　除做好准备之外，您还可以做其他事情来帮助您在面试中取得好效果。从说真话开始，做您自己，并对公司、职位和面试官表现出真正的兴趣。面试官通常会在面试快结束时说："有什么问题要问我吗？"您尽量不要说没有，因为那表明您缺乏准备和兴趣。您不必等到面试结束才开始提问，但您应该在脑海里准备好几个问题用于提问。在面试过程中可能会出现一些引起您兴趣的事情。如果您仍然不知道问什么，您可以向他们询问他们的职业道路或在您正在面试的类似职位上表现出色的人的特征，或者他们最喜欢公司的什么。

　　面试结束后，我们建议您向面试您的每个人发送一封简短的感谢电子邮件或便条。毕竟，他们抽出时间与您见面，也可能会成为未来的同事，所以值得给他们留下好印象。幸运的是，您通常会从遇到的每个人那里得到一张名片，因此您不必惊慌失措于记住他们的确切姓名及其拼写和电子邮件地址。不要写一封感谢信，然后将完全相同的内容发送给面试您的每个人。那显得很懒惰，有时同事会转发便条和电子邮件，这会暴露您缺乏创造力。尝试对您与特定人的每次交流说一些独特的话。面试时可以带一张纸，偶尔做笔记，尽量进行眼神交流，即使您很紧张，也不要大部分时间低头看记事本，当和人对视时不要时间太长，不要给他们某种死亡凝视或科比·布莱恩特"曼巴式"表情。

对于全职职位，通常需要多次面试才能获得工作机会。您可能会在几天中的大部分时间被面试。在大多数情况下，他们会带您出去吃午饭。我们无法在此处涵盖有关商务礼仪的完整课程，但有很多关于该主题的好书，例如芭芭拉·派崔特（Barbara Pachter）的《商务礼仪要点：如何寒暄、就餐和推文成功之路》(The Essentials of Business Etiquette: How to Greet, Eat, and Tweet Your Way to Success)。

以下是工作午餐时需要注意的几个要点。吃您喜欢的东西，但不要杯盘狼藉。举例来说，您可能喜欢意大利面，但花时间和精力在叉子上旋转它然后再吃掉可能不是最好的用餐方式。不要在面试期间用餐时点酒（假设您已超过21岁，并且不违反您的宗教或道德准则）。当与多人坐在一张桌子旁时，您可能会混淆哪些盘子和器皿属于您和其他人。您可能学过以助记符 ROYGBIV[①] 来记住彩虹的颜色。对于工作

[①] ROYGBIV 即红、橙、黄、绿、蓝、靛、紫（red, orange, yellow, green, blue, indigo, violet）的缩写。——译者注

第十五章　巴菲特对职业生涯的建议

餐，可将"BMW"视为面包、主餐和水[①]，面包通常在您的左边，盘子在中间，水在右边。如果有多种器皿，则从外面开始是第一道菜，然后享用里面的菜品。

一些公司喜欢在面试时问一些脑筋急转弯问题，特别是如果您正在申请分析职位。这些都是需要详细计算或深入思考的问题。有一个众所周知的例子：一架波音747飞机可以装多少个高尔夫球？很少有人能准确地知道这个问题的答案，即使是那些为波音工作的人！问脑筋急转弯问题的人主要对您的思维过程感兴趣，所以如果您不知道答案，不要惊慌。做出某种合乎逻辑的努力，不要简单地放弃说"我不知道"，可以在一张纸或手机上进行一些快速计算。

关于高尔夫球的问题，您可以先说一架波音747飞机长约250英尺，宽20英尺，高20英尺，不包括机翼、机尾和轮子。飞机和高尔夫球不是矩形的，但您可能会通过使用一个几乎每个人都记得的公式得到答案，体积等于长 × 宽 × 高（如果您能回忆起高中时学习的圆柱体体积公式，会是个加分点：体积 = π × 半径平方 × 高度）。使用矩形体积公式得出 250 × 20 × 20=100 000 立方英尺。

1个高尔夫球直径约为1.5到2英寸（1英寸 =2.54 厘米），因此，如果1个球高2英寸，那么6个球高1英尺。将这个数字乘以6和6可以得到 6 × 6 × 6 或每立方英尺 216 个球。我们现在准备好得到最终估计，100 000 立方英尺乘以每立方英尺 216 个球，总计 21 600 000 个。

如果您想知道确切答案，在网络上进行快速搜索后，我们发现一架波音747飞机可以容纳大约 2 300 万个高尔夫球。您可以在谷歌上搜索

[①] 指 Bread, Meal, Water。——译者注

"脑筋急转弯问题"以获取一些网站列表。最常见的可能会出现在面试中。据报道，谷歌/字母表是一家喜欢问这些问题的公司。正如我们在本章前面所说的那样，您真的应该努力解决您知道可能会被问到的问题。如果您在脑筋急转弯或其他不在您拿手范围内的问题上做得不好，那没什么大不了的，您仍然有机会得到工作。

工作面试：薪酬，或者让我看见钱！

由汤姆·克鲁斯主演的《甜心先生》(Jerry Maguire)是一部知名电影，于1996年上映。演员小库珀·古丁（Cuba Gooding Jr.）说，电影中的一句名言是"让我看见钱！"，这给我们带来了一些关于您将获得的工作薪酬金额的建议。永远不要成为第一个提出工作薪酬金额的人！让招聘公司的代表提出来。对于大多数大公司来说，支付给实习生和入门级职位的金额是固定的，对于小公司来说，金额则更加灵活。

如果他们问您一些事情，大意是"你寻求什么范围的薪酬？"您可以询问公司代表该职位是否有一定的金额范围。通常会有（例如，55 000美元到65 000美元），但他们可能不想泄露信息，如果他们给了您范围，且您有野心或有更高薪水的其他工作机会，您可以要求居中或者高一点的金额。如果您选择的数字太高，可能会显得您过于贪婪或者失去职位，而太低的数字可能会亏待自己。如果您在公司有联系人（例如，您学校的校友或您家人的朋友），他们也可以在薪水方面给您一些坦率的建议。如果您幸运地获得了多个工作机会，那就去做您最喜欢并更有增长潜力的工作，而不仅仅关注收入。从长远来看，如果初始条件相同，尝试多种路径应该能获得更多收入。

第十五章　巴菲特对职业生涯的建议

胜任工作

努力工作是在几乎任何领域取得成功的先决条件，从体育到传统的办公室工作。很少有人可以简单依靠自己的天赋达到精英水平。努力工作的定义是什么？马尔科姆·格拉德威尔（Malcolm Gladwell）在他的畅销书《异类》（*Outliers*）中认为成为某个领域的专家至少需要 10 000 小时，这相当于每周 40 小时并持续 5 年，或每周 20 小时并持续 10 年。巴菲特经常提到同事 B 夫人罗斯·布鲁姆金的辛勤工作，她曾在自己创立的内布拉斯加家具市场工作至 103 岁高龄。我们在第十章的忠告六十一赞美过 B 夫人。

当您第一次开始您的职业生涯时，"露面时间"（即在工作现场）很重要，因为它有助于证明您的职业素养。因此，我们建议新员工先于上司上班并且晚于上司下班。如果您在远程工作，请在您的同事之前登录您的远程工作系统并最后退出。当然，如果您偶尔有重要活动（例如婚礼或葬礼），则此建议不适用。我们听过一些管理人员的说法（我们不是特别喜欢），例如"如果我在这，你就得在这"和"你的工作是让我看起来不错"，这些措辞表明了一些组织有对露面时间的偏好。尝试做比职责范围更广的工作再加上帮助他人，您的努力会被关注到。

如果您做的是自己喜欢的工作，就更容易工作努力。巴菲特的表达方式稍有不同，他说："去做一份即便你已经财务自由仍然愿意去做的工作。"您在职业生涯的早期可能无法享有这种奢侈，因为最好的工作通常很难获得，但这应该是您的长期目标。巴菲特从哥伦比亚大学毕业后首先在他父亲的巴菲特-福尔克公司工作，最后创建了自己的公司。可以这么说，他喜欢在自己画布上绘画的自由。他说："我觉得我就像躺着在西斯廷教堂涂绘。"让我们将本段开头的巴菲特引言作为我们最新的忠告。

巴菲特忠告九十：
去做一份即便你已经财务自由仍然愿意去做的工作。

人际网络可能是一个被过度使用和模糊的术语，但它已被证明是成功的一项关键决定因素。我们在上一章讲大学录取的时候提到了人际网络，但此概念适用于您的整个生活。您很可能会被人脉圈子中的某个人录用或强烈推荐。人们愿意雇用自己了解的不错的人，而不愿雇用一些理论上看起来很棒但自己不了解的人。

成功诀窍还包括持续学习的心态。我们之前提到过巴菲特如饥似渴的阅读欲，他每天阅读大约 6 个小时。学习也可以通过公司赞助的（内部或外部）培训课程、听有声读物、观看并积极参与在 Coursera、油管和 TheGreatCoursesPlus.com 上的大学课程，以及阅读维基百科文章（尽管它并非主要资源）。也许对职场新人来说最重要的是与同事交谈并观察最成功的员工如何工作，从工作中的同事那里可以学到很多。巴菲特常说，"很难教新狗老把戏。"当然，这句俏皮话是对 16 世纪一句名言的转述："你无法教一条老狗新把戏。"简而言之，尊重和学习经验丰富的同事们的集体智慧。

某位（通常是更资深的）同事可能会成为您的导师之一。巴菲特表示，他的父亲霍华德·巴菲特和他的教授本杰明·格雷厄姆对他的职业

第十五章 巴菲特对职业生涯的建议

生涯产生过巨大影响。摩根大通公司首席执行官也是巴菲特好朋友的杰米·戴蒙曾将前银行业高管桑迪·威尔作为他的导师。导师可以为您提供建议、作为参照、推动您的晋升（如果您与其在同一家公司工作），有时还可以让您选择跟随他们获得更好的新工作。把您的职业马车搭上公司冉冉升起的新星也可能会开辟一些不一样的职业机会。您能做些什么来回报导师？在这里，我们将从巴菲特的剧本中取出另一页，并将其作为一个忠告。在招聘时，他会寻找正直、聪明且精力充沛的人。各个年龄段的人，甚至是职场新人，几乎总能将这些特征表现出来。任何一个导师都会很高兴有一个有这些品质的人为他们工作。没有比给导师带来尴尬或耻辱的事情更容易破坏与导师的关系了。

巴菲特忠告九十一：
正直、聪明和精力充沛是人们非常期望的特质。

拥有积极的态度、从错误中吸取教训及寻求帮助是另一些可以帮助您在事业上取得成功的特质。尽管不能说有哪一个因素是决定成功的最重要因素，但最接近的一个是"坚毅"，这个观点由宾夕法尼亚大学心理学家安吉拉·达克沃斯经过严格研究后提出。在她 2016 年的畅销书《坚毅：释放激情与坚持的力量》（*Grit: The Power of Passion and Perseverance*）中，达克沃斯将坚毅定义为激情和韧性的结合，并发现坚毅是比智商、社会经济地位和许多其他变量更重要的成功决定因素。坚韧不拔的人不仅会从失败中恢复过来，而且还会从中吸取教训，这类似于高尔夫球手或棒球运动员调整挥动方式,所以当事情变得艰难时,要坚韧不拔,最终您会走向成功。

找到工作后的财务文书工作

由于这本书主要关注金融知识,所以我们会关注一些关于填写您的雇主在您开始工作时给您的财务表格的一些信息。最常见且最重要的几个表格是 W-2、W-4、医疗保健计划、退休计划,当然还有主要的美国所得税表格 1040。我们知道这些话题对许多人来说可能枯燥乏味,但它们是建立财富的重要核心,因此至少有必要进行简短的讨论。本章中提到的税表可以在 IRS.gov 上找到。

表格 W-2 和 W-4

表格 W-2 即工资和税收报表的目的是确定雇员每年支付的工资和税款。其数据反映了雇员上一个自然年的收入。抵押贷款或其他贷款申请通常需要它。联邦保险捐助条例(Federal Insurance Contributions Act,FICA)的预扣税款也反映在 W-2 表格中。这些税收有助于为社会保障和医疗保险提供资金。每个雇主都必须在 1 月 31 日之前向其雇员发送 W-2 表格,因为它们提供了填写 1040 表格时使用的重要信息。

W-2 的组织方式很简单,可以在 IRS.gov 上找到。它包含一些章节及方框,接下来我们将简要介绍其中最重要的部分。表格的左侧列出了有关雇主和雇员的信息,例如姓名和地址。有关所赚取的工资和已缴税款的信息放在表格的右侧。方框 1 包含您过去一年的工资,方框 3 和方框 5

第十五章　巴菲特对职业生涯的建议

分别显示这些工资中有多少需要缴纳社会保障税和医疗保险税。我们将很快讨论如何在税前扣除医疗保健和退休金，这意味着它们可以减少您的税负。方框 2、方框 4 和方框 6 显示实际从您的薪水中预扣的税款。

表格 W-4 也称为员工预扣税证明，会发给每位新员工。其目的是记录将从您的每笔薪水中预扣的所得税金额。表格的顶部只是询问您的姓名和地址信息。方框 5 可能是最重要的，询问您申请的免税额。免税额包括您自己、配偶和受抚养子女。您申请的免税额越多，您从每份薪水中扣缴的金额就越少，尽管这种行为可能会导致 4 月 15 日到期的税款超出预期。如果您申请的免税额少于应得的免税额，您可能会在税期获得退款。

表格 1040：年度所得税表格和"巴菲特规则"

表格 1040 可能是美国最声名狼藉的表格，它以经常涉及冗长的工作而恶名昭著，且需要在每年 4 月 15 日之前完成，因新冠疫情导致的延期除外。简单来讲，当大多数人谈论"报税"时，他们指的就是这个表格。巴菲特多年来一直为自己以及他的投资伙伴们报税。如果您遇到的是简单情况，您应该能够自己完成纳税申报，尤其是借助涡轮税务（TurboTax）等软件。如果您的情况更加复杂，聘请付费报税员可能是值得的。他们通常知道不断变化的大量税法的细微差别，这些税法可能会减少您的整体税负。报税服务者的范围可以从一个人的小店到如 H&R 布洛克（H&R Block）或杰可逊·荷威特（Jackson Hewitt）这样的全国连锁机构。在任何情况下，您都需要在表格上签名并确认其准确，否则将受到伪证处罚，知名黑帮成员阿尔·卡彭曾逃脱包括谋杀在内的很多事情，但他最终因偷税漏税而入狱。

表格 1040 的第一行或方框询问您上一年的总薪酬。对于大多数人来说，这个金额可以直接在表格 W-2 上找到。您可能已经获得其他形式的收入，例如股票收益或股息，这些项目位于方框 2 到方框 5 中相应的位置。第 6 行要求您计算总收入，该总收入是通过将方框 1 到方框 6 加总得到。幸亏，我们不会讲表格 1040 上的 24 行中的每一行，只介绍最相关的部分。

在表格 1040 的第 9 行，系统会提示您说明您的标准扣除额或逐项扣除额。标准扣除额是您在计算欠税额之前可以从收入中扣除的固定金额。采用标准扣除可以为您节省大量时间，因为您不必寻找收据来证明您的开支。标准扣除额通常随着通货膨胀而逐年增加。个人标准最新为 12 400 美元，如果您已婚（共同申报）并有孩子则更高。也就是说，如果在扣除医疗保险和退休金等费用后您的收入（假设您是单身）低于 12 400 美元，您将无须缴税，甚至可能获得退款，好开心！对于许多人来说，所应缴并实际支付的税款要高得多，因此他们应该逐项扣除，例如抵押贷款利息和财产税。这种方法通常需要您填写一堆我们（谢天谢地）不会在这里介绍的额外表格。

税收是累进制，这意味着您赚的钱越多，您支付的税款就越多，无论是绝对金额还是百分比。例如，如果您的应税收入（扣除后）在 0 到 9 875 美元之间，您将支付其中 10% 作为联邦税。让我们使用一个整数，如果您的应税收入为 5 000 美元，扣除所有费用后，您将欠联邦政府 5 000 美元的 10%，即 500 美元，不开心！除此之外，州和地方政府可能还要求您缴纳所得税，双重不开心！7 个幸运州不收取居民所得税，如果您想到那些州工作或退休，名单在这里：阿拉斯加、佛罗里达、内华达、

第十五章　巴菲特对职业生涯的建议

南达科他、得克萨斯、华盛顿和怀俄明。回到累进制联邦税表，应税税率从 10% 开始，然后在 9 875 美元到 40 124 美元之间增加到 12%，然后在 40 125 美元到 85 525 美元之间增加到 22%，并继续上升。目前共有 7 个税级，最高级别收入为超过 518 400 美元，总有一天您会有那么高的收入！

税收可能很奇怪，因为不同类型的收入按不同的税率征税。例如，所得税税率通常高于资本利得税税率。这导致了一些奇怪的案例，例如巴菲特缴纳的税款按百分比计算比他的秘书要小，巴菲特明确表示这是不公平的，尽管他没有自愿缴纳更多税款，只是在合法地利用税法。巴菲特在 2011 年提出，年收入超过 100 万美元的人应至少缴纳其收入的 30% 作为税款，无论税收漏洞或税法中有何诡异之处，这个提议被称为巴菲特规则。但是，在国会对其提议进行辩论后，未能通过。

退休计划

退休计划是建立长期财富的最佳工具之一。对您的退休计划的供款通常是免税的，并且公司通常会提供等额资金。我们不需要一个巴菲特忠告也知道，您永远不应拒绝白得的钱！因此，如果您的雇主提供退休计划，您的最低缴款应该获得足够高等额资金。退休计划的名称通常为 401（k）、403（b）、IRA、Roth IRA、SEP-IRA 和 养老金计划（pension plans）。我们将简短定义这些术语。对于大多数退休计划，您必须到 59.5 岁才能取出这笔钱，否则必须为提取的资金支付 10% 的罚金。这条规则在一些困难情况下可破例，比如取钱用于支付医疗费用。

在宏观层面上，退休计划通常属于固定收益计划或固定缴款计划的范畴。固定收益计划通常被称为养老金计划。使用这种类型的计划，通常会从退休之日起每月收到一笔固定款项，直至去世。例如，退休后，您可能会在退休前的最后 3 年工作中获得平均工资的 60%。一般来说，您为公司工作的时间越长，支付的百分比就越高。例如，如果您在一家公司工作了两年，然后换到另一家公司，那一辈子都拿不到之前工资的 60%。养老金计划在政府公职人员、教师、警察和许多其他领域工作的人中很常见。

当今，很少有人像巴菲特在伯克希尔那样在一家公司工作几十年。所以，对一些人来说，固定缴款计划通常很有意义。在这种情况下，雇主通常会每年按工资的一个百分比（例如 5%），将该款项存入退休基金，该基金通常是某种类型的共同基金。如果您从一家公司换到另一家公司，您可以带走这笔钱。最受欢迎的固定缴款计划是 401（k），以税法中的规定命名。401（k）的非营利组织员工计划是 403（b）。如果您未满 50 岁，目前您可以存入的最大金额为 19 500 美元，并且金额每年都会因通货膨胀而增加。如果您超过 50 岁，您可以通过所谓的"补缴"额外缴纳 6 500 美元。

自雇人士和为小公司工作的人经常使用 IRA 作为他们的主要退休工具。相对于 401（k）、403（b）或固定收益计划，发起人的申报工作通常更容易，它也是"滚动"前雇主 401（k）或 403（b）投资的常用工具。

大多数 IRA 允许您预先缴款以减少您的应税收入。Roth IRA 于 1997 年推出。到目前为止，根据我们所谈及的退休计划，都是缴款可以抵税，在退休后取款通常是应纳税的。Roth IRA 则翻转过来，缴款不能抵税，但提款免税。这是有益的，只要您能忍受没有预先设置免税功能的痛苦。参加 Roth IRA 有收入限制，目前大致为六位数低位。Roth IRA 的最高缴款额为 50 岁以下 6 000 美元或 50 岁以上 7 000 美元，低于大多数其他计划。

简化雇员养老金（Simplified Employee Pension, SEP）IRA 账户是小公司的热门退休计划。与传统的固定收益计划相比，只需要更少的申报工作。此外，缴款限额与公司的盈利能力有关，而不是一个固定的数字。可以节省的金额通常是总工资的 25%，每年最高退休金为 57 000 美元。

成为 401（k）或 IRA 百万富翁

数百万人通过他们的 401（k）计划成为百万富翁。就像乌龟与兔子的寓言一样，实现这个神奇的百万美元里程碑确实需要耐心。一般来说，越早开始储蓄，投资回报越高，退休后钱就越多。我们讨论的退休计划允许您的资金增加递延税款。也就是说，假设您在 59.5 岁之前没有（非困难）提款，则在您退休后提取资金之前，您无须为任何交易支付任何税款。Roth IRA 是个例外，因为您预先缴税，而不是在提款时缴税。对于像巴菲特这样喜欢挑选个人证券的人来说，递延税款是一项重要功能。如果您在常规经纪账户中进行交易，您必须缴纳资本收益税。

我们希望您能尽快开始为退休进行储蓄（忠告一），但我们假设您在 25 岁时开始认真储蓄，这是许多人完成研究生学习的通常年龄。每月节省 250 美元即每年 3 000 美元，以 8% 的年化回报率计算，到 65 岁时，您将成为百万富翁。如果您非常雄心勃勃，想在退休后拥有 1 000 万美元，只需将以上数字乘以 10，即同一时期每月存 2 500 美元。我们知道，对于大多数年轻人来说，这个数字会有些难度，但随着您的职业生涯发展，这并不会一直是个问题，尤其是如果您遵循本书的建议。

在本书中，我们已经分享过很多巴菲特的投资智慧，但在您为退休计划进行投资时，还有一个故事需要知晓。几乎可以确定，退休计划涉及长远打算。在巴菲特创业初期，计算机输入和输出通常是借助打孔卡进行的，这是一张大约7英寸乘3英寸大小的厚纸。打孔卡最终被软盘取代，然后是光盘，现在是闪存盘或根本不用设备。有了这个铺垫，我们现在已经准备好接受巴菲特的建议，我们将把它作为一个忠告，有时被称为"20孔法则"。

"我经常告诉商学院的学生，他们从商学院毕业后最好有一张打孔卡，上面有20个孔。每当做出投资决策时，都用掉1个孔，他们一生中不会有20个好决策。他们会得到5、3或7，而你可以通过5次、3次或7次决策赚大钱，而每天都努力做一个决策无法帮助你发财。"

巴菲特忠告九十二：

就好像您一生只能选择 20 项投资一样进行投资。

本章巴菲特的忠告

- 巴菲特忠告八十八：做事时以不介意所有行为出现在您当地报纸或现代等效媒体的首页上为标准。
- 巴菲特忠告八十九：只与您喜欢和钦佩的人一起工作，这可以最大限度地提高您获得好结果的机会，并确保您度过一段非常美好的时光。

第十五章　巴菲特对职业生涯的建议

- **巴菲特忠告九十：去做一份即便你已经财务自由仍然愿意去做的工作。**
- **巴菲特忠告九十一：正直、聪明和精力充沛是人们非常期望的特质。**
- **巴菲特忠告九十二：就好像您一生只能选择 20 项投资一样进行投资。**

附录

健康福利信息

医疗健康福利是薪酬包中最具价值的部分之一，对于入门级职位，这些福利可能占总薪酬包的 20% 左右。这是一大笔收益，所以希望能引起您的关注。医疗健康福利通常提供给大多数全职员工，但一些公司，如星巴克，也向兼职员工提供这些福利。星巴克并非只是制作出了很棒的咖啡！一些公司支付您整体医疗健康福利的全部费用，而另一些公司则支付一小部分。这确实取决于公司，但经验法则是，您可能会支付雇主为您的特定计划支付的费用的四分之一到一半。幸运的是，这是税前扣除，因此费用也由政府间接补贴，因为您欠税的时间会更少。

当然，您的健康是您最宝贵的资产。也许您听过芭芭拉·赫顿（Barbara Hutton）的名言："我从未见过布林克的卡车跟随灵车前往墓地。"出现严重的健康问题，又没有保险，也可能被证明在财务上是毁灭性的。总体而言，医疗保健约占 GDP 的 18%，规模巨大且极为复杂。随着新冠疫情席卷全球，世界上大多数人都意识到医疗保健的价值。我们在<u>第一</u>

章讨论了巴菲特著名的不良饮食习惯，但他确实认真对待自己健康的其他方面。巴菲特说，一位医生告诉他，"要么吃得更好，要么锻炼。"巴菲特选择了第二个选项，称其为"两害相权取其轻"。

宏观层面上，您在选择医疗保健计划时有几个更广的选项。一种选择，通常被称为传统医疗保险计划（Traditional Health Care Insurance Plan），为医生和医院提供了广泛的选择。它通常是最昂贵的选择。另一种选择，称为健康维护组织（Health Maintenance Organization, HMO），医生和医院的选择更有限，但通常花费更少。为什么？通常，像联合健康（United Healthcare）这样的 HMO 相当于批量购买，并与医疗保健提供者达成交易，将部分储蓄转嫁给员工。第三个选择，称为优先提供者组织（Preferred Provider Organization, PPO），是两者之间的混合体，成本介于两者之间。

对于大多数医疗保健计划，您每次预约医生均需支付费用，该费用被称为自付额（co-pay）。自付额通常不到 20 美元，但它可以确保您在游戏中获得一些皮肤——这是个双关语——支付您的医疗保健费用，并且还可以阻止您每次因轻微磕碰或瘀伤就去就医。预防性就诊，例如每年一次的身体检查或流感疫苗注射，通常无须自付额。某些程序，例如磁共振成像（MRI），可能有不菲的费用需要自掏腰包。

如果您是一个非常健康的人，那么高免赔额计划（deductible plan）可能会最大限度地降低您的总医疗保健费用。让我们使用 5 000 美元作为免赔额。如果您在很少见的情况下去看医生，比如说您的年度体检、疫苗接种或流感治疗，那么您支付的自付费用可能不到几百美元。但是，如果您遇到严重或昂贵的疾病，您还需要支付另一笔月费。再一次，尽管计划各不相同，但根据经验，您向保险公司支付的每月保费大约是您

第十五章 巴菲特对职业生涯的建议

为上述传统计划之一支付的金额的一半。任何超出免赔额的金额（在我们的示例中为 5 000 美元）都将由健康保险承保。如果赔付额过高它们就会启动附加条款，但我们将在此处跳过详细信息。

您可能会担心要花掉高达 5 000 美元的费用，外加您的健康保险的双周或每月费用。幸运的是，还有另一种类型的健康保险产品可以提供帮助。它被称为健康储蓄账户（Health Savings Account, HSA）。您可以存入健康储蓄账户的限额会随着通货膨胀而增加。目前个人为 3 550 美元，家庭为 7 100 美元。健康储蓄账户中未使用的美元可以在接下来的几年中滚动使用。有一个称为灵活支出账户（Flexible Spending Account, FSA）的相关账户具有类似的扣除限额，但它具有更大的灵活性，也可用于儿童保育费用。灵活支出账户的问题在于资金会"使用或失去"，不能滚动到未来几年，如果您在账户中存入 1 000 美元且仅花费 700 美元，那么就会损失 300 美元。如果您发现自己遇到这种情况，您可以随时在网站上购买一些承保的医疗保健设备或治疗服务。此外，自由职业者通常不能开立 FSA，但可以使用 HSA。HSA 和 FSA 扣费是在税前从您薪水中扣除，再次强调，在 4 月 15 日纳税时间前提供您的减税报表。

一些公司还提供处方药福利计划（Prescription Drug Benefit Plan），允许会员以极具吸引力的价格购买处方药。雇主的医疗保健计划通常是通过被称为药品福利管理者（Pharmacy Benefit Manager, PBM）的医疗保健公司批量购买这类药物。最大的药品福利管理者有 CVS 健康（CVS Health/Caremark）、快捷药方公司（Express Scripts）和 OptumRx 等公司。处方药计划扣费也是税前扣除的，每月费用通常为 100 美元左右。其他医疗保健福利可能包含伤残保险（disability insurance），以防被保险人因受伤或疾病而无法工作，还有长期护理保险（long-term care insurance），可在被保险人丧失行为能力或最终破产时支付辅助生活设施或疗养院的部分或全部费用。长期护理保险往往非常昂贵，您还需要查看保险公司的信用评级，以确信其在您第一次需要该保险时能兑现，那可是五十多年后的事了（如果您才刚开始职业生涯）。

当然，也有牙科保险计划（dental insurance plans）。该计划通常每月从投保人收取不到 100 美元的费用，但通常覆盖范围很小，例如洗牙（一年两次）、补牙和 X 光检查，而无须大额自付费。如果您想通过普通牙套、塑料矫正器或瓷贴面来拥有完美的笑容，可能得自掏腰包支付数千美元。牙科保险选项通常类似于传统的健康保险计划，如牙科计划组织（Dental Plan Organizations, DPO）和首选供应商提供的计划。

到目前为止，我们相信您已经感觉到医疗保健是复杂且昂贵的。毫不令人意外，巴菲特正试图对此有所作为。伯克希尔与摩根大通、亚马逊合作，试图创设一种新的医疗保健福利方案，既能降低成本，又至少能获得同样好治疗效果。这家非营利性合资公司的名称是 Haven。这三家公司共有大约一百万员工，因此它们可能会很适合做实践验证。Haven 一直对他们的方案细节守口如瓶，因此在 2020 年并没有太多成果展现出来。

第十六章
巴菲特与慈善相关的忠告

" 如果你希望爱你的人真的爱你,你就是成功者。

——沃伦·巴菲特,《财富》,2013 年 "

第十六章　巴菲特与慈善相关的忠告

巴菲特的巨额礼物和捐赠誓言

您怎么鉴别某人是否在说真话？一个分析线索是他们是否免费或几乎免费地做某事，不期望任何回报。我们将巴菲特归入这一类别是因为他承诺将 99% 以上的净资产捐赠给慈善事业（philanthropy）。"慈善事业"和"赈济"（charity）这两个术语经常混用，但也有一些细微差别。我们将在本章中同时使用这两个术语，而不必过多担心它们的区别。赈济通常与短期赈灾和实物援助相关联，通常是紧急性质的（如飓风赈济），相较而言，慈善事业通常侧重于长期解决方案和积极参与。无论细微差别如何，两者都展现了令人钦佩的品质。

参与慈善活动不仅仅是一种崇高行为。它会可能对您自己的幸福起到积极的作用——一个真正的双赢局面。中国有句谚语说："想要一小时幸福，就打个盹；想要一天幸福，就去钓鱼；想要一年幸福，就继承一笔财富；想要一辈子幸福，就去帮助别人。"拳击传奇人物穆罕默德·阿里（Muhammad Ali）对慈善事业的看法略有不同，他说："帮助他人如同你为自己在世界上的生存空间支付租金。"帮助他人为您的个性增添了一个有趣、深思熟虑的维度，这几乎是申请全球顶尖院校所必备的。这些大学可以从成千上万的申请学生中进行选择，并且经常会建立一个不以个人利益为出发点思考问题学生的团体。记住运动口号"团队大于个人"。

BUFFETT'S TIPS
巴菲特的金融课

除了大约 800 亿美元的巨额财富外，巴菲特捐出大部分财富的计划在几个方面都是独一无二的。他将这笔钱的大部分捐给比尔·盖茨和他的妻子梅琳达经营的基金会。他相信他们在盖茨基金会的工作做得很好，并且已经开发了一个坚实的基础设施来完成世界各地的事情。迄今为止，他已向盖茨基金会捐赠了大约 350 亿美元。我们之前注意到，巴菲特还与盖茨合作发起了捐赠誓言，说服来自 20 多个国家的大约 200 名亿万富翁在其有生之年或之后不久捐赠至少一半的财富。您可能想知道为什么所有这些亿万富翁都没有签署承诺书，他们可能有不同的优先事项和/或可能不希望寻求金钱的人去做宣传和无休止地索取。令人惊讶的是，一些亿万富翁告诉巴菲特他们无法承担！巴菲特打趣道："应该有人写一本关于如何靠 50 亿美元生活的书。"

我们可以自信地推断出巴菲特是一个非常热衷慈善的人，他热爱他所做的事情：投资金钱，而不是贪婪。本章将重点关注巴菲特关于慈善事业、道德和"传递善意"（paying it forward）的评论，即如果您从别人的慷慨中受益，就也要帮助别人。这些概念与道德交织在一起。

在有记载的历史中，哲学家和宗教学者记录了许多伦理守则，没有客观的衡量标准来判断哪一个是最好的。例如，大多数医生承诺遵守希波克拉底誓言（Hippocratic Oath），这是一项与医学实践相关的道德准则，其历史可追溯至公元前 5 世纪至公元前 4 世纪。"不伤害为第一要务"是与誓言相关的最流行的短语之一。我们简化这个话题为道德就是"做正确的事"。我们认为您可以用您认为最好和最公平的定义或正确准则来代替它。

高道德标准的人经常参与慈善和赈济活动，部分原因是他们想"传递善意"。没有其他人（如家人、朋友、同事、顾问、老师）的帮助，只有少量成功人士能走到今天。本杰明·格雷厄姆曾经说过，他每天都

第十六章　巴菲特与慈善相关的忠告

"希望做一些愚蠢的事情，一些有创意的事情，以及一些慷慨的事情"。这段引言提到的"慷慨"即是传递善意。

艾萨克·牛顿爵士是有史以来最伟大的科学家和数学家之一，他说："如果说我比其他人看得更远，那是因为我站在巨人的肩膀上。"牛顿的伟大想法并非凭空而来，启发了他的万有引力理论的，也不仅仅是传说的砸在他头上的苹果。他将自己的理论建立在他在别处所学的基础之上。

Noblesse oblige 是一个法语表达，意思是贵族，或者更宽泛地定义为有钱有势的人，有义务帮助那些不如意的人。如果这个表达听起来古板，想想蜘蛛侠的叔叔本（Ben）说的被广泛引用的一句话："能力越大，责任越大。"

让我们伴随巴菲特对关于善良、慈善和道德行为的最古老的表达方式之一逐步展开本章。它被称为黄金法则，是许多世界宗教哲学的基础。它通常被表达为"以你希望被对待的方式对待他人"。在1983年伯克希尔公司致股东的信中，巴菲特对黄金法则进行了金融解读，他说："我们只会把客户的钱当成我们自己的钱去考虑问题，充分权衡通过直接投资，使自己的分散投资组合可以获得的价值投资于股市。"让我们将这句话稍微缩短，作为第十六章的第一个忠告。

巴菲特忠告九十三：
只以把别人的钱当成自己的钱的心态去考虑问题。

遵循此忠告的一种方法是在游戏中拥有一些皮肤。如果您向其他人推荐投资标的或产品,您应该愿意自己花钱购买,因为如果事情变糟糕,您能感同身受。如果您告诉某人去参与某种赈济或慈善活动,那么您也应该愿意参与。

巴菲特遵循他的黄金法则不仅体现在用钱上。利捷航空(NetJets)是伯克希尔的子公司,专注于喷气式飞机共同所有权(fractional jet ownership)。那是什么?当然,私人飞机非常昂贵,它们的价格通常从1 000万美元到超过1亿美元不等,一些超级富豪甚至定制了自己的波音747喷气式飞机,成本高达数亿美元。喷气式飞机共同所有权大致意思是允许您乘坐共有喷气式飞机,有点像飞机的共同基金,费用通常为每小时数千美元。巴菲特经常旅行,乘坐私人飞机是他为数不多的奢侈之一。但当他乘坐利捷的飞机时,他所受待遇和其他客户一致。他在2009年致伯克希尔股东的信中写道:"我们所受待遇与任何其他所有者完全相同,也就是说我们签署个人合同所支付的价格与其他所有人相同。简而言之,我们吃自己做的菜。在航空业,这比任何其他证明都更加重要。"

参与赈济和慈善活动

有很多方法可以参与赈济和慈善活动。最直观的途径是支持对您很重要的事业。也许您、家人或朋友受到某种疾病的困扰,例如糖尿病、癌症、心脏病或阿尔茨海默病。在新冠疫情期间,许多人自愿以各种方式提供帮助,从成为医护人员到举办慈善音乐会。当然,还有很多其他慈善活动,比如在施粥处、无家可归者收容所、医院、疗养院,甚至在您自己学校的社区活动中提供帮助。许多宗教机构都积极参与慈善事业,因此如果您愿意,这可能是另一种参与方式。如果您喜欢运动,可志愿

第十六章　巴菲特与慈善相关的忠告

为特殊奥林匹克运动会服务，特奥会是一个为智力障碍和/或身体残疾的儿童和成人服务的国际体育组织，可能也非常适合您去做贡献。

许多年轻人在联合国儿童基金会（United Nations Children's Fund, UNICEF）有过慈善经历。联合国儿童基金会为全球 150 多个国家的贫困人口提供食品和医疗保健服务。也许您已经在他们著名的橙色盒子之一为联合国儿童基金会捐献过零钱，尤其是在美国的万圣节（10 月 31 日）前后。

您可能听过"数量证明质量"这句话。如果您仍然不确定在哪里参与，我们认为另一个有效方法是查看最大的慈善机构的活动。根据《福布斯》最近的一篇文章，美国最大的慈善组织有：

1. 环球一路（United Way Worldwide）（收入、教育和健康相关事业）

2. 养活美国（Feeding America）（为饥饿人群提供食物）

3. 美国关怀基金会（Americares Foundation）（救灾和全球健康）

4. 全球卫生行动组（The Taskforce for Global Health）（全球卫生）

5. 救世军（The Salvation Army）（通过满足身体和精神需求来帮助穷人和饥饿人群）

6. 圣裘德儿童研究医院（St. Jude's Children's Research Hospital）（儿童严重疾病）

7. 直接救济（Direct Relief）（医疗、减贫、救灾）

8. 人类家园国际（Habitat for Humanity International）（为有需要的人建造家园）

9. 美国男孩女孩俱乐部（Boys and Girls Clubs of America）（年轻人的课外活动）

10. The YMCA（青少年课外活动、健康生活、社会责任）

将您的时间和精力捐赠给赈济或慈善组织可能是现阶段您可以做的最有力的事情，而即使是小额资金捐赠也能大有帮助，尤其是在数百万人齐心合力的情况下。我们已经提到了巴菲特深度参与捐赠誓言和盖茨基金会，他还向自己的3个孩子霍华德（Howard）、苏珊（Susan）和彼得（Peter）各自运营的慈善基金会捐赠了数十亿美元。

十多年来，巴菲特一直积极支持格莱德基金会，这是一家位于旧金山的帮助无家可归者的慈善机构。每年，格莱德基金会都会拍卖在牛排馆与巴菲特共进午餐的机会，出价最高者得。您觉得现在这顿午餐多少钱？几千？足足几百万美元！该记录由加密货币创业者孙宇晨在2019年创下，他以457万美元的价格中标！由于巴菲特对加密货币持负面态度，称比特币"可能比浓烈老鼠药还毒"，那次午餐的谈话一定很有趣！

之前的记录是在2012年和2016年创下的，两位获胜者的出价均为3 456 789美元。我们猜测这些年的获胜者对巴菲特和数字有着浓厚的兴趣（请注意序列3、4、5、…、9）。附录中的表格显示了每年的中标价，2000年起价"仅"25 000美元，但在几年内迅速达到六位数和七位数。

谈到格莱德基金会的组织者和志愿者所做的出色工作，巴菲特说："格莱德基金会真的把那些跌入谷底的人带了出来，帮助他们重新振作。他们已经这样做了几十年。如果我可以通过为他们筹集一些资金来协助他们，那么我很乐意这样做。"

第十六章　巴菲特与慈善相关的忠告

绩效衡量

您怎么知道慈善机构做得好不好？我们将像往常一样分享有关该主题的一些背景信息，并得到巴菲特的一些历史评论的支持。几乎所有慈善机构都是非营利组织，但这并不意味着那里的人免费工作，得知一些慈善机构的负责人年收入超过一百万美元，您可能会感到惊讶！

大多数慈善机构是根据国内税务局税法的一部分组织的，该税法由501（c）（3）的数字/字母组合构成。关于 501（c）（3）组织［501(c)(3) organizations］，您应该了解一些相关情况。首先，向这类机构捐款可以抵扣税款，这很重要，因为这帮助机构更容易获得捐款。其次，这些机构被要求有大量的记录和报告等书面工作，如果不做这些书面工作，慈善机构就有可能被搜查并停止运营。从这些报告中，可以粗略估计慈善机构在使用所收捐款的效率。您是愿意向几乎将所有善款用于其事业的慈善机构捐款，还是将善款花给其员工的机构？我们不会用这个问题的答案侮辱您的智慧。

让我们举一个对抗失明的基金会的例子，它在影响力和效率方面都有出色的记录。防治失明基金会"为受视网膜退行性疾病影响的患者推动研究以寻找预防、治疗和治愈的方法"。自1971年成立以来，该基金会已筹集超过7.5亿美元，并将大部分资金用于为受视力丧失影响的人提供研究和信息。他们资助星火医疗（Spark Therapeutics）研发出一种名为LUXTURNA™的处方药，该药物使用基因疗法来帮助一些视障患者恢复视力。

最新的一份财务报告显示，该机构获得了约7 230万美元的收入，主要来自捐赠。其仅在管理费用上花费了270万美元，"经常性开支"百分比仅 3.7%。从历史上看，该机构所获大部分捐款都用于资助研究或赞助有助于其事业的活动，而不是一些"肥猫"管理者的荷包。您可以在互联网上查到大多数 501（c）（3）公司的税务申报，这些信息是公开的。还有一些网站，如 Give.org 和 Guidestar.org，汇总了数千个慈善机构的财务成绩。在将时间和金钱捐赠给特定事业之前，您可能需要先做下调查。

现在让我们回到巴菲特的智慧。他对检查结果的重要性有一段很好的评价。在伯克希尔的年度报告中，巴菲特一直在阐述其公司的经营原则，一个原则取自他 1983 年致股东的信："我们认为应该定期以经营结果检查公司的意图是否高尚。"在这种情况下，他实际上是在谈论营利性公司，特别是公司如何将其收益进行再投资。他认为，公司每留存 1 美元收益就应为股东提供至少 1 美元市场价值。当然，他关于检查结果的观点也适用于非营利组织，我们认为这句话值得作为忠告。

巴菲特忠告九十四：
应该定期以经营结果检查公司的意图是否高尚。

巴菲特还就如何衡量绩效提供了一些指导。绩效指标应提前指定，它还应该是客观且可衡量的——比如他对公司每投入 1 美元留存收益就应赚取超过 1 美元的说法。在伯克希尔 1988 年致股东的信中，巴菲特写道："在太多的公司中，老板射出管理绩效的箭，然后匆忙将靶心画在它落下的位置。"此评论的变体值得作为忠告。

第十六章 巴菲特与慈善相关的忠告

> **巴菲特忠告九十五：**
> # 提前设定客观、可衡量的绩效指标。

在您自己的生活中可能有很多例子，可以提前设定目标并在之后准确衡量。例如，如果您还在上学，您可能会争取达到某个 GPA 值，将收入的一定百分比设定为每年储蓄，在一段时间内为您的投资争取某定量回报，又或者为各种不同年龄范围寻求净资产目标。

市场经济是有效的，除非被意外打断

世界上大多数国家以市场经济为基础创造出巨额财富，开发出惊人的技术，并使数十亿人摆脱了贫困，但它并不完美。在美国的任何一个主要城市，以及世界大部分地区，您都会看到无家可归者被时代抛弃。全世界有数亿甚至数十亿人仍然无法拥有适当的食物、住所、医疗保健和教育。

基于市场的系统类似于大多数生物学教科书中都会讲到的查尔斯·达尔文（Charles Darwin）的"适者生存"理论。达尔文的理论说，活的有机体需要适应所处环境，否则它们就有灭绝的危险。最适者——那些聪明、强壮、适应能力强的——通常能够完成这种转变。经济不是一个有机体，但它是动态的，随着时间的推移发生显著变化。一百多年前，还没有汽车或飞机，几十年前，计算机、互联网和手机还不存在；也许在您的有生之年，谷歌、亚马逊、脸书和优步都会不复存在。这每一个发明或公司都从根本上改变了大多数人的生活和工作方式。

BUFFETT'S TIPS
巴菲特的金融课

我们之前提到过奥地利裔哈佛经济学家约瑟夫·熊彼特，他创造出"创造性破坏"一词来描述一些公司和行业是如何"诞生"并最终"摧毁"别的公司和行业的。整个社会普遍受益于这种经济进步——想象一下没有手机及其所有应用程序的生活，但某些环节和人受到不利影响——有时甚至是严重的。

让我们分析一个我们都容易联想到的例子——听音乐。托马斯·爱迪生因发明留声机而受到赞誉，留声机本质上是一个唱机，唱片非常笨重，大约与一个超薄比萨饼相仿，不方便随身携带，尤其是不便于在汽车中使用。在20世纪60年代中期，8轨磁带成为一种流行的音乐存储方式，该磁带大约有一个小三明治那么大，相较于唱片更易携带，非常适合移动！在20世纪70年代和80年代，大多数消费者都改用盒式磁带以取代8轨磁带，盒式磁带比8轨磁带更小，大约是一部小型手机的尺寸。在20世纪80年代末至90年代初，光盘开始取代大多数音乐受众的盒式磁带，虽然它们在长度和宽度方面比磁带大，但拥有卓越的音乐质量和耐用性。到20世纪90年代中期互联网开始兴起，音乐数字拷贝成为收藏音乐的主要方式。苹果联合创始人史蒂夫·乔布斯非常有效地推销了iPod音乐播放器，他说它就像"口袋里有一千首歌曲"，谁能抗拒这种宣传？

如果您为一家生产唱片、8轨磁带、盒式磁带或光盘的公司工作，您最终会丢掉工作，许多其他行业也是如此，从马车鞭子到打字机制造商。技术进步不能也不应该停止，在19世纪初期，一群被称为勒德分子（Luddites）的英国工人试图摧毁机器以保住他们的工作（剧透警报），勒德分子的抗争失败了。那么这一切与巴菲特有什么关系呢？巴菲特称自己为"持牌资本家"（Card-Carrying capitalist）。在资本主义经济体系中，大部分财产和公司归个人所有，利润归企业主所有，通常不归工人

第十六章　巴菲特与慈善相关的忠告

所有。资本主义经济主要是由市场力量驱动的，而不是政府计划，在一些社会主义和共产主义制度中则相反。资本主义体系中的一些人可以像巴菲特那样赚取大量财富，但他也看到以市场为基础的资本主义制度如何对人们产生负面影响，他目睹了伯克希尔纺织工人的遭遇，多年来他一直试图扭转这个局面，但都没有成功。

在生活中某个时候，我们都见过被汽车碾压而死（即路杀）的动物。当被问及经济进步如何伤害某类人群时——可能被问太多次了，巴菲特回答说："我们应该照顾那些因为自己无能为力而成为'路杀动物'的人……我认为这是一个富裕国家的义务。"然后他接着说，在像美国这样的富裕社会，政府应该想办法照顾这些受影响的人。

在2005年致股东的信中，巴菲特建议至少为那些能够找到工作的人提供一种具体的补救措施——加大所得税减免（Earned Income Tax Credit），这种税收抵免意如其名，与从政府直接获得现金相比，它减少了为工作人员支付的税款，对于有（更多）孩子的人，税收减免通常更多。

巴菲特写道："解决方案是各种安全网，旨在为那些愿意工作但发现他们的特定才能因市场力量而被认为价值不大的人提供体面的生活。（我个人赞成改革和扩大所得税抵免，以确保美国那些愿意工作的人能有工作。）为绝大多数美国人实现日益繁荣的生活的代价不应该是让那些不幸的人走向赤贫（penury）。"如果您想知道，penury是SAT/ACT词汇之一，意思是极端贫困。

如何帮助那些无法找到新工作的人，尤其是在其失业保险用完之后？（失业保险通常持续长达六个月，但在特殊情况下可以延长长达1.5年。）关于如何最好地为长期失业者服务的问题受到了相当多的争论，并且超出了本书的范围，但是，它可能涉及某种形式的教育、再培训、（额外的）税收减免和直接发放现金。例如，在新冠疫情之后的部分刺激计划涉及直接向年收入低于 198 000 美元或单个申报人收入低于 99 000 美元的家庭发放现金。巴菲特（共同）创建捐赠誓言的目的之一是帮助那些在经济发展或医疗保健危机之后成为"被路杀"的人。让我们用一个忠告来总结巴菲特的观点。

> **巴菲特忠告九十六：**
> **我们应该照顾那些因为自己无能为力而成为"路杀动物"的人。**

不全由"本杰明"决定

"本杰明"（Benjamin）是 100 美元钞票的俚语，因为开国元勋本杰明·富兰克林的脸印在正面。当然，我们知道巴菲特这些年来赚了很多钱，您可能会惊讶于他也会有所损失，来自坚守低迷业务及其造成的相关成本，例如员工工资和支付给州、地方和联邦政府的税款。也许巴菲特在这方面最突出的例子是他多年来试图扭转伯克希尔原有的服装和纺织业务。您快速浏览一下衣服上的标签就会发现大部分是在美国以外制造的，在别处制造通常要便宜得多，通常便宜 90%。最终，伯克希尔关闭了其在美国的几乎所有纺织制造厂，但他在十多年的时间里一直试图扭转局面。在伯克希尔 1978 年致股东的信中，巴菲特以下列方式提及他的利益相关者社区：

第十六章　巴菲特与慈善相关的忠告

①我们的纺织公司是其所在地区非常重要的雇主。②管理层直截了当地报告问题并积极解决问题。③劳工在面对我们共同的问题时一直保持合作与理解。④与投资相比，公司应获得适度的现金回报。只要这些条件普遍存在——我们预计它们将存在——我们打算继续支持我们的纺织业务，尽管将这些资本投入至其他方向更具吸引力。

巴菲特和伯克希尔对表现不佳资产的处理方式很大程度上归结为忠诚、耐心和长期关注的理念。这也使在希望将公司出售的公司所有者看来，伯克希尔在理想收购者排名方面名列前茅。毕竟，如果您要出售的公司是您几十年来发展和培育的，那么您可能希望在自己退出后将其留给良好且准备长期持有的公司。如果一家公司像伯克希尔的纺织业务那样持续烧钱，它最终会被伯克希尔关闭。在巴菲特2011年致股东的信中，他这样表达：

我们的方法远非达尔文主义，可能你们中的许多人并不赞同。我能理解你的立场，但是，我们已经——并继续——向我们所收购公司的卖方做出承诺，我们将与这些公司风雨同舟、不离不弃。到目前为止，我们为这一承诺所花的资金成本并不高，而且很可能被那些为自己的宝贵公司及忠诚的上下游伙伴寻找可靠接盘者的卖家的口碑所抵消。这些所有者知道，从我们这里得到的东西无法由其他人提供，而且我们的承诺将持续到未来几十年。

让我们将巴菲特的评论简化为一个关于考虑所有与公司有关联的人即利益相关者（stakeholder）的忠告。利益相关者一词，以您自己的生活而言，可以概括为与您有所关联的人——家人、朋友、同学、同事等。

巴菲特忠告九十七：
不要仅仅考虑金钱——在做出重要决定时要考虑到所有利益相关者。

名誉损失比金钱损失伤害更重

早在 1987 年 9 月，巴菲特就投资了当时著名的华尔街公司所罗门兄弟 7 亿美元。这项投资的标的是我们在本书大部分内容中关注的普通股的一种变体，被称为可转换优先股，不必在意该特殊类型股票具有的细微差别，因为对故事并不重要。这笔投资约占所罗门兄弟公司 12% 的股份，是巴菲特截至当时的最大一笔投资。这项投资的开端并不顺利，因为没过多久就发生了可怕的 1987 年股灾（Crash of 1987），道琼斯工业平均指数在一天内下跌了惊人的 22.6%！那是截至当时最大的单日跌幅。在困难时期不要惊慌是我们在第五章中给出的忠告，但我们的新收获来自几年后发生的事情。

在 1991 年，所罗门兄弟公司的顶尖交易员保罗·莫泽（Paul Mozer）操纵了美国国债拍卖，美国国债市场是世界上最大和最重要的金融市场之一。回想一下，美国国债是美国政府为短期运营和巨额长期债务融资而出售的债券。事实上，即使在被所罗门的法律部门抓获后，莫泽尔也有过几起违规行为。他最终因此入狱。联邦政府得知所罗门的非法行为后，他们威胁要让该公司停业。这可能会抹去巴菲特对所罗门的大部分

第十六章 巴菲特与慈善相关的忠告

或全部巨额投资,因此他承诺出任公司董事长并收拾烂摊子。巴菲特不是圣人,他这样做是为了保护他的投资,并尽量将该事件对整个金融体系的影响降到最低。所罗门不仅仅是做出承诺,还向美国政府缴纳了 2.9 亿美元罚款。

巴菲特在国会作证时,详细阐明了所罗门公司发生的事情以及公司为防止再次出现大的问题而做出的改革,巴菲特讲了他最著名的名言之一:"使公司资金受损,我会谅解;使公司声誉受损哪怕一丁点,我都会毫不留情。"巴菲特的理由是,对公司信誉的损害可能会产生持久影响,而资金损失通常可以在未来修复,尤其是当经济或金融市场好转时。这个想法值得作为忠告。

巴菲特忠告九十八:

信誉损失比金钱损失更严重。(对前一种情况毫不留情,对后一种情况则宽容对待。)

如果您想知道,巴菲特对所罗门的投资最终结局良好。支付了前面提到的巨额罚款后,该公司被许可继续经营,最终被出售给保险公司旅行者,后并入花旗集团。您可能会想:巴菲特会践行他所宣扬的吗?我们认为答案是肯定的。

冰雪皇后是伯克希尔最著名的公司之一,因为其美味的冰激凌产品种类繁多,且足迹遍布全国,尽管它仅占公司整体利润的一小部分。正如我们在第一章中所说,在 2017 年年初,冰雪皇后特许经营权所有者詹

— 419 —

BUFFETT'S TIPS
巴菲特的金融课

姆斯·克莱顿（James Crichton）对一位顾客和她的两个孩子大喊种族称谓。几乎立即，克莱顿的特许经营权被终止，商店也被关闭。由于巴菲特不干涉的管理风格，他不太可能直接参与解雇，但他在伯克希尔建立了这种文化。冰雪皇后管理层就像巴菲特一样做出了回应，由于克莱顿的应受谴责的言论以及公司声誉损失，他们迅速采取了行动。

还有一个更广泛引用的例子涉及伯克希尔前高级执行官大卫·索科尔（David Sokol）。一些人认为，索科尔曾经受到巴菲特的高度评价，以至于当巴菲特最终离职时，他本来可以成为伯克希尔公司的首席执行官。

故事的简短版本是，索科尔在2011年1月上旬购买了大约1 000万美元与石油相关的路博润公司（Lubrizol）的股票。这有什么问题？是的，此后不久，他建议伯克希尔收购整个公司，这一交易将使索科尔迅速赚到一大笔钱。他披露了他对路博润的收购，根据法律规定，这不是非法内幕交易。起初，巴菲特对收购路博润并不感兴趣，但索科尔不断向他建议。伯克希尔最终确实提出收购该公司，而索科尔在几个月内赚到超过300万美元。索科尔的做法违反了大多数公司的道德规范，通俗地说，是没有通过道德行为的"嗅觉测试"。

此事一经传出，便引发争议。索科尔提出辞职，巴菲特则很快接受其辞职。这个故事的一个有趣的脚注是：由于其他原因，索科尔曾两次提出辞职，而巴菲特坚决拒绝接受其辞职信。后来巴菲特谈到路博润事件时说："我显然犯了一个大错，没有问'那么，你是什么时候买入的？'"他认为索科尔的行为"令人费解"且"不可原谅"。巴菲特在索科尔事件中的行动并不像冰雪皇后事件那样迅速而有力（即允许辞职而不是立即开除），但态度很明确：损害公司一丝名誉，最终处理结果都将是毫不留情的。

第十六章　巴菲特与慈善相关的忠告

继承很重要

您可能听说过"治国始于齐家"这句话。对这句话的解释之一是：帮助他人很好，但不要忘记属于您家庭或您社区的人。然而，给家庭成员留下一大笔钱可能会削弱他们工作或过上勤奋、努力生活的动力。巴菲特在谈到富人应该留给孩子多少钱的话题时，用到了一句所罗门王——一位极其富有且智慧的古代以色列统治者——的话。他说："给您孩子的钱足够让他们觉得他们可以做任何事，但不要多到可以什么都不做。"当被问到确定的数字时，巴菲特回答说，对于一个刚毕业的大学毕业生来说，"几十万美元"听起来差不多。几十万美元足以帮助个人创业，支付房屋首付，还清学生贷款，开启财富人生。仅仅让某人成为沙发土豆[①]十年或更长时间是不够的。

演员阿什顿·库彻和米拉·库妮丝（Mila Kunis），您可能知道他们是夫妻，他们表达了类似的观点，指出他们不会给孩子留下信托基金。库彻说："如果我的孩子想创业，并且他们有一个好的商业计划，我会投资。"巴菲特几十年前做过类似的事情，他借给长子霍华德买农场的钱，同时按市场利率向他收取利息。

巴菲特认为，人们应该根据业绩获得奖励，而不仅仅是因为与成功人士有关联。在接受《纽约时报》采访时，他表达了类似的想法，说废除<u>遗产税（estate tax）</u>（即对继承资产征收的税）类似于"将 2000 年奥运会金牌得主的长子们组成 2020 年奥运代表队"。让我们以巴菲特关于富人应该留给孩子多少钱作为忠告来结束本节。

---

① 指长时间坐在沙发上看电视的人。——译者注

> 巴菲特忠告九十九：
>
> **给您孩子的钱足够让他们觉得他们可以做任何事，但不要多到可以什么都不做。**

巴菲特对成功的定义

　　巴菲特在他惊人的人生中见证并取得了巨大的成就，当然也发展出了一些普世智慧。他认为自己非常幸运地永远有慈爱的父母，并出生在一个会奖励他特殊技能（即一种赚钱诀窍）的国家，他认为自己的好运源自中了卵巢彩票。在接受《财富》杂志采访时，他说："我的财富来自美国生活、一些幸运基因和复利。我和我的孩子都中了我所说的卵巢彩票。"

　　尽管本书主要关注理财问题，重点是金融知识，但我们认为以巴菲特对成功的定义来给本书收尾是适当的。虽然可能会让您感到惊讶，但他给出的定义在本质上绝对是与金钱无关的。

　　巴菲特在2013年接受《财富》杂志采访时说："如果你希望爱你的人真的爱你，你就是成功者。"这是一个强有力的表述，尤其是来自有史以来最富有的人之一。一个知道金钱的价值或缺乏价值的人。我们认为这是我们这本书最后一个很棒的忠告，也是永远不应该忘记的忠告。

第十六章 巴菲特与慈善相关的忠告

> **巴菲特忠告一百：**
> # 如果你希望爱你的人真的爱你，你就是成功者。

本章巴菲特的忠告

- 巴菲特忠告九十三：只以把别人的钱当成自己的钱的心态去考虑问题。

- 巴菲特忠告九十四：应该定期以经营结果检查公司的意图是否高尚。

- 巴菲特忠告九十五：提前设定客观、可衡量的绩效指标。

- 巴菲特忠告九十六：我们应该照顾那些因为自己无能为力而成为"路杀动物"的人。

- 巴菲特忠告九十七：不要仅仅考虑金钱——在做出重要决定时要考虑到所有利益相关者。

- 巴菲特忠告九十八：信誉损失比金钱损失更严重。（对前一种情况毫不留情，对后一种情况则宽容对待。）

- 巴菲特忠告九十九：给您孩子的钱足够让他们觉得他们可以做任何事，但不要多到可以什么都不做。

- 巴菲特忠告一百：如果你希望爱你的人真的爱你，你就是成功者。

附录

年份	获得者	获胜金额（美元）
2000	匿名	25 000
2001	匿名	18 000
2002	匿名	25 000
2003	大卫·爱因霍恩（David Einhorn），绿光资本（Greenlight Capital）	250 010
2004	杰森·朱（Jason Choo），新加坡	202 100
2005	匿名	351 100
2006	段永平，加利福尼亚州	620 100
2007	莫尼斯·帕伯莱（Mohnish Pabrai），盖伊·斯皮尔（Guy Spier），哈瑞娜·卡普尔（Harina Kapoor）	650 100
2008	赵丹阳，赤子之心资产管理	2 110 100
2009	萨利达资本（Salida Capital），加拿大	1 680 300
2010	泰德·韦施勒	2 626 311
2011	泰德·韦施勒	2 626 411
2012	匿名	3 456 789
2013	匿名	1 000 100
2014	安迪·蔡（Andy Chua），新加坡	2 166 766
2015	朱晔	2 345 678
2016	匿名	3 456 789
2017	匿名	2 679 001
2018	匿名	3 300 100
2019	孙宇晨	4 567 888

资料来源：彭博。